Inhalt

D1721626

Teil III
Führung in der Zukunft

Einleitung

Die Idee zu diesem Buch entstand Mitte der siebziger Jahre, im Laufe eines Gesprächs mit Wenda Wardell Morrone, die damals Redakteurin der Zeitschrift *Glamour* war. Während eines gemeinsamen Lunchs erzählte mir Wenda, daß sie eines dieser »Wie-werde-ich-erfolgreich-und-mächtig?«-Bücher gelesen habe, die damals in so großer Zahl veröffentlicht wurden; einen von jenen für ein breites Publikum bestimmten, zumeist von Männern geschriebenen Wälzern, in denen den Frauen empfohlen wurde, sich männliche Verhaltensweisen anzueignen, um im Beruf Erfolg zu haben. All diese Bücher gingen davon aus, daß Frauen im Grunde keine Führungspersönlichkeiten seien, die nach ihren eigenen Wertvorstellungen ein Unternehmen prägen oder Menschen führen könnten. In keinem dieser Bücher wurde untersucht, wie der Führungsstil von Frauen, wenn sie als Frauen handelten, tatsächlich aussah. Den Frauen wurde einfach geraten, sich das Verhalten der Männer anzueignen.

»Ich begreife das nicht«, beklagte sich Wenda, »alles, was in dem Buch behauptet wird, widerspricht meinen eigenen Erfahrungen! So soll man zum Beispiel seine Mitarbeiter gegeneinander ausspielen und die Konkurrenz unter ihnen fördern. Angeblich würde sie das motivieren. Also für Männer mag das vielleicht zutreffen, doch ich habe immer mit Frauen zusammengearbeitet, und wenn man sie im Ungewissen läßt, dann geben sie keineswegs ihr Bestes, sondern sind gekränkt, verschleppen die Arbeit und wagen nicht mehr, eigene Vorschläge zu machen. Wenn man sie aber unterstützt und ermutigt, dann leisten sie Enormes, sie blühen regelrecht auf!« Wenda verglich sich in ihrer Position als Führungskraft gerne mit einer Gärtnerin, »die die Blumen gießt, damit sie wachsen und gedeihen können«.

Dieses Gespräch ging mir nicht mehr aus dem Kopf. Was Wenda gesagt hatte, traf zu. Ich selbst wußte, daß ich am besten arbeitete, wenn ich mich respektiert und sicher fühlte. War das nicht der Fall, so begann ich die anfallenden Aufgaben aufzuschieben, wurde nervös und fing an, an mir zu zweifeln. Vor allem schien meine schöpferische Kraft zu versiegen. Zwar konnte ich meine Arbeit noch gleichsam mechanisch verrichten, doch kam ich nicht mehr auf kreative Lösungen oder neue Ideen. Die Furcht, angegriffen oder kritisiert zu werden, bewirkte eine Art geistige Lähmung.

Jahre später hatte ich wieder Gelegenheit, darüber nachzudenken, wie Menschen am besten zu motivieren seien. Damals hatte ich eine Stelle als Texterin in einem großen Unternehmen angenommen, das von einem bürokratischen Gebilde zu einem dynamischen, wettbewerbsorientierten Organismus umgewandelt werden sollte, der dem Trend entsprechend »wendig und aggressiv« sein sollte. Der Texter-Abteilung fiel die Aufgabe zu, unsere Kollegen/innen davon zu überzeugen, daß das Unternehmen sich einem »kulturellen Wandel« verpflichtet fühle, und sie glauben zu machen, daß dieser Wandel sich zum Besten aller auswirken würde – vorausgesetzt, sie wären bereit, bei der Arbeit ihr Letztes zu geben und sich die neuen unternehmensinternen Werte zu eigen zu machen.

Wir machten unsere Arbeit nicht besonders gut, was zum Teil daran lag, daß wir zwischen zwei Stühlen saßen: Einerseits waren wir dazu angehalten, die neue Unternehmensleitung zu preisen, andererseits hatten wir aber weiterhin die alten hierarchischen Spielregeln zu beachten. So verfaßten wir enthusiastische Reden über die Notwendigkeit, die bürokratischen Schranken zu durchbrechen – mußten unser Produkt dann jedoch von den üblichen bürokratischen Instanzen absegnen lassen. Doch solche

Ungereimtheiten waren hier ohne Bedeutung; wir hatten lediglich die Aufgabe, die richtigen Worte zu finden, Worte, die wie ein magischer Totem bewirken würden, daß die Menschen an Veränderungen glaubten, die sie nicht sahen.

Und so ersannen wir Slogans, in denen von »Missionen« und »Visionen« die Rede war, und ließen sie auf Plastikkärtchen drucken, die alle Mitarbeiter in der Brieftasche bei sich tragen sollten. Wir produzierten Hochglanzvideos, in denen die Spitzenmanager des Unternehmens das »Fußvolk« über die neue, partizipative Unternehmenskultur aufklärten. Und als aus internen Meinungsumfragen hervorging, daß unsere Kollegen/innen sich immer noch nicht von unserer Botschaft überzeugen ließen, verfaßten wir drohende Appelle, von der Art, wie sie im Rückstand befindliche, demoralisierte Mannschaften zur Halbzeit in der Kabine zu hören bekommen.

Während wir uns solchermaßen abmühten, wuchsen meine Zweifel an unserem Vorgehen. Konnte es nicht sein, daß unsere Botschaft deshalb nicht ankam, weil wir zutiefst unaufrichtig waren? Ganz sicher hatten unsere Kollegen/innen bemerkt, daß trotz aller markigen Sprüche, die verkündeten, daß man »ganz neu anfangen« und »Hierarchien abbauen« müsse, an den Privilegien der Spitzenmanager nicht gerüttelt wurde. Und mußte man nicht befürchten, daß unsere Überheblichkeit, die sich in unserem drohenden Ton äußerte, die Menschen nicht etwa zu größerem Engagement motivierte, sondern eher das Gegenteil bewirkte? Durch diese Überlegungen gelangte ich zu der Überzeugung, daß unsere herablassende Haltung genau jenen Zynismus förderte, den wir Texter hatten bekämpfen sollen.

Genau zu dieser Zeit erinnerte ich mich an Wenda Morrones Beobachtung, daß Menschen weniger leisten, wenn man ihnen keine Wertschätzung, kein Vertrauen und keinen Respekt entgegenbringt. Ich erwähnte dies gegenüber den Männern, mit denen ich zusammenarbeitete, doch taten sie meine Ansichten als dumm und emotional ab, nicht mehr eben, als man von einer Frau in einer Streßsituation erwarten konnte. Doch in mir reifte nun eine Überzeugung heran: Ich glaubte, daß ich die Situation besser verstand als die Männer. Und das lag tatsächlich daran, daß ich eine Frau war. Denn als Außenseiterin, die nicht mit den Unternehmensspielregeln vertraut war, war ich eher bereit, auf mein Wissen über die menschliche Natur zurückzugreifen. Und da mir die althergebrachte Unternehmenskultur fremd war und ihre unausgesprochenen Regeln, Codes und Überzeugungen mich in der Tat immer noch verblüfften, war ich in der Lage zu erkennen, daß ihre Werte dem von der Unternehmensleitung deklarierten Willen zur Veränderung zuwiderliefen.

Wenig später wurde unsere Abteilung für interne Kommunikation aufgelöst. Wahrscheinlich hielt man unsere Arbeit für erfolglos, da es uns nicht gelungen war, Worte zu finden, die die Menschen überzeugten, daß sich tatsächlich etwas veränderte. Ich jedoch war überglücklich, denn früher hatte ich meine Außenseiterposition immer als eine Belastung angesehen. Nun wurde mir zum ersten Mal bewußt, daß sie von Vorteil sein konnte.

Ich empfand diesen Gedanken zunächst als etwas verwirrend. Wie viele andere Frauen war auch ich stark von Büchern wie *The Managerial Woman* (dt.: *Frau und Karriere*) von Margaret Hennig und Anne Jardim und *Games Mother Never Taught You* von Betty Lehan Harragan beeinflußt worden. Anders als jene primitiven und überheblichen »Wie-werde-ich-erfolgreich-und-mächtig?« Bücher, die Wenda Morrone als so befremdlich empfunden hatte, wurde Frauen in diesen Büchern nicht empfohlen, sich in Männer zu »verwandeln«, um beruflichen Erfolg zu erringen. Eher war es so, daß sie uns Frauen rieten, die Spielregeln der Männer zu erlernen, wenn wir aufsteigen und unseren Platz in der Geschäftswelt einnehmen wollten.

Betty Harragan beschrieb die Geschäftswelt als ein »no woman's land«, ein »Niemandsland für Frauen«. Sie forderte die Frauen auf, sich bewußt zu machen, daß moderne Unternehmen nach militärischem Muster strukturiert sind und nach den Prinzipien männlicher Mannschaftssportarten funktionieren (Harragan 1977: 42 ff.). Deshalb seien Unternehmen für Frauen eine »fremde Kultur«, auf die sie nur schlecht vorbereitet seien, da sie mit einer Kost aus »sentimentalen Filmen und rührseligen Romanen« großgeworden seien. Um sich in der Unternehmenskultur zurechtzufinden – die dem »Alptraum eines Schwachsinnigen« gleiche, wo »Aufgaben in entmenschlichende, bruchstückhafte Verrichtungen aufgesplittert« seien – müßten sich Frauen in militärischen Denkstrategien üben (»Vorsichtshalber salutieren!«) und sich mit der Dynamik von Spielen wie Football auseinandersetzen (Harragan 1977: 79 ff.). Obwohl Frauen nicht darauf hoffen könnten, die »in ihrer Erziehung begründeten Defizite sofort zu überwinden«, würde eine solche Vorbereitung sie doch zumindest befähigen, »eine Welt, die sie nicht geschaffen haben«, zu verstehen und darin konkurrenzfähig zu werden (Harragan 1977: 43).

Die Autorinnen von *Frau und Karriere* raten ebenfalls dazu, das Footballspiel zu studieren, um sich die individuellen strategischen Konzepte der Männer anzueignen. »Strategie« bedeute nach männlicher Definition »gewinnen, ein Ziel erreichen« (Hennig und Jardim 1978: 31). Ohne Wissen über Mannschaftssportarten, so behaupten die Autorinnen, verzetteln sich Frauen in prozeduralen Definitionen: »planen, den bestmöglichen Weg, die bestmögliche Methode finden« (Hennig und Jardim 1978: 3I). Frauen sehen in einer Karriere einen Weg zu persönlichem Wachstum, Selbstverwirklichung und Befriedigung und wollen damit »etwas für andere leisten oder etwas tun, das ihren Wünschen entspricht«, und konzentrieren sich daher im Gegensatz zu Männern nicht auf die außerordentlich wichtige Frage »Was springt dabei für mich heraus?« (Hennig und Jardim 1978: 25) Frauen sind nicht gewohnt, in einem Team für einen Trainer zu spielen. Daher – so argumentieren Hennig und Jardim – begehen sie den fatalen Fehler, sich an ihren eigenen Ansprüchen zu messen, während Männer erkannt haben, daß sie sich an den Erwartungen ihrer Vorgesetzten orientieren müssen. Die Autorinnen loben die Männer für »ihre besser ausgebildete Fähigkeit, sich zu verstellen, wobei damit im wertfreien Sinne gemeint ist, daß sie ihre Gefühle verbergen«, während Frauen unglücklicherweise dem Irrglauben anhingen, alles sei »ernst gemeint« (Hennig und Jardim 1978: 41).

Anders als Margaret Hennig und Anne Jardim stellt Betty Harragan Männer nicht als Vorbilder dar, weil sie über solch zweifelhafte Fähigkeiten verfügen. Dennoch geht sie ebenso wie diese beiden Autorinnen im Grunde davon aus, daß für weibliche Denk-, Handlungs- und Erfahrungsweisen in den modernen Unternehmen kaum Platz sei. Harragan räumt jedoch ein, daß die absolute Vorherrschaft männlicher Werte nicht von Dauer sein könne, und äußert die Vermutung, daß das zeitgenössische bürokratische Unternehmensmodell »ausgedient hat« (Harragan 1977: 45). Dennoch ist sie fest davon überzeugt, daß »wir in absehbarer Zukunft weiterhin damit belastet sein werden«, und rät allen Frauen, die Spielregeln der Männer anzuwenden – und sei es nur, um »unseren Gegnern eine Nasenlänge voraus zu sein« (Harragan 1977: 58).

Solche Schlußfolgerungen mögen im Jahre 1977, als Betty Harragans Buch veröffentlicht wurde, angemessen gewesen sein, doch heute, zu Beginn des letzten Jahrzehnts des 20. Jahrhunderts, hat sich das Arbeitsleben radikal gewandelt. Unter dem Druck des weltweiten Wettbewerbs und einer sich rasch wandelnden, durch Flexibilität und Innovationen gekennzeichneten Technologie werfen die Unternehmen alte Werte beiseite, stutzen die Hierarchien und beseitigen schwerfällige und bürokratische Strukturen. Sogar Firmen, denen dies bisher noch nicht gelungen ist (wie jene, für die ich arbeitete), erkennen mittlerweile, daß die alten Autoritätshierarchien mit ihren unausgesprochenen Regeln und Codes für die heutige Wirtschaft zu starr und energieaufwendig sind.

Natürlich waren es gerade jene alten, militärisch-hierarchisch aufgebauten Strukturen, in denen die Frauen sich am wenigsten zu Hause fühlten; und genau das meinte Betty Harragan mit »no woman's land«. So vollzieht sich der Umbau der Unternehmensstrukturen just in dem Moment, in dem mehr Frauen denn je am Arbeitsleben teilhaben. Aufgrund des in den meisten Familien existierenden Bedarfs nach zwei Einkommen, aufgrund der hohen Scheidungsrate und des Wunsches nach finanzieller Unabhängigkeit entscheiden sich so viele Frauen wie nie zuvor in der Geschichte für eine lebenslange Berufstätigkeit. Ende 1990 machten sie 45 Prozent der arbeitenden Bevölkerung in den Vereinigten Staaten aus. 80 Prozent aller Collegeabsolventinnen gehen einer beruflichen Tätigkeit nach, was darauf hindeutet, daß der Anteil der arbeitenden Frauen in jenen Berufen, die einflußreiche Positionen mit sich bringen, am größten ist. Der Anteil von Frauen in hochqualifizierten Berufen – Medizin, Zahnmedizin, Jura, Rechnungswesen, Architektur, Wirtschaft und Management – hat den stärksten Anstieg zu verzeichnen.*

In einer faszinierenden Studie über Unternehmensreorganisation *Reinventing the Corporation* (dt.: *Megatrends des Arbeitsplatzes*) bemerken John Naisbitt und Patricia Aburdene: »Bedeutende Veränderungen treten dann ein, wenn Wertewandel und ökonomische Notwendigkeit zusammentreffen« (Naisbitt/Aburdene 1986: 51). Der massive Zustrom von Frauen auf den Arbeitsmarkt und die Notwendigkeit von Unternehmensumstrukturierungen schaffen eine solche Konstellation, wobei beide Entwicklungen sich gegenseitig beschleunigen und verstärken. Wenn Unternehmen sich reorganisieren wollen, müssen sie andere Strukturen und Werte finden; ein Ansatzpunkt hierfür wäre, von der Vorgehensweise von Frauen zu lernen. So sind Naisbitt und Aburdene überzeugt, daß künftig jene

---

* The Conference Board. *Women in the corporation: The Value Added.* May 1988. Section One, Facts on Working Women. Data from government sources, S. 13-27

Unternehmen am erfolgreichsten sein werden, die bevorzugt Frauen einstellen, ausbilden und befördern: »Frauen können die Arbeitswelt verändern, indem sie ihre persönlichen Werte nicht aufgeben, sondern offen zu ihnen stehen.« (Ebd., 242).

Nachdem ich erkannt hatte, daß die Zeit, in der Frauen versuchten, sich den herrschenden Unternehmensstrukturen anzupassen, der Vergangenheit angehörte, gelangte ich zu der Überzeugung, daß eine neue Art von Buch notwendig sei: ein Buch, das erfolgreiche Frauen bei ihrer Arbeit zeigt und demonstriert, in welchem Maße sie durch ihren Führungsstil bereits Einfluß auf die Arbeitsweise des Unternehmens genommen haben; ein Buch, das jene Werte definiert und bekräftigt, die Frauen als die Quelle ihrer Stärke sehen – Werte, die allzu lang als Zeichen von Schwäche abgetan wurden.

Zu diesen Werten gehört, daß man auch dem Weg, auf dem ein Ziel erreicht wird, Bedeutung beimißt, anstatt sich ausschließlich auf das Ziel zu konzentrieren; die Bereitschaft, zu überprüfen, welche Auswirkungen eine Handlung auf andere Menschen haben wird, anstatt sich lediglich zu fragen: »Was springt dabei für mich selbst heraus?«; die Sorge um die Belange der Gemeinschaft; die Neigung, im geschäftlichen und öffentlichen Bereich auf persönliche, aus der Privatsphäre stammende Erfahrungen zurückzugreifen; Wertschätzung gegenüber der Vielfalt; und die für Außenseiter typische Abneigung gegenüber Statussymbolen und Ritualen, welche die Menschen am Arbeitsplatz voneinander trennen und Hierarchien zementieren. Damit soll nicht behauptet werden, daß Männer diese Werte nicht ebenfalls – in individuell verschiedenem Maße – schätzen. Doch werden sie häufig als weibliche Werte bezeichnet, weil sie in der privaten, häuslichen Sphäre entstanden sind, auf die Frauen so lange Zeit beschränkt waren.

Ein altes chinesisches Sprichwort sagt: »Den Frauen gehört die Hälfte des Himmels.« Gemeint ist damit, daß die Hälfte aller Arbeit und allen Denkens auf der Welt von

Frauen geleistet wird. Damit der Himmel vollständig sein kann, müssen beide Hälften zusammenarbeiten. Nichts kann wahrhaft menschlich sein, wenn die Hälfte der Menschheit davon ausgeschlossen bleibt. Bis vor kurzem wurde den Frauen ausschließlich die »private« Hälfte des Himmels zugewiesen; die öffentliche Hälfte blieb den Männern vorbehalten. Aber in dem Maße, in dem Frauen führende Positionen im öffentlichen Leben und in der Wirtschaft erlangen, bringen sie hier ihre Werte ein. So lösen sich die alten Gegensätze von männlich und weiblich, privater und öffentlicher Sphäre auf. In diesem Buch soll gezeigt werden, was geschieht, wenn die weiblichen Prinzipien ihren Platz in der Öffentlichkeit beanspruchen – wenn Frauen sich die andere Hälfte des Himmels zu eigen machen.

Teil I

Die weiblichen Prinzipien

1.

Wie Frauen führen

»Ich leite meine Firma nach weiblichen Prinzipien«, erklärt Anita Roddick, die Gründerin von »The Body Shop«, einer Kette von Naturkosmetikläden mit Hauptsitz in London, die einen Umsatz von 300 Millionen Dollar vorweisen kann. Unter weiblichen Prinzipien versteht Anita Roddick »Verantwortungsgefühl für andere, die Fähigkeit zu intuitiven Entscheidungen, die Unabhängigkeit von Hierarchien und all jenen entsetzlich langweiligen Managementgrundsätzen, die in den Ausbildungsinstituten gelehrt werden; die Vorstellung, daß die Arbeit ins Leben integriert sein und mit Engagement verrichtet werden sollte; eine verantwortliche Nutzung der erzielten Gewinne; die Erkenntnis, daß die Bilanz zuletzt kommt.«*

Anita Roddicks Beschreibung weiblicher Prinzipien spiegelt die grundlegenden Annahmen wider, die in unserer Kultur über die Unterschiede im Handeln und Denken von Männern und Frauen herrschen. Viele von uns spüren, daß Frauen verantwortungsvoller und intuitiver vorgehen, klarer die menschliche Seite von Problemen erkennen, eher bereit sind, Hierarchien zu durchbrechen, und kein Verständnis für umständliche protokollarische Regelungen haben. Frauen glauben eher aus Intuition statt aus expliziten Gründen an diese Grundsätze und führen zu ihrer Unterstützung Beispiele statt Argumente an. Manche Frauen schämen sich dafür, daß sie an weibliche Prinzipien glauben; andere spotten darüber; wieder andere entwickeln einen beinahe trotzigen Stolz.

Häufig äußern sich unsere Gefühle in Form eines unbe-

---

* Gespräch mit der Verfasserin am 17. März 1989

stimmten Grolls. Plötzlich durchfährt uns der Gedanke, daß das Leben besser wäre, wenn wir die Dinge bestimmen könnten. Ein Beispiel hierfür ereignete sich an dem Tag, an dem ich in New York zum erstenmal Anita Roddick interviewte. Es war ein strahlender, sonniger St. Patrick's Day, und die Straßen waren voller Menschen, die die letzten Minuten ihrer Lunch-Pause genossen. Als ich aber von der Avenue in eine Seitenstraße einbog, änderte sich die Stimmung auf einen Schlag. Über mir lag nun der Schatten der klotzigen Bürohochhäuser. Ich fuhr mit dem Fahrstuhl ins 41. Stockwerk, wo Anita Roddick auf mich wartete, eine lebhafte Frau, die Blue Jeans und ein übergroßes weißes T-Shirt trug. Nachdem sie mich in ein großes Büro mit hohen Fenstern geführt hatte, deutete sie auf die vor uns liegende Skyline von New York und meinte: »Diese Gebäude sind lächerlich! Wenn Frauen in der Welt das Sagen hätten, dann gäbe es diese häßlichen, phallischen Hochhäuser nicht!«

Ich verspürte das spontane Bedürfnis, ihr zuzustimmen, und doch fragte ich mich, ob es irgendeinen Beweis dafür gäbe, daß sie recht hatte. Offensichtlich glaubte Anita Roddick, die Einführung weiblicher Prinzipien in der Wirtschaft und im gesamten öffentlichen Bereich hätte eine humanere Lebensweise zur Folge. Wie aber könnten wir sicher sein, daß dies so wäre? Es gibt ja keine von Frauen gebauten Städte, an denen sich solche Vermutungen belegen ließen.

Aber es gibt von Frauen geführte Unternehmen.

Eine eingehendere Betrachtung solcher Unternehmen bietet wohl die beste Möglichkeit, eine Antwort auf die alte Frage zu finden, was wäre, wenn Frauen in der Welt das Sagen hätten. Eine solche Antwort wäre nicht nur spekulativ, sondern von ganz realer Bedeutung. Die Entwicklung unserer Welt unter einem größeren Einfluß der Frauen im öffentlichen Bereich würde vorstellbar. Um jedoch ein klares Bild von diesem außerordentlichen Wandel zu gewinnen, müssen wir sehr präzise vorgehen. Es genügt nicht, auf einige Gemeinplätze über den Führungsstil von Frauen zurückzugreifen oder sich nur auf ihre eigenen Aussagen darüber zu verlassen. Vielmehr gilt es, die Details und Nuancen weiblicher Managementmethoden sorgfältig zu erfassen und sie dann einem konkreten Vergleich mit dem Vorgehen von Männern zu unterziehen.

Ich habe mich bemüht, die kleinen Fragen vor den großen zu beantworten, das heißt die Besonderheiten weiblichen Managements zu beschreiben, bevor ich die dadurch bewirkten Veränderungen im Arbeitsleben erörtere. Wie treffen erfolgreiche Managerinnen Entscheidungen? Wie teilen sie ihre Zeit ein? Wie sammeln und verteilen sie Informationen und wie motivieren sie ihre Mitarbeiter/innen? Wie delegieren sie Aufgaben, wie strukturieren sie ihre Unternehmen? Wie reagieren sie auf Störungen und wie beantworten sie ihre Korrespondenz? Nach welchen Prinzipien richten sie sich bei der Kontrolle, Einstellung und Entlassung von Mitarbeitern? Inwiefern sind für sie ihre Erfahrungen als Frauen – als Ehefrauen, Mütter, Freundinnen, Schwestern, Töchter – hilfreich oder hinderlich, wenn es darum geht, einen effizienten Führungsstil zu entwickeln? Und welchen Einfluß hat dieser Führungsstil auf ihre Umgebung? Nur durch die Untersuchung solcher Details konnte ich zu einer klaren Definition weiblicher Prinzipien gelangen und in umfassender Weise darstellen, welchen Einfluß diese Prinzipien in einer sich wandelnden Wirtschaft haben.

Wie Männer führen

Um erforschen zu können, inwiefern Frauen im Management anders vorgehen als Männer, mußte ich zuerst wissen, wie Männer handeln. Ich brauchte nicht lange nach genauen Informationen zu suchen. 1968 hat der Managementexperte Henry Mintzberg den Versuch unternommen, diese Frage zu klären. Mintzbergs Untersuchung beschränkte sich nicht ausdrücklich auf Männer, aber da im Jahre 1968 mit dem Begriff »Manager« nur Männer gemeint sein konnten, blieben Frauen automatisch ausgeschlossen.

Die Frage, was ein Manager tatsächlich macht, hatte Mintzberg schon als Kind fasziniert, und so bat er seinen Vater, einen leitenden Angestellten, um eine Erklärung. Dieser nahm ihn daraufhin ins Büro mit, damit sich sein Sohn selbst ein Bild machen könnte. Doch für den jungen Mintzberg ergab sich aus dem, was er sah, kein zusammenhängender Eindruck – mit der Ausnahme, daß sein Vater sehr viel Zeit am Telefon verbrachte. Später als Doktorand empfand Mintzberg die existierenden Beschreibungen der Aufgaben eines Managers als unbefriedigend. Seiner Auffassung nach bestand das meiste, das zu diesem Thema geschrieben worden war, aus »abstrakten Allgemeinplätzen, die durch keinerlei empirische Daten untermauert waren« (Mintzberg 1973: VII ff.). Außerdem stellte er fest, daß Führungskräfte oft selbst nicht erklären konnten, inwiefern die verschiedenen Aktivitäten, die ihre langen und häufig zersplitterten Arbeitstage ausfüllten, etwas so Spezifisches wie Management ergaben.

Mintzberg war entschlossen, diese konkreten Bestandteile zu identifizieren, und begleitete zu diesem Zweck fünf Führungskräfte während ihres gesamten Arbeitstages, wobei er Minute für Minute über ihre Tätigkeit Buch führte. Kein Detail erschien ihm bei seiner Untersuchung unbedeutend: Zu welchem Zeitpunkt ein Manager die Post erledigte, wie häufig er bei einer Besprechung das Wort ergriff, wann er Zeitschriften durchsah, wie er auf Störungen reagierte, wie lange seine Telefongespräche dauerten. Nachdem Mintzberg all diese Details zusammengestellt hatte, war er in der Lage, gewisse Grundmuster zu erkennen und das herauszuarbeiten, was er als »das Schema des Arbeitstages einer Führungskraft« bezeichnete. Und da er sich auf detaillierte Beobachtungen, auf »harte empirische Daten« statt auf verallgemeinernde Darstellungen stützte, konnte er genau beschreiben, wann Manager erfolgreich waren und wann sie sich selbst schadeten.

Die Terminkalender-Studien, wie Mintzberg sie nannte,

wurden 1968 als Dissertation veröffentlicht; sie bildeten auch die Grundlage für Mintzbergs 1973 erschienenes Werk *The Nature of Managerial Work*. Jeffrey Sonnenfeld, früher Professor an der Harvard Business School und jetzt Direktor des Center for Leadership and Career Change an der Emory Universität in Atlanta, beschreibt, welchen Einfluß Mintzbergs Arbeit zum Zeitpunkt ihres Erscheinens hatte. »Es war etwas vollkommen Neues. Durch Mintzberg sahen die Menschen die Management-Problematik aus einem völlig neuen Blickwinkel. Vorher hatte man die formalen Aspekte für das Wichtigste gehalten – Planung, Organisation, die langfristigen Probleme. Daraus ergab sich ein sehr statisches Bild, denn betont wurde hier, was ein Manager bereits erreicht hatte, wie zum Beispiel die Unterzeichnung eines Arbeitsvertrags. Mintzberg hingegen achtete vor allem darauf, was ein Manager tat, damit der Vertrag zustandekommen konnte, seine tatsächlichen Aufgaben und Verhaltensweisen, das ›management by walking around‹. Durch seine detaillierten Beobachtungen über den Tagesablauf von Führungskräften bewies er, daß Management eine rasche und reaktive, eine lebendige und intensive, in keiner Weise vorgeplante Tätigkeit ist, sondern dynamisch verläuft. Aufgrund dieser Erkenntnisse begannen die Institute zur Schulung von Managern andere Schwerpunkte bei der Ausbildung zu setzen. Man erkannte nun, daß Führungskräfte nicht auf die Entwicklung einseitiger Fähigkeiten hingelenkt werden sollten. Sie sollten vielseitig sein, verschiedene Rollen übernehmen können, viele Fertigkeiten besitzen. Sie benötigen ein viel umfangreicheres, abwechslungsreicheres Verhaltensspektrum, als wir gedacht haben.«*

Mintzbergs Arbeit beschreibt die Tätigkeit von Managern – männlicher Manager wohlgemerkt, obwohl diese Einschränkung damals unbeachtet blieb. Zu den von ihm herausgearbeiteten Verhaltensmustern oder -ähnlichkeiten gehören die folgenden:

---

* Gespräch mit dem Autor am 31. August 1989

1. Sie arbeiteten mit gleichbleibender Geschwindigkeit, ohne Pausen einzulegen.

Knapp 60 Prozent ihrer Zeit verbrachten sie mit offiziellen, vorgeplanten Zusammenkünften. Die verbleibende Zeit war rasch mit weniger formellen Besprechungen ausgefüllt, welche durch dringend zu erledigende Angelegenheiten erforderlich geworden waren. Daher mußten alle Aufgaben in schneller Folge erledigt werden, weshalb die Zusammenkünfte meistens sehr kurz waren; die Hälfte aller Ereignisse, die den Arbeitstag einer Führungskraft ausmachten, waren kürzer als neun Minuten. Mintzberg zitiert den schwedischen Managementexperten Sune Carlson, der die dadurch entstehende Atmosphäre folgendermaßen beschreibt: »Sie wußten nur, daß sie als Manager kaum Zeit hatten, sich einer neuen Aufgabe zu widmen oder sich eine Zigarette anzuzünden, ohne vorher durch einen Besucher oder einen Telefonanruf unterbrochen zu werden.« Da die Aufgaben eines Managers im Prinzip niemals abgeschlossen seien, beanspruchten sie die gesamte verfügbare Zeit. Daraus schloß Mintzberg, daß die Führungskräfte ständig darunter litten, daß sie »niemals in den Genuß des Bewußtseins kamen, daß nichts mehr zu tun ist« (Mintzberg 1973: 29 f.). Sogar in Entspannungspausen wurden sie unaufhörlich von der »nagenden Furcht« gequält, daß etwas unerledigt bliebe.

2. Ihre Arbeitstage waren von Störungen und Diskontinuität geprägt.

Die vorgeplanten Besprechungen wurden immer von Untergebenen »gestört« – sei es, um auf einen drohenden Konflikt mit einer Bürgerinitiative hinzuweisen, oder um zu melden, daß in einer Fabrikanlage Feuer ausgebrochen sei. Die Führungskräfte fungierten während eines Großteils ihrer Zeit als »Feuerwehr« – manchmal sogar im wörtlichen Sinne. Diese Krisenorientiertheit führte dazu, daß der Manager in ständigem Wechsel mit wichtigen und unbedeutenden Ereignissen konfrontiert wurde, was eine Atmosphäre von Diskontinuität schuf. Die nicht verplante

Zeit wurde ständig von Untergebenen »usurpiert« (das Wort »usurpieren«, in dem Begriffe wie »kommandieren« oder »in Beschlag nehmen« mitschwingen, wurde von den von Mintzberg befragten Führungskräften häufig benutzt, um den Verlauf ihrer Arbeitstage zu beschreiben). Aufgrund des Gefühls, ständig unterbrochen zu werden, suchten die Topmanager, so bemerkte Mintzberg, »Schutz bei ihren Sekretärinnen«, die ihnen als »Schild« gegen Störungen dienten.

3. Sie hatten kaum Zeit für Tätigkeiten, die nicht direkt mit ihrer Arbeit zusammenhingen.
Die der Familie gewidmete Zeit war stark eingeschränkt. So stellte Mintzberg fest, daß viele Führungskräfte ihr Zuhause gleichsam als »Filialbüro« ansahen, wohin sie nach Feierabend noch zusätzliche Arbeit mitnahmen. Auch blieb keine Zeit für kulturelle Interessen; sie gingen selten ins Theater oder in Konzerte und lasen auch kaum etwas, was nicht direkt mit ihrer Arbeit zu tun hatte. Mintzberg konnte deshalb beobachten, daß ihr Beruf ein hohes Maß an geistiger Isolation mit sich brachte. Ihre Kompetenz war sehr groß, aber gleichzeitig auch sehr einseitig.

4. Sie zeigten eine Vorliebe für direkte Gespräche und Zusammenkünfte.
Telefongespräche und direkte Zusammentreffen waren die bevorzugten Methoden der Informationsbeschaffung. Wie bereits erwähnt, beanspruchten geplante Besprechungen 60 Prozent ihrer Zeit, weshalb die Führungskräfte »vor allem mit Terminkalendern und Zeitplanung« beschäftigt und immer bemüht waren, diese auf den neuesten Stand zu bringen und effizientere Systeme auszuarbeiten. Die meisten von ihnen nahmen nur ungern schriftliche Informationen in Empfang; ein Teil von ihnen beklagte sich, daß die Durchsicht der Post für sie eine »Last« sei. Folglich waren sie bestrebt, diese Aufgabe so rasch wie möglich zu erledigen und alle mit der Korrespondenz verbundenen Arbeiten an ihre Sekretärin zu delegieren. Zeit-

schriften blätterten sie pro Exemplar durchschnittlich eine halbe Minute lang durch. Da sie die Post für nicht besonders wichtig hielten, reservierten sie zu ihrer Erledigung nur selten ausdrücklich Zeit.

5. *Sie unterhielten ein komplexes Beziehungsgeflecht zu unternehmensfremden Personen.*

Da die Repräsentation ihrer Unternehmen nach außen als eine der wesentlichen Aufgaben der Führungskräfte galt, verbrachten sie zwischen 22 und 38 Prozent ihrer Arbeitszeit außerhalb ihrer Büros, wobei sie vor allem Kontakte zu unternehmensfremden Managern, Kollegen und Kunden pflegten. Diese Zeit diente vor allem der Informationsbeschaffung und stellte eine Methode dar, Neuigkeiten aus der Außenwelt in das Unternehmen zu tragen.

6. *Aufgrund des täglichen Zwangs, das Unternehmen funktionsfähig zu erhalten, fehlte ihnen Zeit zum Nachdenken.*

Dies war eine von Mintzbergs zentralen Entdeckungen. Wie Jeffrey Sonnenfeld bemerkt, war man vor Mintzbergs Studie davon ausgegangen, daß Management eine Planungs- und Organisationstätigkeit darstelle – eine Überlegung fordernde, langfristig ausgerichtete Arbeit. Mintzbergs Terminkalender-Studien bewiesen jedoch, daß den Managern die Muße für solche Besinnung fehlte. Das rasche Arbeitstempo und die ständigen Unterbrechungen zwangen sie, sich ausschließlich auf die täglich anfallenden Aufgaben zu konzentrieren.

7. *Sie identifizierten sich mit ihrer Arbeit.*

Aufgrund der alles verschlingenden Natur ihrer Arbeit und des hohen Status, die sie ihnen verlieh, empfanden die von Mintzberg beobachteten Führungskräfte zumeist, daß ihre Identität untrennbar mit ihrer beruflichen Position verknüpft war. Da sie sich an der Spitze der Hierarchie befanden – denn alle Unternehmen und Organisationen, in denen sie tätig waren, waren hierarchisch strukturiert –, verlieh ihnen ihre Position persönliches Prestige. Hieraus ergab sich, wie Mintzberg entdeckte, eine Anzahl von Problemen; unter anderem auch die mangelnde Fähigkeit, Abstand zu gewinnen. Eine solche Fähigkeit hielt Mintzberg für wünschenswert, weil die Führungskräfte so viele verschiedene Aufgaben zu erfüllen hätten – sie fungierten als Unternehmer, Repräsentanten, Entscheidungsträger, Verbindungsleute. Infolgedessen glaubte er, daß es für die Führungskräfte von Vorteil sei, wenn sie diese verschiedenen Rollen jeweils bewußt annähmen – wenn sie, in Jeffrey Sonnenfelds Worten, »verschiedene Rollen übernähmen«. Demnach würde ein Manager, der seine Repräsentationspflichten wahrnimmt, den Repräsentanten auch wirklich spielen und ein formelleres und eher respekteinflößendes Verhalten zeigen, als in den Momenten, in denen er als Verhandlungspartner oder Krisenmanager auftritt. Da aber ihr persönliches Identitätsgefühl von ihren Positionen abhing, so stellte Mintzberg fest, waren die Führungskräfte unfähig, genügend Leichtigkeit und Abstand von ihrer Arbeit für eine solche Strategie zu gewinnen.

8. Sie zeigten nur geringe Bereitschaft, Informationen weiterzugeben.
Aufgrund ihrer Position hatten Mintzbergs Führungskräfte außerordentlich guten Zugang zu Informationen, und zwar sowohl aus dem Inneren des Unternehmens (denn alle Information fließt an die Spitze) als auch von außerhalb, da sie über eine Vielzahl von Kontakten verfügten. Diese Information stellte die Hauptquelle ihrer Macht dar, doch da sich meist ihr Identitätsgefühl auf die Macht ihrer Positionen gründete, ließen sie andere nur ungern an der Quelle dieser Macht teilhaben. Sie neigten daher dazu, Informationen zu horten, statt sie weiterzugeben. Hierin bestand ihre gravierendste Schwäche. Die fehlende Bereitschaft zur Informationsweitergabe verursachte organisatorische Engpässe und

war der Hauptgrund für ihre Arbeitsüberlastung, da Aufgaben und Entscheidungen, die auf einer niedrigeren Ebene hätten erledigt werden können, deshalb von ihnen übernommen werden mußten.

Neben den vielen neutralen Begriffen, die Mintzberg in seiner Studie zur Beschreibung der Situation der Führungskräfte verwendete – Kontakt, entscheidungsbezogen, interpersonell, Unternehmen –, weisen andere Ausdrücke auf tiefergehende emotionale Haltungen hin: Störung, Usurpation, Schutz, Last, Schild. Die Begriffe vermitteln ein Bild von Männern, die sich durch unerwartete und widersprüchliche Forderungen unter Druck gesetzt fühlen, die unverbrüchlich von ihrer eigenen Bedeutung überzeugt sind und eine instrumentelle Sicht anderer in ihrem Unternehmen tätiger Menschen haben. Außerdem scheinen sie – was dem in den obengenannten Begriffen implizit enthaltenen Gedanken der Beschränkung entspräche – nicht fähig zu sein, den Ablauf ihrer Arbeitstage zu genießen.

Mögen diese Beobachtungen auch recht negativ erscheinen, so darf doch nicht vergessen werden, daß jene fünf Manager, deren Tagesablauf Mintzberg untersucht hat, ausnahmslos (sowohl in der Menschen- als auch in der Unternehmensführung) sehr erfolgreiche Männer waren und erklärten, daß sie mit ihrer Arbeit zufrieden seien. Trotz des hektischen und diskontinuierlichen Arbeitsrhythmus, trotz der »nagenden Furcht«, daß gewisse Aufgaben unerledigt blieben, genossen sie es, hochrangige Positionen erreicht zu haben, und waren stolz darauf, die umfangreichen Aufgaben eines Arbeitstages zu bewältigen. Hierin lagen auch die Gründe dafür, daß die Manager sich für erfolgreich hielten: Ihnen ging es vor allem um die *erledigte* Aufgabe, um das *erreichte* Ziel und weniger um die hierzu notwendige *Tätigkeit*. Diese Einstellung offenbart eine instrumentelle Sicht ihrer Arbeit, die sich auch in ihrer Sicht der Menschen widerspiegelt, d.h. die Arbeit ist für sie Mittel zum Zweck.

Diese Beobachtung bestätigt auch die in der Einleitung zitierte Behauptung aus *Frau und Karriere,* derzufolge die persönlichen Strategien der Männer meist darauf ausgerichtet sind, zu gewinnen oder ein Ziel zu erreichen (Hennig und Jardim 1976: 39). Nach diesen Kriterien mußten sich die von Mintzberg befragten Führungskräfte in hohem Maße zufrieden fühlen. Sie hatten Spitzenpositionen in ihrem Unternehmen erlangt und konnten jeden Tag erreichte Ziele vorweisen. Die problematischen Aspekte dieses Erfolgs – eine ungeheure Arbeitslast, der Verzicht auf Familienleben, die Unfähigkeit zur persönlichen Weiterentwicklung, geistige Isolation, der unaufhörliche Zwang, als »Feuerwehr« zu fungieren – all das erschien ihnen unter diesen Umständen nur als Preis, der zu zahlen war, um in diesem Spiel zu gewinnen.

Die Managementberaterin Jan Halper bestätigt diese Sichtweise in ihrer Studie über männliche Führungskräfte, *Quiet Desperation: The Truth About Successful Men* (Stille Verzweiflung: die andere Seite des erfolgreichen Mannes). Halper fand heraus, daß 68 Prozent der älteren männlichen Führungskräfte sich zwar selbst als glücklich bezeichneten, daß aber über die Hälfte von ihnen meinte, ihr Privatleben habe unter der unablässigen Jagd nach beruflichem Erfolg gelitten. Ein Kommentar unter vielen lautete: »Nach 45 Jahren Ehe kenne ich meine Frau immer noch kaum« (Halper 1988: 30 ff.). Dennoch äußerte mehr als die Hälfte der Männer, die so empfanden, kein Bedauern darüber, daß sie so viel Zeit auf ihre Arbeit verwendet hatten. Sie würden nicht anders handeln, wenn sie noch einmal wählen könnten. Mit anderen Worten, der Verzicht auf ein aktives Familienleben war ein Preis, den sie zu zahlen bereit waren, ein Opfer, das nicht groß genug war, um sie unglücklich zu machen.

Frauen führen anders

Mintzberg beschränkte sich in seinen Terminkalender-Studien auf fünf Männer. Ich entschloß mich, den Tagesablauf von vier weiblichen Führungskräften zu beobachten. Um diese Entscheidung zu erklären, muß ich zunächst erläutern, inwiefern unsere Bücher sich voneinander unterscheiden. Ich benutzte Mintzbergs Studie nur, um mir eine präzise und konkrete methodische Grundlage und einen Vergleichsmaßstab zu Männern zu verschaffen. In keiner Weise ist mein Buch als Nachfolgestudie zu Mintzbergs Werk gedacht oder nimmt sich dieses zum Vorbild. Dies wäre nicht das geeignete Vorgehen für meine Aufgabe, denn ich möchte nicht nur beschreiben, wie Frauen Unternehmen leiten, sondern möchte auch erläutern, welchen Einfluß Frauen heute auf das Arbeitsleben und darüber hinaus auf unsere ganze Kultur ausüben.

Mintzberg präsentierte seine Ergebnisse gleichsam in Listenform: Er registrierte die Anzahl der geschriebenen Briefe, die Länge von Telefongesprächen und die ungefähre Dauer von Besprechungen. Er verwob diese Details weder zu einem erzählenden Text, noch erscheinen die von ihm vorgestellten Männer als individuelle Charaktere. Wir wissen nichts über ihre Vergangenheit, über ihre familiäre Situation, können uns nicht vorstellen, wie sie aussehen, wie sie sich kleiden oder wie ihre Stimme klingt.

Im Gegensatz dazu habe ich die Frauen, mit denen ich mich beschäftigt habe, als Menschen mit einer eigenen Persönlichkeit und einer eigenen Geschichte dargestellt. Die Leser können nicht nur den Ablauf ihrer Arbeitstage mitverfolgen, sondern sie auch »sehen« und »hören«. Meines Erachtens war dies notwendig, um nicht nur die wesentlichen Merkmale, sondern auch die Nuancen ihres Führungsstils zu erfassen, denn wie so oft sind es gerade diese, aus denen ein Stil erst erkennbar wird. Die Terminkalenderstudien in diesem Buch sind erzählende Texte; der Tagesablauf der Frauen erzählt eine Geschichte. Folglich sind sie recht lang, während Mintzbergs Darstellungen äußerst kurz abgefaßt waren. Aufgrund des Umfangs meiner Studien und der Fülle von genaueren Einzelheiten, die sie bieten, meinte ich, daß es die Geduld der Leserinnen und Leser zu stark strapazieren würde, wenn ich fünf Studien präsentieren würde, nur um ein symmetrisches Verhältnis zu Mintzbergs Buch herzustellen. Wichtiger ist, daß die vier von mir untersuchten Frauen in sehr verschiedenen Tätigkeitsfeldern und in Organisationen oder Unternehmen sehr verschiedener Größe aktiv sind und aus verschiedenen Teilen der Vereinigten Staaten kommen.

Hieraus ergibt sich der zweite wichtige Unterschied. Mintzberg hatte nur Führungskräfte aus großen, etablierten Unternehmen ausgewählt, während zwei der von mir vorgestellten Frauen selbständige Unternehmerinnen sind. Auch dies war eine bewußte Entscheidung, denn darin spiegelt sich die gegenwärtige allgemeine Situation in den Vereinigten Staaten wider. Frauen treten heute in enormem Umfang als selbständige Unternehmerinnen auf; gut ein Drittel aller neuen Unternehmen werden von Frauen gegründet, und Frauen nehmen in kleineren Gesellschaften häufiger Spitzenpositionen ein als in großen*. Da ich vor allem herausfinden wollte, auf welche Weise Frauen das Arbeitsleben verändern, war dieser Aspekt von zentraler Bedeutung. Hätte ich mich in diesem Buch auf die in den großen Konzernen tätigen Frauen beschränkt, so hätte sich daraus nur eine unvollständige Darstellung der Gesamtsituation ergeben. Ich interessierte mich nicht für die Frauen in bezug auf ihre Zugehörigkeit zu Großunternehmen, sondern in bezug auf ihre Eigenschaft als Führungspersönlichkeiten. Zudem haben Frauen, die ihr eigenes Unternehmen leiten, größeren Freiraum bei der Entwicklung ihrer Direktiven und der Festlegung von Aufgabenbereichen. In ihren Firmen werden daher weibliche Werte besonders gut sichtbar.

---

* *Time Magazin,* 4. Juli 1988, S. 54. Quelle: *Small Business* Administration

Die allgemeine Struktur der Unternehmenslandschaft hat sich seit dem Erscheinen von Mintzbergs Studien im Jahre 1973 verändert. Amerika beginnt die neunziger Jahre mit weit größerer unternehmerischer Initiative als früher. Eine sich rasch wandelnde Wirtschaft, in der Innovation und Vielfalt gefordert sind, um in der weltweiten Konkurrenz mithalten zu können, hat die Entstehung von weniger schwerfälligen, behäbigen und hierarchischen Unternehmen begünstigt und eine Flut von Firmengründungen ausgelöst. Unter den durchschnittlichen Führungskräften, gleich ob Mann oder Frau, findet sich heute weit seltener der archetypische »organization man«, der zu Mintzbergs Zeiten die Regel war.

Als Reaktion auf diesen allgemeinen Trend haben sich auch die Führungsstile und -philosophien fortentwickelt – wofür, wie Jeffrey Sonnenfeld bemerkte, unter anderem solche Arbeiten wie die von Mintzberg mitverantwortlich sind. Deshalb sollte man nicht vergessen, daß einige der Unterschiede zwischen meinen und Mintzbergs Erkenntnissen eher darauf zurückzuführen sind, daß unsere Studien in verschiedenen Jahrzehnten durchgeführt wurden, und weniger Ausdruck der unterschiedlichen Führungsstile von Männern und Frauen sind. Dennoch existieren darüber hinaus frappierende Diskrepanzen, die auf eine grundlegend verschiedene Herangehensweise hindeuten. Sie sind bezeichnend für jene Unterschiede zwischen der männlichen und weiblichen Psyche, welche von Forscherinnen wie Carol Gilligan (1982; dt. 1984) und Jean Baker Miller (1976; dt. 1977) beschrieben wurden. Gewisse Vergleiche in den Terminkalenderstudien können daher dazu beitragen, ein konkretes, empirisch fundiertes Bild von den verschiedenen Methoden zu zeichnen, mit denen Männer und Frauen die vielfältigen Aufgaben einer Managementtätigkeit angehen. Dies kann uns dann zu einer Definition der weiblichen Prinzipien führen, die nicht auf bloßer Spekulation beruht, und verdeutlichen, wie diese Prinzipien im heutigen Arbeitsleben angewendet werden.

Im folgenden werden die Ähnlichkeiten und Unterschiede im Arbeitsstil der von mir interviewten Frauen und Mintzbergs Führungskräften dargestellt.

1. Sie behielten den ganzen Tag über ein gleichmäßiges Arbeitstempo bei, planten dabei aber immer wieder kurze Pausen ein.
Zwischen 40 und 60 Prozent ihrer Zeit waren formellen, vorgeplanten Besprechungen gewidmet. Frauen, die in großen Konzernen tätig waren, verbrachten hiermit die meiste Zeit. Der Rest des Tages war mit unmittelbar anfallenden Aufgaben ausgefüllt: Telefonrückrufe, Kundenbetreuung, kurze informelle Besprechungen mit Mitarbeitern und Kollegen. Die Frauen erledigten diese Aufgaben in raschem und gleichbleibendem Tempo, waren aber darum bemüht, Streß möglichst abzubauen, indem sie immer wieder kleine Pausen für sich einplanten.

Frances Hesselbein, Vorsitzende der Girl Scouts, der amerikanischen Pfadfinderinnen, schloß zu diesem Zweck während der Lunchpause häufig die Tür ihres Büros und entspannte sich bei der Lektüre von Zeitungen und Zeitschriften. Bei Dienstreisen versuchte sie möglichst schon am Vorabend des Tages, an dem ihre Termine angesetzt waren, an Ort und Stelle zu sein, um »etwas Zeit für mich zu haben«. Nancy Badore, die Leiterin des Ford Motor Company Executive Development Center, wies ihre Sekretärin an, zwischen kurz aufeinanderfolgende Zusammenkünfte möglichst viertelstündige Pausen zu legen, so daß sie »nicht das verzweifelte Gefühl hätte, unter Druck zu stehen«. Dorothy Brunson, Eigentümerin mehrerer Radio- und Fernsehsender, »schnappte« ständig nach solchen Momenten, »damit ich mich hinsetzen und durchatmen kann«. Diese bewußte »Temporegulierung« beruhte – wie Barbara Grogan, die Besitzerin einer Industriebaufirma aus Denver es beschrieb – auf der »Erkenntnis, daß ich nur ein Mensch bin und meine innere Ruhe brauche«.

2. Sie empfanden unvorhergesehene Aufgaben und Begegnungen nicht als Störungen.

Alle waren ganz bewußt bemüht, für andere da zu sein, insbesondere für ihre direkten Mitarbeiter/innen. Barbara Grogan verzichtete auf ein eigenes Büro und trennte statt dessen ihren Arbeitsplatz nur durch mannshohe Raumteiler ab, »so daß die Menschen keine Scheu haben, einfach hereinzukommen«. Dorothy Brunsons Büro hatte Glaswände, »damit jeder sehen kann, daß ich an allem, was geschieht, teilhabe«. Nancy Badore, eine der Frauen mit den höchsten Positionen bei Ford, hatte für andere Frauen immer ein offenes Ohr. An dem Tag, als ich bei ihr zu Gast war, traf ihre Sekretärin gerade für sie eine Verabredung zum Lunch mit einer jungen Frau, an die sie sich nicht genau erinnern konnte, »aber ich glaube, es handelt sich um die Tochter eines leitenden Angestellten, die von mir einen Rat möchte«. Und Frances Hesselbein ermuntert jede Angestellte der Girl Scouts – »von der Postannahmestelle bis zur Managementebene« – ihr ihre Vorschläge zu schreiben. »Es ist ganz gleich, ob es sich dabei nur um ein Toastgerät für den siebten Stock handelt. Sie sollen wissen, daß sich jemand dafür interessiert.«

Sich um andere kümmern. Teilnehmen. Helfen. Verantwortung übernehmen. Diese Gründe gaben die Frauen dafür an, daß sie Menschen Zeit widmeten, mit denen an dem betreffenden Tag kein Zusammentreffen vorgesehen war, und deren Belange ihre unmittelbaren Aufgaben nur am Rande berührten. Solche Begegnungen betrachteten die Frauen nicht als »Usurpation«, die den »Fluß« der geplanten Ereignisse beeinträchtigten, sondern eher als einen Teil des Flusses selbst. Sie schienen Unterbrechungen deshalb anders einzuschätzen als die von Mintzberg befragten Männer, weil sie darauf bedacht waren, die guten Beziehungen zwischen den Menschen innerhalb des Unternehmens oder der Organisation aufrechtzuerhalten; ein Anliegen, das auch aus ihren Äußerungen deutlich wurde. Der besondere Wert, den Frauen dem Verhältnis der Menschen untereinander beimessen, wurde auch in

Frau und Karriere erwähnt, obwohl die Autorinnen dieses Bestreben weitgehend negativ beurteilten. Demnach gingen Frauen im Arbeitsleben meistens »ohne Nachdenken davon aus, (daß) die Qualität ihrer Beziehungen höchste Priorität« habe (Hennig und Jardim 1978: 42). Dem wird in dem Buch die angeblich realistischere Haltung der Männer gegenübergestellt, die sich auf ihre persönliche Karriere konzentrieren. Doch zeigen meine Terminkalender-Studien, daß ihre Sorge um menschliche Beziehungen weiblichen Führungskräften viele Vorteile verschafft – wie die folgenden Seiten beweisen werden.

Noch eine letzte Bemerkung zum Thema »Störung«: Da die Frauen Unterbrechungen als normalen Bestandteil des Arbeitsflusses ansahen, erwarteten sie von ihren Sekretärinnen nicht, daß sie ihnen »ausreichenden Schutz« vor der Außenwelt böten, wie das bei den von Mintzberg beobachteten Männern der Fall war. Vielmehr betrachteten sie ihre Sekretärinnen als Mittlerinnen, die den Zugang zur Außenwelt und die Kommunikation mit ihr erleichterten. So bemerkte Frances Hesselbein: »Zu meinem Glück habe ich drei Sekretärinnen. Das heißt, ich kann mit mehr Menschen in Kontakt bleiben.«

3. Die Frauen nahmen sich Zeit für Aktivitäten, die nicht in direktem Zusammenhang mit ihrer Arbeit standen.
Obwohl ihre Arbeit im Grunde nie abgeschlossen war und die Frauen daher sehr viel Zeit für ihre Berufstätigkeit aufwenden mußten, waren sie nicht bereit, die wichtigen Stunden des Familienlebens zu opfern oder außerberufliche Interessen verkümmern zu lassen. Frances Hesselbein, eine Witwe mit einem erwachsenen Sohn, räumte zwar ein, daß ihre Arbeit sie vollständig absorbiert. Sie hat sich aber bewußt so entschieden und würde ihrem Beruf nicht so viel Raum zugestehen, wenn sie noch im Kreis ihrer Familie lebte. Nancy Badore, Mutter eines zweijährigen Kindes, versuchte ihre Arbeitszeit möglichst genau festzulegen. Sie erschien um 8.30 Uhr im Büro (was für den Ford-Konzern recht spät ist) und bemühte sich, späte-

stens um 18.00 Uhr zu gehen, damit sie und ihr Ehemann abends für ihr Kind da sein konnten. Barbara Grogan, die geschieden ist und zwei schulpflichtige Kinder hat, ging niemals an den Wochenenden ins Büro und riet auch ihren Mitarbeiterinnen davon ab, denn »auch sie haben Familie«. Sie resümierte auch die vorherrschende Auffassung aller Frauen, als sie erklärte, daß ihr Familienleben Priorität vor ihrer Berufstätigkeit habe und folglich nicht leide. Im Konfliktfall »kommen meine Kinder zuerst«. So war sie bereit, die Erledigung von weniger dringlichen Arbeitsaufgaben zu verschieben, wenn geschäftliche Verpflichtungen ihr Familienleben zu beeinträchtigen drohten.

Außerdem litt keine der Frauen unter der geistigen Isolierung, die Mintzberg bei den Männern feststellte. In keinem Fall beschränkte sich die Lektüre der weiblichen Führungskräfte auf Material, das lediglich Bezug zu ihrer Arbeit hatte. Sowohl Frances Hesselbein als auch Dorothy Brunson (deren Söhne beide das College besuchen) bezeichneten sich als gefräßige Leserinnen, die Bücher über Geschichte, Management und Zeitgeschehen, gelegentlich auch Romane und Kriminalgeschichten verschlingen. Nancy Badore liest »jede Zeitschrift von *Vanity Fair* bis zum *National Enquirer*«, um auf dem laufenden zu bleiben. Ebenso wie Dorothy Brunson interessiert sie sich für Kunst und sammelt auch. Barbara Grogan liest abends im Bett »Bücher über Psychologie und Religion«, um auf einem »positiven Gleis« zu bleiben. Und Frances Hesselbein erklärte: »Alles was ich lese hat in irgendeiner Form Bezug zu meiner Managementtätigkeit für die Girl Scouts. Auch wenn ich durch die Lektüre ganz allgemein meinen Horizont erweitere, ist das schon hilfreich.«

4. Obwohl sie direkte Kontakte zu Gesprächspartnern bevorzugten, planten sie doch immer Zeit zur Beantwortung ihrer Korrespondenz ein.
Ähnlich wie die von Mintzberg beobachteten Männer verhandelten sie lieber am Telefon oder bei kurzen, unge-

planten Besprechungen; andererseits aber empfand keine der Frauen die zu erledigende Korrespondenz als »Last«. Nancy Badore nahm sich alle zwei Tage eine Stunde Zeit, um zusammen mit ihrer Sekretärin die Post durchzusehen, und diktierte dabei die Antwortbriefe, die die Sekretärin mitstenografierte. Frances Hesselbein benutzte ein Diktiergerät, um in der zwischen den verschiedenen Zusammenkünften verbleibenden Zeit einen endlosen Strom von Briefen zu produzieren. Sie war stolz darauf, daß sie für gewöhnlich jeden an sie gerichteten Brief innerhalb von drei Tagen beantwortete, und forderte alle Mitarbeiter ihrer Organisation auf, es ihr gleichzutun. Barbara Grogan schrieb ihre Bemerkungen auf gelbe Notizzettel und ließ sie dann von ihrer Sekretärin auf der Maschine schreiben. »Ich muß einfach herumkritzeln, sonst klingt es nicht nach mir«, erklärte sie. Die Frauen zeigten wohl deshalb mehr Geduld bei der Erledigung der Korrespondenz, weil sie sich damit ihrem Gegenüber auf eine besonders höfliche, aufmerksame und persönliche Weise widmen konnten.

5. Sie unterhielten ein komplexes Beziehungsgeflecht mit organisations- oder unternehmensfremden Personen.
Hierin unterschieden sie sich nicht von männlichen Führungskräften. Ebenso wie diese betrachteten sie ihre Repräsentationspflichten als eine ihrer wesentlichen Aufgaben und verbrachten zwischen 20 und 40 Prozent ihrer Zeit mit Kunden, Führungskräften anderer Unternehmen und mit Kolleginnen.

6. Sie waren auf einen »ökologischen« Führungsstil bedacht.
Mintzberg hatte festgestellt, daß die von ihm beobachteten männlichen Führungskräfte sich übermäßig von den täglichen Managementaufgaben vereinnahmen ließen und daher selten Zeit fanden, langfristig zu denken. Die Frauen dagegen verloren die fernere Zukunft niemals aus den Augen. Dorothy Brunson zum Beispiel hörte in jeder

Stadt, in der sie sich gerade aufhielt, mindestens zwei Stunden lang die örtlichen Radiostationen ab: »Ich achte immer darauf, was die Leute gerade machen, was gerade passiert. Jeder Trend, der sich in diesem Land entwickelt, hat Einfluß auf die Programme.«

Frances Hesselbein weist jedoch darauf hin, daß heute sowohl männliche als auch weibliche Manager umfassender denken als zu Mintzbergs Zeit, was letztlich als Folge der globalen Wirtschaftsverflechtung angesehen werden kann. Worin sich die Sicht der Frauen jedoch von der der Männer unterscheidet, ist die Tatsache, daß Frauen in ihre Visionen auch gesellschaftliche Aspekte einbeziehen. Sie achten bei Entscheidungen auch auf deren weitergehende Auswirkungen auf die Familie, das Bildungssystem, die Umwelt und sogar den Weltfrieden. Die umfassende Sichtweise der Frauen beruht auf dem Bewußtsein, daß sie selbst an einer Revolution teilhaben, die die Erwartungen und Chancen ihrer Geschlechtsgenossinnen betrifft. Diese gesellschaftliche Dimension spiegelt sich in ihrer Sicht der Welt und ihrer Rolle darin wider. Sie stellen an sich den Anspruch, die Dinge neu und anders anzugehen, und zwar nicht nur innerhalb der Unternehmen, sondern auch global in bezug auf Gesellschaft, Umwelt etc. Die Inhalte dieser umfassenden Sichtweise widersprechen den herkömmlichen Erkenntnissen über die Unterschiede im Führungsstil von Männern und Frauen. Allerdings basiert ein Großteil dessen, was zu diesem Thema geschrieben wurde, auf Vergleichen zwischen männlichen Spitzenmanagern und Frauen, die leitende Positionen auf weit niedrigerem Niveau innehatten – und nicht etwa weiblichen Kräften, die ähnlich hohe Führungsposten bekleideten.

7. Sie empfanden ihre persönliche Identität als komplex und facettenreich.

Anders als die von Mintzberg befragten Männer, die sich mit ihren beruflichen Positionen identifizierten, sahen die Frauen ihre Arbeit nur als einen von verschiedenen Aspekten ihres Lebens an. Andere Bereiche nahmen schlichtweg zu viel Zeit in Anspruch, als daß sie sich voll und ganz ihrer Karriere hätten widmen können. »Wie könnte ich als Alleinerziehende mit zwei Kindern vergessen, daß ich nicht nur Managerin, sondern auch Mutter bin?« fragte Barbara Grogan. Und da sich die Frauen weniger mit ihren beruflichen Positionen identifizierten, konnten sie auch ein gewisses Maß an Abstand dazu gewinnen. Nancy Badore: »Wenn sie ein kleines Kind haben, dann entwickeln sie ein Gespür für das, was wirklich wichtig ist. Sie arbeiten zwar immer noch wie verrückt, aber sie verlieren niemals das Wesentliche aus den Augen.«

Mintzberg bemerkte, daß der fehlende Abstand es den Männern schwer machte, sich bewußt auf verschiedene Rollen einzulassen. Nur unter erheblichen Mühen gelang es ihnen, den jeweils geforderten Part zu übernehmen – sei es nun als Repräsentant, als Verbindungsmann oder als Verhandlungspartner –, da sie sich zu stark mit ihrer Position identifizierten. Die Frauen waren eindeutig besser zum Rollenwechsel fähig. »Manchmal fühle ich mich wie in einem Theaterstück«, sagte Barbara Grogan. »Ich habe verschiedene Rollen mit verschiedenen Drehbüchern, doch bin ich immer dieselbe Person. In allen Figuren steckt immer dieselbe Schauspielerin.« Dorothy Brunson hatte sogar zwei direkt nebeneinanderliegende Büros, um ihr Gespür für diese verschiedenen Rollen zu verbessern. »In diesem kleinen Büro bin ich einfach nur Geschäftsführerin«, erklärte sie, als sie hinter einem ihrer beiden Schreibtische stand. »Ich bin weniger bedeutend, wenn ich in diesem Raum bin. In meinem großen Büro kann ich die große Firma mehr herauskehren.« Auch Dorothy Brunson spielte mit viel Gefallen verschiedene Rollen gegenüber Kunden, Bankleuten und Angestellten – je nachdem, was im Moment gerade gefordert war. Bei einigen trat sie als strenge, aber besorgte Mutter auf; anderen gegenüber markierte sie die gewiefte Verhandlungspartnerin; wieder ein anderes Mal spielte sie die kluge und erfahrene Führungskraft. Brunson ging ganz bewußt so vor. »Es ist nicht so, als ob ich verschiedene Personen zugleich wäre. Ich lasse einfach die verschiedenen Seiten meiner Persönlichkeit hervortreten.«

8. Die Frauen planten Zeit ein, um Informationen an andere weiterzugeben.
Während Mintzberg beobachtete, daß die Männer dazu neigten, Informationen zu horten, strukturierten die Frauen ihre Arbeitstage so, daß sie soviel Informationen wie möglich weitergeben konnten. Dieses Vorgehen war ganz bewußt und stellte eines der Hauptziele jedes Tages dar. Frances Hesselbein bat Mitarbeiter ihrer Organisation zu sich ins Büro, so daß sie mitverfolgen konnten, wie sie ihre verschiedenen Aufgaben erledigte, beispielsweise ein telefonisches Interview. Dorothy Brunson traf vor einer Programmumstrukturierung in einer ihrer Radiostationen mit einer Gruppe junger Discjockeys zusammen, um sich deren Ideen anzuhören und ihnen ihre eigenen Vorstellungen zu unterbreiten. Solche Gelegenheiten beschrieb sie selbst mit dem denkwürdigen Satz: »Ich sehe mich selbst als Sendestation – ich fange von überall her Signale auf und funke sie dann dorthin, wo sie gebraucht werden.«

Auch der Wunsch, erhaltene Informationen an andere weiterzugeben, schien darauf zurückführbar, daß die Frauen auf gute Beziehungen zu ihrer Umgebung bedacht waren. Ein reges Geben und Nehmen hielt das Beziehungsgeflecht instand. Auch fiel den Frauen die Informationsweitergabe leicht, weil ihrem eigenen Empfinden nach ihre Position eher im Zentrum der Organisation als an der Spitze war. Die Hand auszustrecken ist natürlicher als sie hinunterzureichen. Sie bauten ihre Unternehmen eher nach dem Modell eines Netzes oder Gitters statt hierarchisch auf, die Informationen konnten also auf vielen Wegen fließen statt nur auf vorgeschriebenen Kanälen von oben nach unten (mehr dazu in Kapitel 2). Und während die männlichen Führungskräfte, wie Mintzberg feststellte, durch das Horten von Informationen ihre Arbeitslast erheblich vergrößerten, gelang es den Frauen durch ihre Bereitschaft zur Informationsweitergabe, wertvolle Zeit für ihre Familie und ihr Privatleben zu gewinnen.

Die charakteristischen Eigenschaften der Frauen aus meinen Terminkalenderstudien bedingen und verstärken sich gegenseitig. Ihre Bereitschaft, andere an Informationen teilhaben zu lassen, war bedingt durch ein vielschichtiges Identitätsgefühl, das sie davon abhielt, ihrer beruflichen Karriere einen übergroßen Stellenwert beizumessen. Diese Selbsteinschätzung wiederum förderte eine weitsichtige Denkweise, die noch dadurch verstärkt wurde, daß die Frauen sich auch Zeit für Tätigkeiten nahmen, die nichts mit ihrer Arbeit zu tun hatten. Bewußt in den Tagesablauf eingeplante Pausen lockerten den sehr intensiven Arbeitsrhythmus auf. Unvorhergesehene Ereignisse erschienen nicht als Krisen oder störende Unterbrechungen. Die sorgfältige Erledigung der Korrespondenz bot außerdem eine Möglichkeit der Informationsweitergabe.

Der Zusammenhang zwischen diesen Einstellungen und Eigenschaften spiegelt sich in den von den Frauen verwendeten Wörtern wider: *Fluß, Interaktion, Zugang, Zuleitung, Anteilnahme, Netzwerk, Reichweite.* Diese Begriffe verweisen auf menschliche Beziehungen. Sie sind vorgangsorientiert und betonen die Ausführung anfallender Aufgaben stärker als ihr Ergebnis. Die Terminkalenderstudien vermitteln also das Bild von Frauen, die weder ihre Arbeit noch die Menschen, mit denen sie zu tun haben, instrumentalisieren; sie sehen diese nicht als Mittel zum Zweck, sondern messen ihnen einen eigenständigen Wert zu.

Warum Frauen anders führen

Gemessen an ihren eigenen Wertmaßstäben, die das Ziel höher als den Weg dorthin einstuften, waren Mintzbergs Männer äußerst erfolgreich. Sie verfügten über Macht, kontrollierten den Informationsfluß, trafen Entscidungen, traten als Repräsentanten ihres Unternehmens auf, sie genehmigten Geldmittel und genossen Autorität und Status. Sie hatten ihre strategischen Ziele erreicht, indem sie in ihrem jeweiligen Bereich ganz an die Spitze gelangt waren. Und doch erscheinen sie im Vergleich zu den von mir beobachteten Frauen weniger reflektiert und bewußt. Könnte es sein, daß ich die Frauen in zu positivem Licht darstelle? Daß ich sie nach ihren Stärken, die Männer dagegen nach ihren Schwächen beurteile?

Ich glaube nicht. Es gibt Gründe dafür, daß Frauen meist ein weniger enges Weltbild haben und es ihnen leichter fällt, mit anderen zu kommunizieren und Prioritäten zu setzen. Wie bereits erwähnt, sind die unterschiedlichen Verhaltensweisen der Frauen und Männer auch charakteristisch für die Zeit, in der die Studien jeweils durchgeführt wurden.

Die Männer aus Mintzbergs Untersuchung übten ihre Managertätigkeit in einer Ära aus, als – um es in Betty Harragans Worten auszudrücken – Großunternehmen noch »ausschließlich männliche Klonanstalten« waren (Harragan 1977: 39). Diese von Männern geleiteten Firmen waren hierarchisch nach der althergebrachten militärischen Autoritätshierarchie aufgebaut. Nachdem die Männer sich auf starr vorgezeichneten Wegen nach oben gearbeitet hatten, waren sie schließlich ein Abbild der in ihrem Unternehmen anerkannten Werte. In jenen Tagen arbeiteten Führungskräfte meist ihr ganzes Leben in den Firmen, in denen sie ihre berufliche Laufbahn begonnen hatten; aus dieser besonderen Bedeutung von Sicherheit und Loyalität entstand der »organization man«, die archetypische Gestalt dieser Ära. Damals legte man vor allem Wert auf Spezialwissen (die sechziger Jahre waren die große Zeit der Experten), auf die Beherrschung genau vorgeschriebener Fertigkeiten, auf die Anpassung an die in der Firma geltenden Normen.

Die heutigen Unternehmen sind anders. Die hierarchischen Strukturen wurden in den innovationsfreudigen Firmen durch ein »Gitter« oder ein »Netzwerk« ersetzt. Durch diese weniger rigiden Strukturen verlor die Autoritätshierarchie an Bedeutung; man bemühte sich nun, Managementtalente durch weniger rigide Ausleseemechanismen herauszufiltern. Das ganze Wirtschaftsleben ist heute vielfältiger. Es werden rasch neue Unternehmen gegründet, und viele talentierte Männer und Frauen wechseln alle paar Jahre die Firma. Innovationen und ein schneller Informationsaustausch sind von zentraler Bedeutung. Umständliche Übermittlungswege gelten als kontraproduktiv. Man legt besonderen Wert auf umfassendes Denken, auf das, was Jeffrey Sonnenfeld »ein vielfältiges Repertoire an Fertigkeiten« nannte, auf die Fähigkeit zu kreativem Denken. Die Mentalität unserer Zeit ist ökologisch geprägt, man ist sich der Wechselwirkungen zwischen allen Dingen bewußt. Dieses Bewußtsein bestimmt auch in wachsendem Maße die Werte, die in den neuen Unternehmenstypen hochgehalten werden, und die Frauen in den Terminkalenderstudien sind als unsere Zeitgenossinnen ebenso davon überzeugt.

Doch auch wenn man diese zeitbedingten Mentalitätsunterschiede außer acht läßt, könnten die Frauen immer noch bessere Managerinnen sein als Mintzbergs Männer. Da sehr viel weniger Frauen als Männer Spitzenpositionen erreichen, erscheint es einleuchtend, daß Frauen, denen ein solcher Aufstieg gelungen ist, größere Fähigkeiten besitzen als Männer. Das *Center for Values Research* (CVR – Zentrum für Werteforschung) in Dallas hat auf einer breiten Datengrundlage erstellte Studien veröffentlicht, denen zufolge weibliche Spitzenmanager mit größerer Wahrscheinlichkeit Qualitäten besitzen, die das Institut mit dem Begriff »existentiell« bezeichnet. Damit sind Führungskräfte gemeint, die gleichermaßen am Erreichen der gesetzten Ziele und am Wohlergehen der Menschen interessiert sind; denen nicht gleichgültig ist, mit welchen Mitteln ein Ziel erreicht wird; die sowohl zu planendem Denken als auch zur Kommunikation befähigt sind; und die »realitätsverbunden«, das heißt in der Lage sind, alle bedeutenden Aspekte der menschlichen Existenz in ihr Han-

deln mit einzubeziehen – daher der Begriff »existentiell«.*
Nach Einschätzung des CVR ist dies auf den schärferen
Ausleseprozeß zurückzuführen, dem weibliche Führungskräfte unterworfen sind; bewähren sie sich, gehören sie
zwangsläufig zu den allerbesten. Der CVR hat außerdem
herausgefunden, daß Managerinnen, die nur über eine geringe kommunikative Kompetenz verfügen, von Kollegen
und Mitarbeitern meist abgelehnt werden, wodurch ihnen
einflußreiche Positionen verwehrt bleiben.

Die Frauen aus den Terminkalenderstudien erscheinen
auch deshalb als die besseren Führungskräfte, weil sie bestimmte Erfahrungen und Erwartungen mit ins Arbeitsleben bringen. Sie sind aktiv im privaten und familiären
Bereich engagiert. Man wird sich immer mehr bewußt,
daß Mutterschaft eine exzellente Schule für Führungskräfte ist, da in beiden Bereichen oftmals die gleichen Fertigkeiten erforderlich sind: Organisationstalent, rationelle
Arbeitsplanung, die Abwägung zwischen widerstreitenden
Ansprüchen; die Fähigkeit, anderen etwas beizubringen,
sie anzuleiten und zu beaufsichtigen sowie unvorhergesehene Zwischenfälle zu meistern und Informationen weiterzugeben. Alle Frauen aus meinen Terminkalenderstudien waren der Ansicht, daß ihre Erfahrungen als Mutter
in ihrem Beruf wertvoll sind. Barbara Grogan drückte es
folgendermaßen aus: »Wenn Sie sich vorstellen können,
welches von beiden Kindern das Gummibonbon bekommen soll, ob das vier- oder das sechsjährige, dann können
Sie jeden Vertrag der Welt aushandeln.«

Für die Frauen stand fest, daß ihnen gar keine andere
Wahl blieb, als sich in ihrem privaten Bereich zu engagie-
ren; Mutterschaft sei keine Verantwortung, vor der man
sich drücken könne. Anders als die Männer aus Mintzbergs Studie hatten sie keine Ehefrauen, die sie vor familiären Problemen abschirmen konnten. Drei der vier

---

* Nach Angaben der CVR-Mitarbeiterin Deborah Hefflich, die Erkenntnisse über die Resultate von Ausbildungsseminaren sammelte, an denen
insgesamt 1926 Führungskräfte teilnahmen

Frauen lebten nicht mit einem Partner zusammen, was für die generelle Situation nicht untypisch ist*. Infolgedessen war es für die Frauen von höchster Bedeutung, zu lernen, widersprüchliche Anforderungen miteinander in Einklang zu bringen. Dies gelang ihnen teils, indem sie die am Arbeitsplatz verbrachte Zeit streng eingrenzten, und teils, indem sie die beruflichen und privaten Aspekte ihres Lebens als eine Einheit betrachteten. Immer wieder äußerten die Frauen, daß ihr Leben »ein Ganzes« sei, daß »alles – häusliches Leben und Arbeit – ineinanderfließt«. So erklärte Nancy Badore: »Ich spalte mich nicht auf. Ich bin am Arbeitsplatz der gleiche Mensch wie zu Hause. Ich zeige mich, wie ich bin. Dieses Gefühl von Ganzheit setzt meine Reserven frei, verleiht mir eine Menge Energie. Ich glaube nicht, daß Menschen, die ihr Leben in lauter streng voneinander getrennte Bereiche aufteilen, so viel leisten können.« Frances Hesselbein dachte ähnlich. »Was einen Menschen erschöpft, ist nicht harte Arbeit, sondern der Streß, der durch das Gefühl hervorgerufen wird, gespalten, isoliert und eingeengt zu sein.«

Die Gleichrangigkeit von Privatleben und Arbeit wurde in den Terminkalenderstudien auch darin offenbar, daß die Frauen während der Arbeitszeit immer wieder an ihre Familie dachten. Sie telefonierten nach Hause, sprachen mit ihren Kindern, mit Haushälterinnen und Betreuerinnen; manchmal notierten sie sogar Verpflichtungen, die mit ihrer Familie zu tun hatten, in ihren Terminkalendern. Von Mintzbergs Männern hingegen schien keiner sich auch nur einen Moment lang mit familiären Problemen zu beschäftigen (Mintzberg 1973: Appendix C, 230 ff.) Wenn sie sich an ihrem Arbeitsplatz befanden, waren sie nur noch Manager, so als ob die Tatsache, daß sie auch Ehemänner und Väter waren, gleichsam in einem Vakuum schwebte. Ihre Identität war extrem gespalten.

Der Zwang, Arbeit und private Verpflichtungen miteinander in Einklang zu bringen, gestaltete das Leben der

---

* The Conference Board, S. 7 ff.

Frauen komplizierter, verschaffte ihnen andererseits aber auch einen Vorteil. Den Frauen, mit denen ich sprach, blieb gar nichts anderes übrig, als sich zu umfassenden Persönlichkeiten mit großen psychischen und geistigen Ressourcen zu entwickeln, sonst hätten sie ihre persönlichen Lebensvorstellungen nicht verwirklichen können. Mintzbergs Männer, an die keine derartigen Ansprüche gestellt waren, konnten sich nicht zu so vielseitigen Persönlichkeiten entwickeln und litten dadurch in stärkerem Maße unter der menschlichen und geistigen Entfremdung, durch welche die Arbeit und auch das Leben selbst steril werden.

Diese Entfremdung hat die »stumme Verzweiflung« vieler erfolgreicher Männer zur Folge, stellte Jan Halper fest. Die meisten von ihnen sahen den Verzicht auf Familien- und Privatleben als unvermeidlichen Preis des Erfolgs an und erklärten, daß sie wieder genauso handeln würden, hätten sie noch einmal die Wahl. Dennoch spürten sie ein tiefverwurzeltes Gefühl von Leere, Sinnlosigkeit und Überdruß, eine vage, aber tiefsitzende Unzufriedenheit (Halper 1988: 33 ff.). Sie taten, was von ihnen erwartet wurde. Dafür hatten sie alles andere aufgegeben und ihre eigenen Ziele und Träume vernachlässigt. Deshalb war ihnen nicht bewußt, was sie wirklich wollten. Die Frauen aus den Terminkalenderstudien taten nicht, was von ihnen erwartet wurde, so daß die Pfade, die sie sich selbst erschlossen hatten, viel mehr ihren persönlichen Wünschen entsprachen. Sie konnten viel leichter – um es in Joseph Campbells denkwürdigen Worten auszudrücken – »ihrem Entzücken folgen« (Campbell and Moyers 1988: 117 ff.), aus ihrem eigenen, wahren Inneren heraus leben. Dadurch wurde das Gefühl der persönlichen Ganzheit verstärkt, das nach Auffassung der Frauen ihre Energien freisetzte.

Auch die Erwartungen der Frauen waren ein Faktor, der ihre herausragenden Managementqualitäten mitbedingte. Wie bereits erwähnt, empfanden die Frauen in den Terminkalenderstudien ihr Arbeitstempo nicht als unerträglich hektisch; auch sahen sie unerwartete Besuche und Telefonanrufe nicht als Störungen. So erklärte Barbara Grogan: »Den Begriff ›Störung‹ gibt es bei mir nicht. Wenn etwas Unerwartetes meine Aufmerksamkeit erfordert, dann ist es für mich von vorrangiger Bedeutung. Vielleicht liegt das daran, daß ich Mutter bin. Wenn Ihr Kind plötzlich zum Arzt muß, dann ist das keine Störung, sondern hat vor allem anderen Priorität! Als Mutter ergeben sich für Sie immer wieder neue Situationen, in denen Sie sich zurechtfinden müssen. Sie lernen, sich darauf einzustellen, daß Sie Ihre Planung niemals vollkommen im Griff haben.«

Das alte Sprichwort mag hier Geltung haben: Männer wachsen mit der Erwartung auf, daß ihre Arbeit von Sonnenaufgang bis Sonnenuntergang dauern wird, während sich Frauen bewußt sind, daß ihre Arbeit niemals beendet ist. So bemerkt Diana Meehan vom *Institute for the Study of Men and Women* (Institut für das Studium von Männern und Frauen) an der Universität von Südkalifornien: »Auf der ganzen Welt besteht Frauenarbeit aus sich stetig wiederholenden und niemals abgeschlossenen Tätigkeiten. Und damit ist nicht nur die Kindererziehung gemeint. Der Unterschied reicht zurück bis zu den Jäger- und Sammlergesellschaften. Die Männer gehen gemeinsam auf die Jagd, um Wild zu erlegen – ein spezielles Ereignis, das einen Höhepunkt hat und dann vorbei ist. Die Frauen jedoch, die Feldfrüchte anbauen und sammeln, erfüllen damit eine nie enden wollende Aufgabe, die immer wieder getan werden muß. Sie sind daher vorgangsorientierter. Und wenn man sich auf einen Vorgang anstatt auf dessen Ziel oder Abschluß konzentriert, dann zieht man aus der Arbeit selbst größere Befriedigung. Was Freude bereitet, ist dann eher das eigentliche Tätigsein und weniger die abstrakte Vorstellung, sie beendet zu haben.«*

---

* Zitiert nach: *Women and Men in the Media Conference, The National Press Club,* Washington, D. C., 10. April 1989

Die Spielregeln der Frauen

Seit Mitte der siebziger Jahre drängten Frauen in großer Zahl auf den Arbeitsmarkt und versuchten, sich nach oben zu kämpfen. Meist wurde angenommen, daß Frauen in ihrem Fortkommen deshalb behindert seien, weil sie kaum mit Mannschaftssportarten vertraut waren. Diese Sportarten, insbesondere Football, galten lange Zeit als informelles Trainingsfeld für Führungskräfte in der Wirtschaft. Daher wurde Frauen, die nach beruflichem Erfolg strebten, in vielen Ratgebern nahegelegt, die Grundlagen des Spiels zu erlernen, indem sie einmal die Spieleraufstellung beim Football studierten und einige Sonntagnachmittage vor dem Fernsehgerät verbrachten.

Es herrschte die Auffassung, daß Football spezifische Gemeinsamkeiten mit der Geschäftswelt aufweise: die Organisationsstruktur, die hartnäckige Zielorientierung, das verbissene Streben, die Konkurrenz auszuschalten; die Bedeutung, die dem Einsatz von effizienten Kräften beigemessen wird; der Bedarf an Spielern, die genau das tun, was man von ihnen verlangt, und die Anordnungen des Trainers nicht in Frage stellen. In *The Rise of the Unmeltable Ethics* bezeichnete Michael Novak Football als »Musterbeispiel für den Profisport«: eine »Umwandlung menschlicher Wesen nach dem Vorbild von Maschinen«*. Die im Football übliche Ausdrucksweise hat Eingang in den Jargon der Geschäftswelt gefunden: Stümper verlieren das Spiel (miss the play); richtige Konkurrenten täuschen (run with it) und geben den Ball zurück, wenn sie sich schützen müssen; sie halten sich an die Spielregeln und überschreiten die Linie nicht. Sogar die Belohnung für geschäftlichen Erfolg, das Geld, wird häufig eindimensional als »eine Art Punktezählen« bezeichnet. Vor allem aber meinte man häufig, daß Football das dem Geschäftsleben zugrundeliegende Ethos widerspiegele, das sich am besten in jenem Vince Lombardi zugeschriebenen, unsterblichen

---

* Zitiert in: R. Lipsyte: *SportsWorld.* New York 1975, S. 51

Ausspruch resümieren läßt: »Gewinnen ist nicht alles, es ist das einzige.«

Aber Football und Geschäftsleben sind nicht dasselbe. Betty Harragans Auffassung zufolge ist letzteres ein intellektuelles Spiel, das keinerlei Ähnlichkeiten mit »einem Haufen von männlichen Rohlingen« aufweist, die auf dem Astroturf aufeinanderprallen. Zwar hätten viele Männer gern, daß das Geschäftsleben wie Football wäre, denn dann könnten sie sich ihren Helden auf dem Spielfeld verwandt fühlen. Doch auch wenn sie den Footballjargon verwenden, entspricht ihr Wunsch noch lange nicht der Realität. Und selbst wenn diese Sprache jemals auf das Geschäftsleben gepaßt haben mag, so ist sie auf die heutigen, reorganisierten Unternehmen nicht anwendbar. Naisbitt und Aburdene beschreiben diese als »Umgebung, die die persönliche Entwicklung fördert«, als Orte, an denen ein »von oben nach unten funktionierender Autoritarismus einem netzartigen System weicht, und wo jeder für den anderen eine Anregung darstellt« (Naisbitt/Aburdene 1986: 72). Das klingt nicht unbedingt nach Football.

Ein Großteil der Literatur, die den Mannschaftssport als eine gute Vorbereitung auf das Geschäftsleben preist, verhöhnt gleichzeitig die typischen Mädchenspiele als zu diesem Zweck ungeeignet*. Spiele, bei denen die Teilnehmerinnen einander abwechseln, wie zum Beispiel Himmel-und-Hölle und Seilspringen, werden als besonders bedeutungslos abgetan, da hier Kooperation den Vorrang vor Konkurrenz hat und die Regeln einfach und flexibel sind, so daß sie sich von Mal zu Mal leicht abändern lassen. Die Überzeugung ist weit verbreitet, daß Mädchen, die eine berufliche Karriere im Geschäftsleben anstreben, ihre Kindheit mit Rollenspielen wie »Mutter und Kind« oder »im Krankenhaus« vertan haben, oder indem sie sich Szenarien für ihre Puppen ausdachten. Die Terminkalen-

---

* Zum Beispiel Harragan sowie Hennig und Jardim; siehe auch Carol Gilligans Widerlegung der Vorurteile gegen Mädchenspiele, und hier insbesondere die Studien von Janet Lever.

derstudien zeigen aber, daß die Fähigkeit, bewußt in verschiedene Rollen zu schlüpfen, ein Trumpf ist, wenn es darum geht, die verschiedenen Aufgaben des Managements zu meistern. Außerdem fördern Spiele ohne genau vorgeschriebene Regeln Improvisationstalent und Flexibilität. Schließlich tragen Spiele, in denen kooperatives Verhalten eingeübt wird, dazu bei, daß sich Menschen besser in Unternehmen zurechtfinden, die nach dem Netzwerkprinzip strukturiert sind. Mädchenspiele vermitteln also sehr wohl Fertigkeiten und Einstellungen, die am Arbeitsplatz von Wert sind – insbesondere an den heutigen Arbeitsplätzen, wo Innovationsfreudigkeit, Unternehmergeist und Kreativität gefordert sind und die autoritäre Befehlskette zunehmend überholt erscheint.

Wie Carol Gilligan in ihrer brillanten Studie über die weibliche Entwicklungspsychologie, *In a Different Voice* (dt.: *Die andere Stimme*), erläutert, sind diese Kinderspiele für Frauen ein Weg, sich bedrückender emotionaler Probleme zu entledigen – Probleme, die bei beiden Geschlechtern jeweils unterschiedlich sind (Gilligan 1984: 16 ff.). Da Mädchen sich mit ihrer Mutter identifizieren und sich daher von Trennungen bedroht fühlen, sind sie ängstlich darauf bedacht, Beziehungen aufrechtzuerhalten. In ihren Spielen haben daher Kooperation und die Übernahme von Verantwortung für andere einen hohen ethischen Wert. Jungen hingegen sind bestrebt, sich nicht mit ihrer Mutter zu identifizieren, fühlen sich durch Nähe bedroht und sind sehr darauf bedacht, ihre Autonomie zu wahren. In ihren Spielen wird deshalb großer Wert auf Regeln und Abgrenzung gelegt und darauf, Streitigkeiten zu entscheiden, die durch den Zusammenprall von miteinander konkurrierenden Rechten entstehen. Aufgrund dieser Unterschiede ist es lächerlich zu argumentieren, daß Mädchen benachteiligt sind, weil sie nicht mit Mannschaftssportarten vertraut sind, denn diese, so Carol Gilligan, haben keine wesentliche Funktion für die weibliche Entwicklung (Gilligan 1984: 20 ff.).

Die von Jungen und Mädchen jeweils favorisierten

Spiele sprechen ihre unterschiedlichen Bedürfnisse an, helfen bei der Bewältigung ihrer unterschiedlichen psychischen Aufgaben und tragen deshalb dazu bei, sie zu sehr unterschiedlichen menschlichen Wesen zu formen. Jungen lernen, daß Gewinnen Vorrang vor persönlicher Entwicklung und Beziehungen zu anderen Menschen hat; sie lernen, sich an Regeln, Grenzen und festgelegte Verfahrensweisen anzupassen und ihre Individualität um eines größeren Ziels willen zurückzustellen. Mädchen hingegen lernen, Kooperation und Beziehungen zu schätzen. Sie verachten komplizierte Regeln und autoritäre Strukturen und messen abstrakten Konzepten, wie zum Beispiel dem Streben nach Sieg, keinen Wert bei, wenn dadurch die Harmonie innerhalb der Gruppe gefährdet wird.

Damit entsteht ein Bild von den »weiblichen Prinzipien«, das bemerkenswerte Ähnlichkeiten mit Anita Roddicks spontaner Beschreibung aufweist: »Verantwortungsgefühl für andere, die Fähigkeit zu intuitiven Entscheidungen, die Unabhängigkeit von Hierarchien und all jenen entsetzlich langweiligen Managementgrundsätzen, die in Ausbildungsinstituten für Manager gelehrt werden; die Vorstellung, daß die Arbeit ins Leben integriert sein und mit Engagement verrichtet werden sollte; eine verantwortliche Nutzung der erzielten Gewinne; die Erkenntnis, daß die Bilanz zuletzt kommt.«

Diese weiblichen Prinzipien waren im Wirtschaftsleben so lange kaum von Bedeutung, wie die Unternehmen »rein männliche Klonanstalten« waren, so lange »die Gedanken, der Verstand und das kreative Gespür von Frauen keinen Anteil an der Gestaltung der Organisationen in unserer Gesellschaft hatten« (Harragan 1977: 39). Doch inzwischen haben sich die großen Firmen verändert – unter dem Druck sich rasch wandelnder Technologien, der globalen Konkurrenz, des Mangels an qualifizierten Fachkräften und aufgrund des Zwangs, sich auf ein heterogenes Arbeitskräftepotential einzustellen, zu dem nun auch ein hoher Prozentsatz Frauen gehört. Die Unternehmen unterziehen sich einer tiefgreifenden Umgestaltung, um sich auf neue Perspektiven einzustellen, um Kreativität und neue Ideen zu fördern – um zu überleben. Auf diese Weise haben sie sich den Werten angenähert, die Frauen aufgrund ihrer Sozialisation für erstrebenswert halten, jenen Werten, die den weiblichen Prinzipien zugrundeliegen.

So haben also zwei einander ergänzende Entwicklungen eingesetzt. Die Geschäftswelt braucht heute das, was die Frauen einbringen können, und zwar zu einem Zeitpunkt, an dem Frauen in wachsendem Maße am Arbeitsleben teilhaben. Noch wichtiger als Prozentzahlen ist aber vielleicht die Tatsache, daß Frauen – die bereits Mitte der siebziger Jahre massiv in die Arbeitswelt eindrangen – erst jetzt in Führungspositionen aufsteigen, die ihnen die Möglichkeit bieten, den Wandel einzuleiten und voranzutreiben. Dies ist ein äußerst günstiges Zusammentreffen zweier Entwicklungen, eine Konstellation, die den Frauen einzigartige Chancen verschafft, an der fortwährenden Umgestaltung der Arbeitswelt mitzuwirken, »indem sie ihre persönlichen Werte nicht aufgeben, sondern zu ihnen stehen« (Naisbitt/Aburdene 1986: 242).

2.

Das Netz als Struktur

> *Bis tief in die Nacht hinein, während die anderen Tiere schliefen, arbeitete Charlotte an ihrem Netz. Zuerst trennte sie einige Fadenspiralen um die Netzmitte auf. Die speichenartigen Fäden ließ sie stehen, weil sie als Stützen gebraucht wurden. Ihre acht Beine und ihre Zähne kamen ihr bei dieser Arbeit sehr zugute. Sie wob leidenschaftlich gern und war eine Meisterin in ihrem Fach.*
>
> E. B. WHITE, *Charlotte's Web*

Es ist Lunchzeit in dem rosa und grün gehaltenen Speisesalon des Cosmopolitan Club in Upper Manhattan. Dieser ausschließlich Frauen vorbehaltene Club war von Abigail Rockefeller gegründet worden, nachdem ihr in dem von ihrem Ehemann ins Leben gerufenen Union Club die Bedienung verweigert worden war. Die Atmosphäre ist vornehm, in den steinernen Blumenkübeln ranken sich Petunien, und die anwesenden Frauen sind meist über fünfzig – manche von ihnen tragen Hüte mit Schleiern.

Eigentlich ein merkwürdiger Ort, um über moderne Führungs- und Managementtechniken zu sprechen, und doch sitze ich hier mit Frances Hesselbein, der Geschäftsführenden Vorsitzenden der Girl Scouts, einer Frau, die diesen Widerspruch mit Leichtigkeit überbrückt. Sie hat eine leise, gemäßigte Stimme, trägt ein Halstuch und eine Handtasche von Hermès, und ihre äußere Erscheinung ist so perfekt gepflegt, daß man meinen könnte, sie poliere wie die Herzogin von Windsor ihre Schuhsohlen. Frances Hesselbein gehört also eindeutig in die Welt des Cosmopolitan Club. Und doch ist sie auch jene Frau, die mit einem solchen Erfolg moderne Managementmethoden in der von ihr geleiteten Organisation etabliert hat, daß Peter Drucker sie als »den vielleicht besten professionellen Manager in Amerika« bezeichnete.

Ich versuche, ein Interview mit ihr zu führen, obwohl in dem Club, einem archaischen Grundsatz gemäß, »sichtbares Papier« verpönt ist; offensichtlich ziemt es sich für Ladies nicht, sich während der Lunchpause mit geschäftlichen Dingen abzugeben. So halte ich also mein Notizbuch auf meinen Knien unter einer Serviette versteckt und kritzle, ohne hinzusehen auf das Papier, während eine ältliche Bedienung mit silbernen Zangen Parker House Rolls serviert. Frances Hesselbein erläutert mir das von ihr ersonnene Managementsystem der Girl Scouts, das die alte, hierarchische Pyramidenstruktur abgelöst hat.

Das neue System ist kreisförmig strukturiert, erklärt sie, die Positionen in konzentrischen Kreisen angeordnet. »Ich benutze Kreise«, sagt Frances Hesselbein, »weil sie eine symbolische Bedeutung haben. Der Kreis ist ein organisches Bild. Wir sprechen ja auch vom Familienkreis. Der Kreis ist allumfassend, ermöglicht aber auch Fluß und Bewegung; er engt Sie nicht ein! Ich habe Management immer als einen kreisförmigen Prozeß betrachtet. Als ich meinen Regionalverband leitete, erdachte ich mir eine Struktur, die derjenigen, die ich jetzt aufgebaut habe, ähnelt. Ich habe nirgends gelesen, daß ich das tun sollte, ich fühlte es einfach. Heute gibt es all diese Theorien über das kreisförmige Managementmodell, aber ich kam intuitiv darauf – Kreise haben schon immer eine Anziehungskraft auf mich ausgeübt.«

Plötzlich nimmt Frances Hesselbein die hölzerne Pfeffermühle und stellt sie in die Mitte des Tisches. »Das bin ich«, sagt sie, »im Zentrum der Organisation.« Dann ordnet sie ein Glas Eistee und mehrere Zuckerstücke kreisförmig um die Pfeffermühle herum an. »Und das ist mein Führungsteam, der erste Kreis.« Aus Tassen und Untertassen bildet sie um den ersten Kreis einen zweiten. »Das sind die Leute, die dem ersten Team verantwortlich sind. Und außerhalb dieses äußeren Kreises gibt es noch einen, und dahinter wieder einen. Und sie sind alle miteinander verbunden.« Sie nimmt Messer und Gabeln und stellt damit Verbindungen zwischen den einzelnen Kreislinien her. »Je weiter man nach außen gelangt, desto mehr Verbindungen gibt es. Das System ist also umso stärker miteinander verflochten, je größer es wird!«

Unser Tisch im Cosmopolitan Club ist ein einziges Durcheinander, doch ich bin nichtsdestoweniger fasziniert. Frances Hesselbein hat das perfekte Abbild eines Spinnennetzes entworfen. Und gerade die Vorstellung von einem Netz hatte mich kürzlich sehr beschäftigt, als ich über Strukturen nachgedacht hatte. Genauer gesagt, darüber, inwiefern Frauen die Dinge anders strukturieren als Männer – Unternehmen ebenso wie Büroräume, menschliche Beziehungen, und sogar den eigenen, von ihnen beanspruchten Platz in der Welt.

Das integrierende Netz

Als ich die Terminkalenderstudien durchführte, wurde mir bewußt, daß die von mir interviewten Frauen sich selbst immer in der Mitte des Geschehens sahen, wenn sie ihre Rolle in der von ihnen geleiteten Organisation beschrieben. Nicht an der Spitze, sondern im Zentrum; für sie gab es kein Oben und Unten, sondern nur ein Miteinander. Die Frauen benutzten diese Begriffe spontan, sie waren Bestandteil ihres Vokabulars und wiesen auf ihre unbewußten Vorstellungen darüber, was gut und wünschenswert sei, hin. Untrennbar verknüpft mit dem Gefühl, in der Mitte zu stehen, war bei den Frauen der Gedanke, mit den Menschen um sie herum verbunden zu sein, als ob sie durch unsichtbare Stränge und Fäden an sie gefesselt seien. Das Bild einer zusammenhängenden Struktur, die um einen zentralen Punkt herum konstruiert ist und aus durch Querstrahlen miteinander verbundenen

Kreisen besteht, erinnerte mich natürlich an ein Spinnennetz – jenes zarte Flechtwerk, das aus der Notwendigkeit zu überleben und aus einer künstlerischen Regung heraus entsteht und dazu dient, andere Lebewesen anzuziehen.

Die Vorstellung vom Netz hatte nicht nur die Sprache der Frauen aus meinen Terminkalenderstudien gefärbt, sondern zeigte sich auch in den von ihnen eingeführten Managementstrukturen und in der Art und Weise, wie sie Besprechungen organisierten. Das »kreisförmige Management-Diagramm«, das Frances Hesselbein mir mit Bestecken und Zuckerstücken vorgeführt hatte, war nur das offensichtlichste und vielleicht auch am klarsten dargestellte Beispiel. Jenes »Glücksrad« der Girl Scouts, wie Peter Drucker es scherzhaft nannte, dreht sich tatsächlich: Auf den meisten Posten im Managementbereich rotieren die Stelleninhaber alle zwei bis drei Jahre. Frances Hesselbein erläutert, daß ein solch häufiger Wechsel im Rahmen dieses Managementmodells ideale Voraussetzungen für die Bildung von Arbeitsteams schaffe. So können Arbeitsgruppen gebildet werden, um bestimmte, gerade anfallende Aufgaben zu übernehmen – zum Beispiel die Erstellung eines Achtzehnmonatsplans – und nach deren Erfüllung wieder aufgelöst werden. Die Mitarbeiter sind sowohl in verschiedenen Teams als auch in jeweils verschiedenen Positionen tätig, was ihnen weitgespannte Erfahrungen in den verschiedenen Bereichen der Organisation verschafft. Hinzu kommt, daß der Wechsel zwischen verschiedenen Posten das Gefühl vermittelt, an einer gemeinsamen Sache zu arbeiten, und daß er der Tendenz zur Bildung von Cliquen und persönlichen Machtbereichen entgegenwirkt. Führungskräfte erfahren unmittelbar, welche speziellen Schwierigkeiten ihre Kollegen meistern müssen und von welchen Prioritäten ihr Handeln bestimmt wird. »Daß wir hier aber so einfach Arbeitsteams bilden können, liegt an dem kreisförmigen Organisationsschema«, meint Frances Hesselbein. »Wenn jemand auf einen anderen Posten versetzt wird, dann bedeutet das für ihn nur eine Veränderung auf horizontaler Ebene – es hat nichts mit einer Degradierung zu tun, denn es gibt kein Oben oder Unten. Mit dem neuen Posten ist keine Beweislast verbunden.«

Nancy Badore hat während ihrer gesamten Berufslaufbahn die Auffassung vertreten, daß Managementaufgaben am besten zu bewältigen sind, wenn sie mehreren zusammenwirkenden Arbeitsteams übertragen werden. Diese Überzeugung floß in die Entwicklung jenes Ausbildungsmodells ein, nach dem die Spitzenmanager von Ford auf der Produktionsebene geschult werden, und wurde dann, sehr zum Leidwesen einiger Kollegen, auf die Führungsebene übernommen. Nancy Badore leitet das *Executive Development Center* (Zentrum zur Weiterbildung von Führungskräften) nach dem Prinzip der Mitbestimmung. Auf dem Management-Diagramm befindet sie sich im Zentrum, während die Mitglieder ihres Teams (die die verschiedenen Programme für Führungskräfte leiten) sich gleich den Ästen, die von einem Baum abzweigen, um sie herum gruppieren – also diesmal nicht in Form eines Rads. Die monatlichen Teambesprechungen, bei denen die Programmleiter über die erzielten Fortschritte berichten, verlaufen Nancy Badore zufolge nicht so, »daß sie mir Bericht erstatten. Sie stellen einander gegenseitig ihre jeweiligen Projekte und Ideen vor.« Sie tritt also weniger als Vorsitzende der Zusammenkunft auf, sondern erleichtert vielmehr die Kommunikation unter den Teilnehmern, indem sie Informationen auswählt und deren Weiterleitung lenkt. Dies erinnert sehr an Dorothy Brunson, die sich selbst als »Sender« sieht, der Informationen aufnimmt und sie dann dorthin ausstrahlt, »wo sie gebraucht werden«.

Wenn Barbara Grogan eine Sitzung des (von ihr gegründeten) Beirats für Mittelständische Unternehmen des Gouverneurs von Colorado leitet, dann bemüht sie sich ebenfalls, die Teilnehmer zum Informationsaustausch und zur Teambildung anzuregen. Dieses Vorgehen, bei dem sie ihre zentrale Position nutzt, um einen Austausch unter den Menschen zu fördern, bezeichnet sie selbst als »den Fluß in Gang halten« und kommt damit Frances Hesselbeins Worten nahe.

All diesen Strategien liegt der Gedanke zugrunde, daß der Gruppenzusammenhalt und nicht der individuelle Erfolg den höchsten Wert darstellt. Diese Auffassung wurde auch deutlich, als die Frauen ihre Vorstellungen von Erfolg beschrieben. »Ich habe niemals einen Erfolg angestrebt, bei dem ich über Leichen gehen müßte«, meinte Barbara Grogan. »Ich war mir immer bewußt, daß ich in einem solchen Fall ganz schön einsam sein würde, wenn ich mein Ziel erreicht hätte.« Frances Hesselbein äußerte sich ähnlich: »Ich stehe nicht unter einem so starken Druck wie Leute, die glauben, sie sind ganz allein auf weiter Flur. Ich sehe mich als Teil eines langen Kontinuums. Dieses Kontinuum umfaßt meine Familie, aber auch all die 56 Millionen Frauen, die jemals bei den Girl Scouts waren – eine lange grüne Linie, die in die Vergangenheit zurückreicht und auf die ich mich stützen kann. Wenn Sie sich selbst als Bestandteil von etwas Größerem betrachten, dann ist das befreiend. Sie haben dann nicht mehr das Gefühl, daß auf Ihnen allein eine Bürde lastet. Das hat mir sehr viel Kraft gegeben.«

Das Netz der Verantwortung kann sehr groß sein, wie Nancy Badore bemerkt. »Das *Executive Development Center* bildet auf der ganzen Welt Führungskräfte für Ford aus, deshalb versuche ich, in globalen Dimensionen zu denken. Ich sehe Ford nicht nur als Unternehmen, als isolierte Einheit, sondern als Teil der Welt, mit der es durch Politik, Geschichte und Wirtschaft verbunden ist. Und ich selbst bin ebenfalls ein Teil davon. Wenn ich mich also frage, welche Rolle die Firma spielen kann, dann frage ich mich auch, welche Rolle ich spielen kann, und hier insbesondere als Frau. Und bei dieser Frage habe ich immer die ganze Welt im Blick: Wo kann ich am besten meinen Beitrag leisten? Letztlich läuft das wirklich auf die Frage hinaus ›Warum wurde ich geboren?‹«

Das Denken in den Dimensionen einer größeren Gemeinschaft ist ein wichtiger Aspekt der ökologischen

Sicht, die ich bei den Frauen der Terminkalenderstudien angetroffen habe. Dieses erweiterte Bewußtsein rührt aus ihrem weiblichen Selbstverständnis als Vorhut einer Bewegung, welche die Geschichte verändert. Ihr Handeln und ihre Entscheidungen sind daher von einer Art von verborgenem Programm geleitet, das in der Mission besteht, sowohl die Situation der Frauen zu verbessern als auch die Welt zu verändern.

Dieses Gefühl, eine umfassendere Verantwortung zu haben – eine Verantwortung für die Gruppe oder das Ganze – ist natürlich implizit in dem Bild vom Netz enthalten. Die Kreise und die strahlenförmig angeordneten Linien halten das Ganze zusammen. Jeder Punkt, an dem sich Linien berühren, ist auch ein Verbindungspunkt. Das Prinzip des Kreises ist, wie Frances Hesselbein bemerkte, die Integration. Man kann ein Netz nicht in einzelne Fäden oder Bestandteile zerlegen, ohne das Gebilde zu zerreißen und das Ganze zu beschädigen.

Von der Hierarchie zum Netz

In *Die andere Stimme* stellt Carol Gilligan immer wieder die Hierarchie dem »Beziehungsgeflecht« gegenüber, wenn sie die unterschiedlichen Wertvorstellungen von Männern und Frauen beschreibt. »Die Begriffe der Hierarchie und des Geflechts oder Netzes, den Texten über Fantasien und Gedanken von Männern und Frauen entnommen, zeugen von unterschiedlichen Weisen, Beziehungen zu strukturieren, und sind mit verschiedenen Auffassungen von Moral und Selbst verbunden« (Gilligan 1984: 81). Diese beiden Bilder seien in gewisser Weise spiegelgleiche Gegensätze, denn der erstrebenswerteste Ort des einen ist für den anderen der am meisten gefürchtete Platz. »Die Spitze der Hierarchie wird zum Rand des Netzes, und der Mittelpunkt eines Netzes von Beziehungen wird zur Mitte einer hierarchischen Stufenleiter, das heißt, beide Bilder bezeichnen den Ort als gefährlich, der vom jeweils anderen

Standpunkt aus als sicher betrachtet wird« (Gilligan 1984: 81 f.). In der hierarchischen Denkweise besteht das höchste Ziel darin, »die Spitze zu erreichen« – wo die anderen einem nicht nahe kommen können. Im Netz dagegen ist die Spitze zu weit vom Zentrum entfernt. Das, was im Netz als Mittelpunkt betrachtet wird, wird aus hierarchischer Sicht so empfunden, als ob man in der Mitte eingekeilt sei – ohne Perspektive.

Diese unterschiedlichen Modelle enthüllen auch unterschiedliche Vorstellungen darüber, was unter effizienter Kommunikation zu verstehen sei. In einer Hierarchie bedient man sich vor allem vorbestimmter Informationskanäle und der Befehlskette, wodurch eine breite und nicht zielgerichtete Kommunikation ausgeschlossen ist. Die Informationen werden auf ihrem Weg nach oben gefiltert, gesammelt und geordnet. Das Netz hingegen fördert eine direkte, frei fließende und lockere Kommunikation, weil direkte Kontaktpunkte zur Verfügung stehen, die es ermöglichen, Verbindungen herzustellen.

Die Frauen aus den Terminkalenderstudien sind bestrebt, »im Zentrum der Dinge« zu stehen, und erschaudern bei der Vorstellung, »allein an der Spitze« zu stehen. Sie vertreten die Werte, Prinzipien und Annahmen, die Carol Gilligan als generell charakteristisch für Frauen erkannte. Es sind Werte, die nach Gilligans Auffassung in der weiblichen Psyche verankert sind und deren Geltungsbereich lange Zeit auf die Privatsphäre beschränkt blieb. Hier vollzieht sich jedoch zur Zeit ein dramatischer Wandel. Die Frauen in den Terminkalenderstudien, die angesehene und einflußreiche Positionen im öffentlichen Leben und in der Wirtschaft erreicht haben, verfügen über die Möglichkeit, ihre Prinzipien in ihre Arbeitsweise einfließen zu lassen. Indem sie also das Modell des Netzes zur Erstellung von Management-Diagrammen und zur Aufteilung von Büroräumen, bei der Organisation von Sitzungen und der Entwicklung direkter Kommunikationsmöglichkeiten benutzen, tragen sie dazu bei, das Netz zu institutionalisieren.

In *Reinventing the Corporation* (dt.: *Megatrends des Arbeitsplatzes*) schlagen Naisbitt und Aburdene das Gitter als Strukturmodell für die neue Unternehmensorganisation vor (Naisbitt/Aburdene 1986: 62 f.). Bemerkenswerterweise sind diese Strukturen mit ihren untereinander verbundenen Punkten und den sich kreuzenden Linien dem Netz recht ähnlich – nur daß sie eher schachtelartig gegliedert als in Kreisen angelegt sind. Die Struktur der neugestalteten Unternehmen liegt also den weiblichen Vorstellungen weit näher, obwohl das System immer noch eine typisch »männliche« Kantigkeit aufweist. Das Gitter aus ineinandergesteckten Teilen erleichtert die direkte Kommunikation, kann seine Form verändern, um neuen Anforderungen gerecht zu werden, und beschleunigt den Informationsfluß. Dieses Bild läßt an einen Mikrochip denken – es werden schnell Verbindungen hergestellt. Informationen in kleine Einheiten zerlegt, die Einheiten weiterverarbeitet, neugeordnet: Energie fließt eher impulsiv, als sich in vorgeschriebenen Kanälen hinauf und hinab zu bewegen.

Ein solches Modell ist unserem Informationszeitalter offensichtlich angemessener als die hierarchischen Strukturen, die im Industriezeitalter so weit verbreitet waren (Naisbitt/Aburdene 1986: 69 ff.). Dennoch sind die institutionellen Strukturen immer noch von hierarchischen Konzepten, dem speziellen Ausdruck der männlichen Psyche geprägt. Sie befriedigen das Bedürfnis der Männer nach Grenzen und Schranken in Beziehungen und kommen ihren Wertvorstellungen entgegen, denen zufolge der Zweck die Mittel heiligt. Aber in dem Maße, wie Frauen einflußreiche Positionen im öffentlichen Leben und in der Wirtschaft übernehmen, setzen sie den hierarchischen Werten das Netz entgegen, das die menschlichen Beziehungen stärkt, die Kommunikation erleichtert und den Mitteln ebensoviel Wert beimißt wie dem Ziel selbst.

Autorität und Information

Wenn Organisationen in einer von oben nach unten verlaufenden Befehlskette strukturiert sind, dann sind die Wege, auf denen Autorität ausgeübt wird, eindeutig bestimmbar. Die alte Mentalität – »vorsichtshalber salutieren!« – ist hier immer noch vorherrschend. Wie manifestiert sich jedoch Autorität, wenn die Frau an der Spitze einer Organisation sich selbst als deren Zentrum betrachtet? Wie kann eine Managerin in ihren verschiedenen Rollen als Informationsbeschafferin, Entscheidungsträgerin, Planerin, Repräsentantin und Informationsverteilerin von einem festen Punkt im Zentrum des Netzes aus Autorität ausüben?

Zunächst ist zu bemerken, daß die Wege der Machtausübung in einer Netzstruktur zwar unklar oder sogar verworren erscheinen mögen, daß aber die Frauen aus den Terminkalenderstudien in den von ihnen geleiteten Organisationen und Unternehmen eine eindeutige Führungsrolle haben, daß die letztliche Verantwortung immer bei ihnen liegt. Jede von ihnen kann als starke Führungspersönlichkeit charakterisiert werden: Sie zeichnen sich durch ein lebhaftes Naturell und eine direkte Art aus, und, was am wichtigsten ist, sie wissen sehr genau, wo sie ihren Führungsanspruch geltend machen wollen und welche Methoden sie anwenden müssen, um ihre Ziele zu erreichen. Auch funktionieren ihre Organisationen und Unternehmen nicht nach partizipatorischem Muster, es ist also nicht so, daß alle Mitarbeiter planlos irgendwelche Beiträge leisten. Die Frauen verfügen über eine Machtposition, die der an der Spitze einer Hierarchie gleichkommt, doch manifestiert sich ihre Autorität auf subtilere Weise.

Ein Paradebeispiel wäre hier die Informationsbeschaffung. Bei hierarchischen Managementstrukturen fließt die Information in ganz bestimmten, hierfür vorgesehenen Kanälen nach oben. Macht entsteht dadurch, daß die an der Spitze befindlichen Personen Zugang zu den immer stärker gefilterten Informationen haben. Die Hierarchie wird jedoch zerbrochen, wenn die Autorität die üblichen Kanäle umgeht, um direkt auf den unteren Ebenen Informationen einzuholen. Befindet sie sich jedoch im Zentrum, wo sie mit jedem Punkt des ganzen Netzes verbunden ist, so wird es möglich, Informationen aus allen Quellen direkt zu beschaffen. Frances Hesselbein machte es sich zum Beispiel zur Gewohnheit, jeden Vorschlag von Angestellten aus dem 500 Personen zählenden, bezahlten Mitarbeiterstab – sei es nun eine Buchhalterin oder ein Angestellter in der Poststelle – entgegenzunehmen und zu beantworten. Der wichtigste Aspekt dieses direkten Kontakts besteht darin, daß die Ideen der Mitarbeiter keinen Filter und keine Kontrollinstanzen passieren mußten.

Bei ihrer Entscheidungsfindung kann eine Managerin, die von der Mitte des Netzes aus operiert, den sich ihr bietenden direkten Zugang zu Informationen nicht nur dazu nutzen, die aufgenommene Informationsmenge zu vergrößern, sondern auch, um im vorhinein die Reaktionen auf ihre Entscheidungen zu testen. Beides ist ein Vorteil, da sie sich bei ihren Überlegungen auf mehr Daten stützen kann. Die Entscheidung liegt bei ihr – weitgestreute Informationskanäle müssen nicht gleichbedeutend sein mit unklaren Entscheidungen. Dorothy Brunson sprach mit ihren jungen Discjockeys, um von ihnen Informationen als Entscheidungshilfe zu erlangen. Gleichzeitig erkundete sie mögliche Auswirkungen ihrer Entscheidung auf die Hörer und auf das Programm der Radioshows an den Reaktionen der Discjockeys auf die verschiedenen von ihr in Betracht gezogenen Optionen. Dorothy Brunson beschrieb ihre Vorgehensweise folgendermaßen: »Ich treffe Entscheidungen niemals in Hast. Das wichtigste dabei ist, seine Netze weit auszulegen, sich in viele Richtungen zu orientieren, viele Informationen zu sammeln. Dann mache ich abends vielleicht einen Spaziergang und warte, bis sich die Informationen setzen. Und wenn ich meine Entscheidung treffe, dann stimmt sie für mich auch.«

Im Bereich der Zukunftsplanung ist die Führungstätigkeit von der Mitte des Netzes aus ein Vorgang, der sehr viel Feingefühl erfordert. Ihr Vorteil liegt darin, daß dadurch die Verbindungen zwischen den sich kreuzenden Punkten des Netzes gestärkt werden. Wenn sich bei einer Besprechung von Frances Hesselbeins Führungsteam ein Konflikt über Fragen der Zukunftsplanung entwickelte, beauftragte sie die verschiedenen Parteien, gemeinsam einen Plan auszuarbeiten und ihr dann zur Diskussion zu unterbreiten – wobei natürlich die Entscheidung letztlich ihr oblag. Ein solcher Umgang mit dem Konflikt stellte sicher, daß der von dem Arbeitsteam ausgearbeitete Plan den Ansprüchen beider Abteilungen genügen und außerdem eine engere Kooperation zwischen ihnen fördern würde, was letztlich den Zusammenhalt der ganzen Organisation stärken würde. Da in Frances Hesselbeins kreisförmigem Managementsystem keine hierarchischen Ebenen mehr existierten, konnte sie die gegnerischen Parteien auffordern, gemeinsam Lösungen zu erarbeiten, ohne Rücksicht darauf, wer wem von der beruflichen Position her untergeordnet war.

In hierarchischen Führungsstrukturen beruht die Autorität der Repräsentationsfigur darauf, daß sie den Kopf des Ganzen darstellt. Diese Autorität äußert sich in der Befugnis, die Ziele einer Organisation zu definieren und sie nach außen hin zu vertreten. In einer Netzkonstruktion stellt die Repräsentationsfigur eher das Herz als den Kopf des Ganzen dar und bedarf keiner untergeordneten Ebenen, um ihren Status zu betonen. Ihre Autorität erlangt sie vor allem durch den Kontakt zu den Menschen in ihrer Umgebung und weniger durch die zu ihren Untergebenen gewahrte Distanz. Das fördert den Teamgeist. Eine Führungskraft, die die Netzkonzeption vertritt, hat es nicht mehr nötig, sich auf ihren Rang, ihre Autorität und das Gefühl der eigenen Wichtigkeit zu stützen, um ihr Unternehmen oder ihre Organisation überzeugend zu vertreten. Eine solche Haltung kann sich als effizientes Mittel erweisen, um Gegner zu entwaffnen: Als Barbara Grogan anläßlich einer Zusammenkunft des *Small Business Advisory Council,* des Beirats Mittelständischer Unternehmen des Gouverneurs von Colorado, die jüngsten Erfolge ihres Unternehmens pries, betonte sie gleichzeitig die Mitverantwortung anderer für den Erfolg: »Stellen Sie sich vor, unsere kleine Consultingabteilung hat es geschafft! Jetzt kann für uns alle nichts mehr schiefgehen!«

Auch bei der Informationsweitergabe verfügt eine Führungskraft, die von der Mitte des Netzes aus operiert, über die gleichen Vorteile wie bei der Beschaffung von Informationen. Sie hat direkten Zugang zu allen Mitarbeiter/innen des Unternehmens, ohne sich auf festgelegte Informationskanäle beschränken zu müssen, und vermeidet das damit verbundene Risiko von Informationsverlust und -verzerrung. Da außerdem die Informationsweitergabe ihre Autoritätsstellung innerhalb des Netzes nicht schwächt (wie es in hierarchischen Strukturen der Fall ist, wenn Informationen nach unten fließen), kann dadurch der Zusammenhalt unter den Mitarbeiter/innen gestärkt werden.

Wie bereits erwähnt, betonte Nancy Badore, daß ihre monatlichen Zusammenkünfte mit den Managern, die die Programme für das *Executive Development Center* (Zentrum zur Weiterbildung von Führungskräften) erarbeiteten, nicht dazu dienen, »daß sie mir Bericht erstatten, sondern zu erfahren, was die anderen machen, einander neue Anregungen zu geben und auf dem laufenden zu bleiben.« Auch hier ist der vorherrschende Gedanke, daß Bindungen gefestigt werden sollen. Die Führungskraft im Zentrum bezieht ihre Stärke daraus, daß sie Verbindungen herstellt, nicht aus der Anwendung des Grundsatzes »teile und herrsche«. Den Informationsfluß auf eine Richtung – von unten nach oben – zu beschränken, bringt keinerlei Vorteile. Es ist also nicht ratsam, Informationen zu horten, wie dies bei den von Mintzberg beobachteten Männern üblich war.

Die Ausübung von Autorität von der Mitte des Netzes aus hat auch etwas von einer Lehrertätigkeit an sich. Das Sammeln und Weiterleiten von Informationen, die Förderung von Beziehungen zwischen den Menschen und das Bemühen, Verbindungen zwischen ihnen herzustellen, sind Tätigkeiten, die einen erzieherischen Charakter aufweisen. Wenn Frances Hesselbein zwei Mitglieder ihres Teams auffordert, trotz divergierender Auffassungen gemeinsam eine Lösung zu erarbeiten, und Nancy Badore »für meine Mitarbeiter, nicht für mich« eine Besprechung ansetzt – dann erinnern diese beiden Frauen an gute Lehrerinnen, die bestrebt sind, anderen beim Lernen zu helfen, und genau wissen, wann sie ihren Schülern ermöglichen sollten, die gewonnenen Erkenntnisse selbständig anzuwenden. Doch erscheinen die Lehrerqualitäten, die die Frauen in den Terminkalenderstudien unter Beweis stellten, im Grunde nicht so ungewöhnlich, da die Figur der Lehrerin für die meisten Menschen die erste Personifizierung weiblicher Autorität im öffentlichen Bereich darstellt. So sind unsere Vorstellungen und Überzeugungen über die Art und Weise, wie Frauen Macht ausüben und Führungsstrukturen schaffen, bereits vorgeprägt.

Das Netz als Strategie

In Büchern wie *Frau und Karriere* wurde der berufliche Erfolg der Männer zu einem gewissen Grad auf das zurückgeführt, was die Autorinnen als die männliche Ausrichtung auf »Gewinnen, auf das Erreichen eines Ziels« bezeichneten. Diese Ziele waren meist ganz genau definiert, wie zum Beispiel die Absicht, im nächsten Monat sechs neue Kunden zu gewinnen oder innerhalb von drei Jahren Vizepräsident zu werden. Frauen hingegen wurde nachgesagt, sie seien durch eine verschwommenere, weniger zielgerichtete Vorstellung von Karriere gehandicapt, denn sie sähen ihre Arbeit als Mittel zu »persönlichem Wachstum, als Selbstverwirklichung, als Befriedigung, als einen Beitrag für andere, als die Tätigkeit, die man sich wünscht« (Hennig und Jardim 1978: 25). Der Unterschied lief schließlich darauf hinaus, daß die einen über eine

Strategie verfügten und die anderen nicht: Männer hatten einen exakten, objektiven Plan, um ihre Ziele zu erreichen, Frauen im allgemeinen nicht.

Wenn wir jedoch die beiden kontrastierenden Bilder von Hierarchie und Netz betrachten, so stellt sich die Frage anders. Denn was die Autorinnen von *Frau und Karriere* als Strategie bezeichnen, ist im Grunde nur die Strategie der Hierarchie. Sie ist vor allem darauf ausgerichtet, bestimmte Positionen zu erreichen, sich nach oben zu arbeiten, Konkurrenten aus dem Feld zu schlagen, gegeneinander zu intrigieren, ein Vorhaben durch Manipulation der verschiedenen Machtebenen zu verwirklichen. Diese Ziele und Methoden setzen die Existenz einer hierarchischen Struktur voraus.

All das entspricht sicherlich der allgemeinen Vorstellung von Strategie, es ist jedoch nicht die einzig mögliche Vorgehensweise. Die Strategie des Netzes verwendet andere Methoden und strebt andere Ziele an. Da der begehrteste Ort im Netz die Mitte ist, besteht die Strategie des Netzes darin, alles diesem Zentrum näherzubringen, indem die Person in der Mitte die anderen zu sich heranzieht und all die Kreisbahnen und Querverbindungen verstärkt, die das System zusammenhalten. Die Betonung der Beziehungen der Mitarbeiter untereinander und ihre Festigung, die Stärkung des Gefüges und das Bemühen, »lose Enden« mit hineinzuflechten, all das ist eine Strategie, die weiblichen Prinzipien wie dem Streben nach Integration und Verbindung und dem, was Carol Gilligan als »Verantwortlichkeit in der Welt« bezeichnet, Rechnung trägt. Dieses fortwährende Bemühen, die Menschen einander näherzubringen und die einzelnen Teile des Ganzen zu stärken, ist Ausdruck der grundlegenden Vorgangsorientiertheit der Frau, der Tatsache, daß die Mittel, die sie zur Verwirklichung ihrer Ziele einsetzt, ihr nicht gleichgültig sind.

Die Strategie des Netzes ist weniger direkt, weniger auf bestimmte Ziele ausgerichtet und daher nicht so ausschießlich willensgesteuert wie die hierarchische Strategie.

Sie ist folglich den weniger konkreten und mehr auf persönliches Wachstum zielenden Vorstellungen von Erfolg angemessen, deretwegen Frauen häufig kritisiert worden sind. Indem sie sowohl darauf abzielt, das Organisationsgefüge zu stärken, als auch eine Reihe von Zielen definiert, geht sie auf weniger geradlinige Weise vor als hierarchische Strategien.

Hierzu meinte Barbara Grogan: »Ich weiß nicht, was in fünf Jahren sein wird. Vor fünf Jahren hätte ich niemals voraussehen können, wo ich jetzt bin. Ich stelle keine Fünfjahrespläne auf. Ich mache meine Arbeit nur so gut wie möglich und vertraue darauf, daß sie mich dorthin führen wird, wo ich als nächstes hin soll. Ich weiß, das klingt etwas lauwarm, aber es funktioniert.«

Wo ich als nächstes hin soll: In dieser Aussage wird Vertrauen offenbar und auch eine gewisse Schicksalsergebenheit, die aber keinesfalls Ausdruck von Passivität ist. Die Strategie des Netzes läßt sich von der Gelegenheit und von Intuitionen leiten und zeichnet sich durch geduldiges Warten auf das, was kommt, aus. Es ist jene Strategie, die die Spinne Charlotte in E. B. Whites Erzählung »Wilbur und Charlotte« anwendet. Als Charlotte vor der Aufgabe steht, das Schwein Wilbur vor dem Geschlachtetwerden zu retten, stellt sie keine Liste von Zielen auf, um sich für eine Vorgehensweise zu entscheiden. Anders als die »Menschen, die alle Augenblicke hasten, hasten, hasten«, verläßt sie sich auf Intuition und Geduld. »Charlotte wußte aus Erfahrung, daß eine Fliege daherkommen würde, wenn sie lange genug wartete, und sie war sicher, daß ihr auch eine Idee kommen würde, wenn sie nur lange genug über Wilburs Problem nachdachte« (White 1976: 72). Und als die Lösung kam, erforderte sie, daß Charlotte ein Netz wob; schließlich »wob sie leidenschaftlich gern und war eine Meisterin in ihrem Fach«.

Das Weben ist eines der ältesten Bilder, die mit Weiblichkeit assoziiert werden. Das archaische englische Wort für Frau, *distaff*, ist gleichzeitig auch die Bezeichnung für einen Strang Flachs und den Spinnrocken am Webstuhl, um den die ungesponnene Wolle gewickelt wird. Auf der ganzen Welt wird in den Mythen dargestellt, wie die weiblichen Gottheiten am Webstuhl das Geflecht des menschlichen Lebens wirken, den Faden spinnen, der die Ereignisse der Vergangenheit mit den Möglichkeiten der Zukunft (den ungeborenen Menschen und ungeschehenen Ereignissen) verbindet. Die Strategie des Netzes und des Webens erkennt also die Bedeutung dessen an, was Frances Hesselbein »das Kontinuum« nannte, das Gefühl, daß man Teil dessen ist, was vor einem gewesen ist, und Teil dessen, was folgen wird.

Aus diesem Grund waren die spinnenden Göttinnen der germanischen und griechischen Mythen auch die Göttinnen des Schicksals. Sie erkannten und akzeptierten das Schicksal als eine Verquickung von Vergangenheit und Zukunft, Zufall und bewußtem Tun. Und in letzter Konsequenz drücken Barbara Grogan und Nancy Badore genau das gleiche aus, wenn sie erklären, sie vertrauten darauf, daß sich ihnen durch immer wieder neue, unvermittelte Gelegenheiten die Zukunft erschließen würde. Wie die alten Göttinnen haben sie erkannt, daß die Zukunft nicht auf einige Zielvorstellungen reduziert werden noch allein durch Willensakte gestaltet werden kann.

Teil II

Vier Porträtstudien

3.

»Glaube nur, was du siehst«

Mit den Porträtstudien wollte ich vor allem ein Gespür für die alltäglichen Details erlangen, die das Leben der Frauen, die ich über den Tag hinweg begleitete, ausmachten. Ich wollte sie erst dann direkt fragen, was sie über ihre Tätigkeit dachten, wenn ich mir mit eigenen Augen ein Bild davon gemacht hatte. »Glaube nur, was du siehst«, sagte einmal Don Burr, der Gründer von *People Express*.

Ich wählte die Frauen für die Porträtstudien nicht aufs Geratewohl aus, sondern führte auf der Suche nach geeigneten Probandinnen zuerst viele Interviews. Ich wollte Frauen beobachten, die sich ihrer selbst sehr bewußt waren und glaubten, daß ihr Geschlecht sowohl ihre Persönlichkeit als auch ihren Arbeitsstil prägte. Alle von mir angesprochenen Frauen stellten sich sofort als Probandinnen zur Verfügung. Sie erlaubten mir, in ihr Büro zu kommen, sie überallhin zu begleiten und jede ihrer Bewegungen schriftlich festzuhalten. Warum erklärten sie sich mit einer solchen Untersuchung einverstanden? Hauptsächlich deshalb, glaube ich, weil sich jede von ihnen als Modell begreift und ihre Position dazu nutzt, anderen Frauen zu helfen. In einer Publikation zu erscheinen, trägt zur Erfüllung dieser Aufgabe bei und hilft Kontakte zu knüpfen, so daß die Frauen gerne bereit waren, sich öffentlich als Fallbeispiele präsentieren zu lassen, auch wenn ihnen das noch so viele Unannehmlichkeiten bereitete.

Denn störend war meine Anwesenheit für sie auf jeden Fall. Die Porträtstudien erforderten genaue Beobachtung. Ich begleitete jede Probandin vom Moment ihrer Ankunft im Büro bis zum Ende ihres Arbeitstages und mußte sie gelegentlich unterbrechen, um nach der Bedeutung eines

Akronyms oder dem Namen einer Person zu fragen, die im Büro erschienen war. In einem Interview kann die Befragte entscheiden, worüber sie nicht sprechen will, doch in einer Terminkalenderstudie kann sie nichts verbergen. Den ganzen Tag über waren die Frauen nur im Badezimmer für sich allein.

Diese Vorgehensweise bedurfte einer gewissen Gewöhnung. Zu Beginn des Tages war ich so etwas wie eine Fliege an der Wand und bat meine Probandin, meine Anwesenheit einfach zu vergessen. Nach etwa einer Stunde gelang das allen Frauen auch meist, obwohl ich sie von Zeit zu Zeit daran erinnern mußte, mich möglichst zu ignorieren. Und natürlich war meine Unsichtbarkeit eigentlich eine Idealvorstellung und kaum in der Realität zu verwirklichen. Ein Beobachter beeinflußt den Beobachteten immer bis zu einem gewissen Grad, ob er nun will oder nicht. Und dann mußte ich natürlich auch immer wieder Fragen stellen, was mein Bemühen, möglichst unbemerkt zu bleiben, zunichte machte.

Als ich die Einzelheiten des Tagesablaufs meiner Probandinnen festhielt, achtete ich besonders darauf, wie sie ihre Zeit einteilten, wie sie mit Korrespondenz und Telefonanrufen umgingen und wie sich die Interaktion bei Besprechungen gestaltete. Die von Mintzberg aufgeführten Items hatten die allgemeinen Wesensmerkmale des männlichen Managementstils beschrieben. Ich hingegen suchte nach *individuellen* Grundmustern, wie die Frauen sich Informationen verschafften und sie ordneten; wie sie Entscheidungen trafen und Menschen anleiteten; wie sie ihre Zeit planten, Ratschläge erteilten, Dinge erklärten und Anordnungen gaben. Aus allen diesen Details ergab sich ein Bild oder eine Art Rhythmus: ein Fluß, eine Stimmung, eine Atmosphäre. Ich entdeckte, daß das Grundmuster des Tagesablaufs eines Menschen ebenso einzigartig ist wie seine Handschrift und dazu beitragen kann, die Grundzüge der Persönlichkeit zu erschließen.

Ich erkannte auch, daß der Tagesablauf eines Menschen in all seinen Details und seiner Vielfalt eigentlich eine Geschichte ist. Er hat einen Anfang, ein Ende, eine Form, gewisse charakteristische Züge; Dinge geschehen oder geschehen nicht. Als ich die Untersuchung niederschrieb, lief ich daher nicht Gefahr, die Tatsachen zu verzerren, wie es Journalisten häufig unterläuft, wenn sie versuchen, aus einem Interview eine Story zu machen. Die Geschichten nehmen ganz natürlich durch den Ablauf der beschriebenen Zeit Gestalt an.

Im ersten Kapitel habe ich erläutert, warum ich die Porträtstudien in Erzählform abgefaßt habe: Ebensosehr wie nach Grundmustern suchte ich nach Nuancen und versuchte, weibliche Führungsstile im Zusammenhang mit einem umfassenderen gesellschaftlichen und wirtschaftlichen Wandel zu sehen. Im Laufe meiner Arbeit erkannte ich jedoch auch, daß die unterschiedliche Darstellungsweise der Terminkalenderstudien von Mintzberg und mir auf den grundlegenden Unterschied im Selbstbild von Männern und Frauen zurückgeht. Mintzbergs Männer fungieren ausschließlich als Manager, ihre Identität scheint gleichsam in einem Vakuum zu existieren, ohne Bezug zu ihrem Privatleben. Die Frauen in den Terminkalenderstudien hingegen trennen ihre private Identität nicht von ihrer beruflichen; sie sehen ihre Mutterrolle nicht völlig ohne Verbindung zu ihrer Managertätigkeit, unterscheiden nicht zwischen Führungskraft und Freundin. Sie verstehen sich als abgerundete und vollständige Persönlichkeiten und beziehen hieraus ihre Stärke, da sie immer dieselbe Person sind, auch wenn sie verschiedene Rollen annehmen, die jeweils unterschiedliche Züge ihres Charakters hervorheben. Deshalb konnte ich nicht umhin, sie als komplexe menschliche Wesen darzustellen und ein Bild von ihnen zu zeichnen, das nicht nur detailliert den Ablauf von Ereignissen wiedergibt, sondern meine Probandinnen auch als lebendige Frauen zeigt.

4.

Die Bedeutung der Stimme

Frances Hesselbein, Girl Scouts der USA

Nach Auffassung von Peter Drucker ist das Oberhaupt einer gut geführten, gemeinnützigen Organisation mit großer Wahrscheinlichkeit kompetenter als der Vorstandsvorsitzende eines Wirtschaftsunternehmens, denn ersterer bedarf der Hilfe ehrenamtlicher Kräfte, die sich anderen Aufgaben zuwenden, wenn die Organisation nicht mehr zu funktionieren scheint. Daher ist hier die Fähigkeit, Menschen zu motivieren, von höchster Wichtigkeit. Ehrenamtliche Kräfte haben keine vertragliche Verpflichtung gegenüber der gemeinnützigen Organisation, die sie durch ihre Mithilfe unterstützen, sondern sind ihr – in den Worten von Max De Pree, dem Vorsitzenden von Herman Miller – durch einen feierlichen Schwur verbunden, was Max De Pree als für unsere Zeit angemessen erachtet. Das Oberhaupt einer solchen Organisation muß über eine laute, aber keineswegs autoritäre Stimme verfügen; wie bei Frances Hesselbein muß es die Stimme des Willkommens sein.

Als National Executive Director der Girl Scouts der USA, der amerikanischen Pfadfinderinnen, hat Frances Hesselbein in der größten gemeinnützigen Organisation für Mädchen und Frauen in der westlichen Welt eine Position, die der einer Vorstandsvorsitzenden entspricht. Die Girl Scouts zählen über drei Millionen Mitglieder – knapp zweieinhalb Millionen Mädchen, 750 000 ehrenamtlich tätige Erwachsene und einen bezahlten Mitarbeiterstab von 500 Personen. Die Schaltzentrale für die gesamten USA befindet sich in einem Bürogebäude in Manhattan, Midtown, das sich im Besitz der Girl Scouts befindet und vollständig von ihnen genutzt wird. Das jährliche Arbeitsbudget beläuft sich auf 26 Millionen Dollar.

Mit Frances Hesselbein wurde erstmals die höchste Führungsposition bei den Girl Scouts aus den eigenen Reihen besetzt. Sie hat ihre Karriere in der Organisation in den fünfziger Jahren begonnen, als sie zunächst vorübergehend und widerstrebend die Führung einer dreißig Mädchen umfassenden Pfadfindergruppe in ihrer Heimatstadt Johnstown in Pennsylvania übernahm, um einer erkrankten Nachbarin einen Gefallen zu tun. »Ich hatte einen Sohn«, erklärt sie, »deshalb interessierten mich die Girl Scouts nicht besonders.« Sie versprach, die Gruppe einen Monat lang zu betreuen, woraus aber schließlich acht Jahre wurden. »Ich liebte die mir angebotene Anregung, die Vielfalt und die geistige Herausforderung; auch erkannte ich, daß das genau die Sache war, die mir selbst als Mädchen gefallen hätte.« Sie beschreibt ihre Gruppe als »das Laboratorium«, in dem sie ihre Vorstellungen von gutem Management entwickelte. »Ich beobachtete die Mädchen und half ihnen dabei, Ausschüsse zu bilden, Gruppenführerinnen zu wählen, sich Ziele zu setzen und sie zu verwirklichen. Durch die Beobachtung von Kindern können Erwachsene so viel lernen, denn Kinder gehen alles ganz unbefangen an. Ich denke immer an Chaucers Zeile über den Gelehrten in Oxford: ›Froh war er zu lernen und froh zu lehren.‹ Genau das trifft auf meine Jahre mit den Mädchen zu.«

Während der Zeit, als sie diese Pfadfinderinnengruppe betreute, wurde Frances Hesselbein zur Präsidentin des örtlichen Vorstands gewählt; bald darauf wurde sie vom nationalen Dachverband beauftragt, Vorstandsmitglieder zu schulen. Damals, während der sechziger Jahre, begann sie sich ernsthaft mit Managementfragen zu beschäftigen und las »alles, was ich in die Finger bekam«. 1970 wurde sie Geschäftsführende Vorsitzende des örtlichen Vorstands in Johnstown, ihr erster bezahlter Mitarbeiterposten bei den Girl Scouts. 1976 wurde sie vom Vorstand der Organisation zur Nationalen Geschäftsführenden Vorsitzenden ernannt. Damals war sie bereits mit ihrem Mann (der später, 1978, starb) nach New York gezogen.

Zu der Zeit, als sie die Führung der Girl Scouts übernahm, wurde in der Organisation überlegt, wie man den Bedürfnissen einer neuen Mädchengeneration entgegenkommen und den zahlenmäßigen Rückgang von nicht arbeitenden Müttern, die als Gruppenführerinnen tätig waren, auffangen könne. Frances Hesselbein nahm rasch eine Neuorganisation in Angriff, wobei sie sich der Marketingtechniken und interner Umfragen bediente, die sie bei ihrer Lektüre von Managementlehrbüchern und bei der Schulung von Vorstandsmitgliedern kennengelernt hatte.

Aus einer internen Umfrage ging hervor, daß es ratsamer war, die 334 örtlichen Vorstände auf jeweils homogene Gebiete zu verteilen – wie zum Beispiel Stadtgebiete und Vorstadtgebiete – und nicht nach geografischen Regionen; dementsprechend wurde die gesamte Struktur der Organisation umgestaltet. Das Spitzenmanagementteam – eine andere Innovation Frances Hesselbeins – rief *The Girl Scouts' Environmental Scanning System* ins Leben, eine jährlich durchgeführte Studie staatlicher Statistiken und Trends, die alles von der Luftverschmutzung bis zur Arbeitslosigkeit umfaßt; der dahinterstehende Gedanke ist, umfassende demografische Veränderungen möglichst vorhersagen zu können, um Programme für zukünftige Bedürfnisse zu entwickeln. Aus diesem Projekt entstand unter anderem das Programm *Safe Time,* in dessen Rahmen Schlüsselkinder nach der Schule betreut werden, und das *Daisy Girl Scouts Program* für Fünfjährige, das auch *Head Start**-Absolventen umfaßt; auch eine Zusammenarbeit zwischen den Girl Scouts und *Head Start* wurde vereinbart.

Außerdem führte Frances Hesselbein ein umfassendes Planungs- und Managementsystem ein, um die Arbeitsweise der lokalen Vorstände zu vereinheitlichen. Sie gab

---

* Förderprogramm - *Anm. d. Übers.*

eine Reihe von Handbüchern heraus, die Richtlinien für Finanzberichterstattung, Chancengleichheit im Beruf, Bringsysteme und neun andere das Management berührende Bereiche enthielten; diese Reihe wurde seither von staatlichen Schulen, gemeinnützigen Organisationen und mehreren Großunternehmen übernommen. Frances Hesselbein überarbeitete auch das Handbuch und die Schriften zu beruflichen Fragen, um aktuellen Belangen Genüge zu leisten und betonte darin insbesondere, wie wichtig Mathematik und Naturwissenschaften für Mädchen seien. Und sie überwachte den Bau des *Edith Macy Conference Center* in Westchester County, wo ehrenamtlich tätige Mitarbeiterinnen sowie fest angestellte Führungskräfte sich ständig beruflich weiterbilden können. Das Ergebnis war, wie Peter Drucker es beschreibt, »die bestgeführte Organisation weit und breit. Entschlossene, hart arbeitende Frauen können alles erreichen.«*

Acht Uhr früh an einem Julimorgen. Frances Hesselbein sitzt in ihrem behaglichen, luftigen, grün und pfirsichfarben eingerichteten Büro im letzten Stock des Girl Scouts-Gebäudes und diktiert den ersten Brief des Tages. Sie spricht in ein Diktiergerät; ihre Stimme ist wohlklingend, gemessen und bedächtig. Von weit unten dringt der Lärm nach oben, doch hier, im 14. Stock, scheinen Hast und Sorgen weit weg zu sein. Frances Hesselbeins ruhige Stimme bestimmt die Atmosphäre.

Ihr Brief ist an Dr. James Comer von der *Yale Medical School* gerichtet. Sie hatte am Vortag mit der Post sein neues Buch erhalten – *Maggie's American Dream: The Life and Times of a Black American Family* –, in dem die Geschichte von Dr. Comers Mutter erzählt wird. Das Buch liegt nun auf dem Kaffeetisch vor dem langen grünen Sofa in ihrem Büro. Der Tisch ist mit Büchern beladen, die sie zur Zeit liest und weiterempfiehlt.

---

* Interview in *Across the Board*, veröffentlicht von *The Conference Board*, März 1989

Sie dankt Dr. Comer für das Buch, überlegt einen Moment, bevor sie weiterdiktiert, und meint dann, daß seine Mutter Maggie »genau jene Art von Frau ist, die ein positives Rollenmodell für unsere Mädchen bieten kann«. Sie nippt ein wenig an dünnem, warmem Tee, bevor sie den letzten Absatz des Briefes diktiert, in dem sie Dr. Comer verspricht, daß sie sein Buch weiterreichen werde. Frances Hesselbein trinkt immer Tee oder heißes Wasser, wenn sie ihre Stimme benutzen muß – sogar, wenn sie ins Diktiergerät spricht. »Wenn Sie eine Rede halten«, erklärt sie mir, »reicht man Ihnen normalerweise einen Krug mit Eiswasser; ich habe jedoch herausgefunden, daß ich durch Eiswasser eine dünne, hohe Stimme bekomme. Seither frage ich nach heißem Wasser oder dünnem Tee – ich habe einfach das Gefühl, daß mir das gut tut. Und nun habe ich gelesen, daß mein Instinkt mich nicht betrogen hat. Kaltes schließt die Stimmbänder, Warmes öffnet sie.« Sie erzählt, daß sie einen Artikel über Jesse Jackson gelesen hat, der nach einer salzigen Mahlzeit und dem Genuß von eiskaltem Coca-Cola eine Rede gehalten habe, bei der seine Stimme kaum wiederzuerkennen gewesen sei.

Nachdem sie ihren Brief an Dr. Comer beendet hat, greift sie zum Telefon. Es ist mit einem Telefonlautsprecher ausgestattet, doch sie nutzt diese unpersönliche Vorrichtung nur, wenn sie sich mit jemandem in ihrem Büro unterhält. Nun telefoniert sie jedoch nach Michigan, um einer jungen Mitarbeiterin, deren Vater in der vorigen Woche gestorben ist, ihr Beileid zu bekunden. »Natürlich habe ich auch Blumen geschickt, doch ich fand, das reicht nicht. Es ist so schwer, jemanden zu verlieren, den man liebt.«

Frances Hesselbein weiß dies nur zu gut. Zwei Tage zuvor sind mehrere Verwandte von ihr bei einem Autounfall ums Leben gekommen. Der Schock, den diese Tragödie für sie bedeutete, ist immer noch an ihrem Gesicht abzulesen. Zwar strahlt sie dieselbe Ruhe aus wie gewöhnlich, doch scheint ihre Energie etwas beeinträchtigt. Dennoch hat sie ihr übliches Morgenprogramm eingehalten:

Sie ist um sechs Uhr aufgestanden, danach folgte eine halbe Stunde Gymnastik vom Band, die ein Sportlehrer extra für sie zusammengestellt hat, anschließend begibt sie sich zu Fuß von ihrer Wohnung ins Büro – »genau zweiundzwanzig Minuten«. Aufgrund der Todesfälle in ihrer Verwandtschaft hat sie jedoch den für die folgende Woche geplanten Urlaub abgesagt, so daß das heutige Arbeitspensum weniger umfangreich ist als sonst. »Wenn ich Raum für meine Gefühle lasse, dann komme ich in dieser traurigen Situation besser zurecht.«

Nach ihrem Telefonanruf nach Michigan steht sie von ihrem Schreibtisch auf. Frances Hesselbein ist eine kleine Frau mit vollendeter Körperhaltung; man sieht ihr ihr Alter nicht an. Sie hat einen energischen Gang, und ihre schöne, helle Haut läßt sie fast alterslos erscheinen. Sie hat dunkles Haar und trägt eine elegant frisierte Pagenkopffrisur, ihre Fingernägel sind sorgfältig maniküert. Sie hat ein im traditionellen Sinn sehr gepflegtes Äußeres. Heute trägt sie ein flottes pinkfarbenes Seidenkostüm, eine schwarze Leinenbluse, schwarze Strümpfe, teure schwarze Schuhe, schlichten Goldschmuck und ein Girl Scouts-Abzeichen. Sie ist eine Frau mit einer Vorliebe für Hermès-schals und -taschen; ihr Stil ist elegant, damenhaft und zeitlos.

Sie betritt den Vorraum ihres Büros, wo ihre drei Sekretärinnen arbeiten. Sie wendet sich an diejenige, die gerade nicht mit einem Telefonat beschäftigt ist, und bittet sie, ein Taxi zu rufen, das Ann Millhouse, die Hauptleiterin der australischen Girl Guides, zum Flughafen bringen soll. Frau Millhouse hat sich für einige Tage in New York aufgehalten, um sich mit einigen der Managementtechniken vertraut zu machen, die Frances Hesselbein bei den Girl Scouts eingeführt hat. Frau Millhouse und ihr Mann wohnen in einem kleinen Hotel in der Nähe des Girl Scouts-Gebäudes, und Frances Hesselbein hat versprochen, für sie ein Taxi zu bestellen. »Und ich will auch selbst dort vorbeischauen, um sie persönlich zu verabschieden«, erklärt sie ihrer Sekretärin. »Bitte erinnern Sie mich daran, wenn ich das Büro bis halb zehn nicht verlassen haben sollte.«

Es ist nun 8.20 Uhr. Eine der Sekretärinnen fragt Frances Hesselbein durch die Sprechanlage, ob sie Zeit für ein kurzes Gespräch mit Florence Corsello habe, der Kontrolleurin und Leiterin der Finanzabteilung der Girl Scouts, die auch zum Spitzenmanagementteam gehört. Frances Hesselbein ist einverstanden, und einige Minuten später betritt Florence Corsello, eine junge Frau in klassischem Kostüm, das Büro. Frances Hesselbein begrüßt sie herzlich, bietet ihr einen gepolsterten Stuhl an und setzt sich ihr gegenüber auf das Sofa.

Aus dem kleinen Nebenraum, in dem sich eine Waschgelegenheit und eine Toilette befindet und der außerdem als Küche dient, bringt eine der Sekretärinnen Tee in Porzellantassen. In dem behaglichen, mit Büchern vollgestopften Büro herrscht eine entspannte Atmosphäre. Florence Corsello folgt einer anscheinend allgemeinen Gepflogenheit der engeren Mitarbeiterinnen von Frances Hesselbein und nennt sie im persönlichen Kontakt beim Vornamen, spricht aber Dritten gegenüber von ihr als »Frau Hesselbein«.

Die beiden Frauen erörtern kurz den Besuch der Leiterin der australischen Girl Scouts und bezeichnen ihn übereinstimmend als sehr erfolgreich, denn es wurden zahlreiche Informationen ausgetauscht. »Sie war überrascht, wieviele Gruppen von Mädchen wir erreichen«, meint Frances Hesselbein. Während ihrer Amtszeit hat sich der Anteil von Mädchen aus ethnischen Minderheiten bei den Girl Scouts verdreifacht.

Sie erzählt Florence Corsello auch über den Ehemann von Frau Millhouse, der Richter in Strafsachen ist, und beschreibt ihre gemeinsamen Dinners am Wochenende. »Es waren angenehme Tage, obwohl unter den gegebenen Umständen natürlich auch recht schwierig.« Sie läßt keine Verlegenheit aufkommen und kommt sofort auf den tragischen Unglücksfall in ihrer Familie zu sprechen. »Ich möchte nicht, daß die Leute herumrätseln müssen, was los ist«, erklärt sie. »Das Begräbnis wird schlicht sein und in kleinstem Kreise stattfinden. Und ich habe meinen Urlaub in England in der nächsten Woche abgesagt.«

Florence Corsello bekundet ihr Beileid.

»Daraus müssen wir eines lernen«, sagt Frances Hesselbein. »Wir können niemals wissen, was geschieht, deshalb müssen wir jeden Moment nutzen.«

Sie fragt Florence Corsello nach den Verträgen, in denen die Durchführung einer umfangreichen Studie vereinbart wird, in der die Girl Scouts zusammen mit Dr. Robert Coles von der Harvard Universität und mit der *Lou Harris Organization* die heutigen Überzeugungen und Wertvorstellungen junger Menschen untersuchen wollen. Zweck dieser Studie ist es, den Girl Scouts Informationen zu verschaffen, wie junge Mädchen heute denken, so daß ihren Bedürfnissen entsprechende Programme entwickelt werden können.

»Hier müssen wir wirklich immer auf dem aktuellsten Stand sein.« Frances Hesselbein rührt ihren Tee um. »Könnten Sie in dieser Sache heute ein paar Telefongespräche führen?« »Ich mache das noch vor der Besprechung«, antwortet Florence Corsello und bezieht sich damit auf die monatliche Zusammenkunft des Spitzenmanagementteams, das für heute Mittag angesetzt ist.

Sie erörtern die Tagesordnung der Besprechung, und dann erwähnt Frances Hesselbein, wie zufrieden sie mit dem Hotelbuchführungssystem ist, das kürzlich in dem neuen *Edith Macy Conference Center* der Girl Scouts in Westchester County eingeführt wurde. »Sie haben da ausgezeichnete und sehr professionelle Arbeit geleistet. Ich bin hocherfreut darüber!« Die beiden Frauen sprechen auch über einige Audiokassetten, die Peter Drucker kürzlich über effizientes Management veröffentlicht hat. Frances Hesselbein rät Florence, sie sich einmal anzuhören. »Das bringt Sie auf neue Ideen.«

Dann nimmt sie *Maggie's American Dream* vom Kaffeetisch und empfiehlt Florence die Lektüre des Buches. Sie erzählt ihr einige Anekdoten aus dem Teil, den sie bereits gelesen hat. »Ich kann es kaum erwarten weiterzulesen. Ich habe Dr. Comer heute morgen geschrieben, um ihm für das Buch zu danken.«

Florence erwähnt, daß Frances Hesselbein sehr darauf bedacht ist, ihre Post sofort zu beantworten – und an ihre Managementmitarbeiter die gleichen hohen Ansprüche stellt. Frances Hesselbein lächelt und erklärt, daß jegliche an die Girl Scouts gerichtete Korrespondenz innerhalb von drei Tagen beantwortet werden muß. Mit Hilfe ihres Diktiergeräts sei sie dazu durchaus in der Lage. »Ich habe eines hier im Büro und außerdem eines zu Hause. Nur so komme ich mit der Arbeit nach.«

Um 9.10 Uhr verläßt Florence Corsello das Büro. Frances Hesselbein hat eine knappe halbe Stunde mit ihr verbracht. Während dieser Zeit wurde nur über zwei »geschäftliche« Angelegenheiten gesprochen: die Verträge über die Studien zur Erforschung der Wertvorstellungen junger Menschen und die Tagesordnung für die Besprechung des Managementteams. Zusammengenommen haben diese beiden Punkte etwa zehn Minuten beansprucht. Der Rest der Zeit war weniger offiziellen Gesprächsthemen gewidmet, obwohl alles Gesagte in irgendeiner Weise Bezug zu den Girl Scouts hatte.

Das Bemerkenswerteste an dem Gespräch war die entspannte, behagliche Atmosphäre. Man hatte nicht den Eindruck, daß äußere Belange einen Zeitdruck erzeugten. »Ich bin sehr darauf bedacht, eine möglichst ruhige Atmosphäre zu schaffen«, sagt Frances Hesselbein. »Ich bemühe mich auch dann darum, wenn ich mich innerlich alles andere als entspannt fühle oder traurig oder aufgewühlt bin, wie jetzt eben. Das ist eine Frage der Disziplin und des Engagements und hat damit zu tun, wie Sie Ihre Prioritäten setzen. Ich habe mich dazu erzogen, mir Zeit für Menschen zu nehmen, wirklich zuzuhören, was sie mir zu sagen haben, weil ich glaube, daß sie der eigentlich wichtige Teil meiner Arbeit sind. Manche Manager sorgen sich immer nur über die Schreibarbeit oder denken nur daran, was sie als nächstes tun müssen. Doch läßt sich

Korrespondenz und ähnliches immer irgendwann zwischendurch erledigen. Ich versuche, den Menschen nicht den Eindruck zu vermitteln, daß ich es eilig habe. Ich schaue zum Beispiel niemals auf meine Uhr, wenn ich mit jemandem spreche. Ich finde, das ist so eine beleidigende Geste! Ihr Gesprächspartner muß dadurch den Eindruck gewinnen, daß das, was er Ihnen erzählt, Ihre Zeit nicht wert sei. Eile ist kein Mittel, um das Beste in den Menschen an die Oberfläche zu bringen, und ich suche immer nach dem Besten. Das ist es, was letztlich hinter meinem Entschluß, mir Zeit zu nehmen, steht.«

Ebenso wichtig wie ein ruhiger, freundlicher Ton ist die Sprache, meint Frances Hesselbein. Beides zusammengenommen, der Ton und die Worte, machen die Stimme aus, und diese ist äußerer Ausdruck der Wesensart des Sprechers oder der Sprecherin. Für Frances Hesselbein ist Führung tatsächlich eine Frage der Stimme und besteht darin, ihr eigenes Wesen so überzeugend wie möglich darzustellen. »Es ist mir keineswegs gleichgültig, wie ich mich ausdrücke. Sprache ist die größte motivierende Kraft, die es gibt. Sie können etwas positiv formulieren und so die Menschen dazu anregen, ihr Bestes zu geben, oder negativ und damit bewirken, daß sie besorgt, verunsichert und befangen sind. Sie können schnell sprechen« – hierbei steigert sie ihr Sprechtempo für einen Moment –, »und dann werden die Menschen nervös und wagen nicht mehr, ungewöhnliche Gedanken zu äußern. Doch könnten genau das die Gedanken sein, die am wichtigsten sind! Sie könnten vielleicht das beste sein, was diese Person zu bieten hat. Wenn Sie es eilig haben, entgeht Ihnen diese Ebene einfach. Marshall Goldsmith (ein Autor und Redner, der zu Fragen der Menschenführung schreibt) vertritt die Auffassung, daß es wichtig sei, den Menschen das Gefühl zu vermitteln, daß sie etwas beitragen, was für Ihre Organisation von Wert ist. Und genau das vermitteln Sie ihnen, indem Sie durch Ihre Sprache und Ihren Tonfall signalisieren, daß Sie sie respektieren.«

Sie nimmt einen jener populärwissenschaftlichen Managementratgeber vom Kaffeetisch, schlägt ihn auf und schüttelt angewidert den Kopf. »Was für eine Sprache – ich kann Ihnen ehrlich sagen, daß wir genau so etwas zu vermeiden versuchen!« Sie setzt einen schroffen, großtuerischen Ton auf. »›Das ist der Schlachtplan‹.« Sie schüttelt sich. »Ich würde nicht so reden wollen, auch wenn es effizient wäre, was ich nicht glaube.«

Eine andere Art von Sprache, die sie zu vermeiden versucht, ist der Wirtschaftsjargon. »Sie werden bei uns nichts von Unternehmensbereichen oder Produkten hören. Jedes vierte Mädchen in den USA zwischen sechs und acht Jahren ist ein Brownie (jüngste Mitgliedergruppe der Girl Scouts; *A. d. Ü.*), doch wir sprechen aufgrund dieses statistischen Sachverhalts nicht von einem ›Viertel Marktanteil‹. Wir kennen auch keine Zielgruppen. Ein sechsjähriges Kind ist kein Ziel! Wir verwenden eine Sprache, die Menschen mit menschlichen Kategorien benennt. Und ich erlaube niemandem, unsere Organisation als *big business* zu bezeichnen, nur weil wir über ein Arbeitsbudget von 26 Millionen Dollar verfügen. Wir sind ein gut geführtes Unternehmen, dessen Ziel es ist, das Leben von Menschen zu verändern. Daher soll unsere Sprache die Sorge um die Belange anderer ausdrücken. Und ich selbst versuche – auch an einem Tag wie heute, wo ich mich selber nicht allzu gut fühle – mit meiner Stimme Anteilnahme, Respekt, Wertschätzung und Geduld auszudrücken. Ihre Stimme und Ihre Sprache sind Teil Ihrer Kultur. Und auch die Unternehmenskultur wird unter anderem dadurch bestimmt, was für eine Sprache die Menschen, die für eine Organisation arbeiten, verwenden.«

Von 9.10 Uhr bis 9.30 Uhr führt Frances Hesselbein Telefongespräche mit den fünf Gastrednern, die sie zu dem bevorstehenden Treffen der Geschäftsführenden Vorsitzenden der Girl Scouts eingeladen hat – »meine Gegenstücke auf lokaler Ebene«. Das Treffen soll Mitte September in St. Louis stattfinden. Frances Hesselbein lädt zu dieser Zusammenkunft jedesmal Redner ein, und zwar im allgemeinen Persönlichkeiten, die »etwas zu ganz handfesten

Problemen sagen können – Mittelbeschaffung und dergleichen«. Dieses Jahr aber möchte sie die dreitägige Zusammenkunft zu einem »außergewöhnlichen und wunderbaren intellektuellen Erlebnis« werden lassen. Hierzu hat sie bekannte Redner eingeladen, die über gesellschaftliche Trends, demografische Entwicklungen, Führungsfragen und ethische Probleme sprechen sollen, »damit die Teilnehmer unsere Arbeit mit einem wirklich umfassenden Überblick über die gesellschaftlichen Entwicklungen beurteilen können«.

Sie möchte den Vorsitzenden, die an dem Treffen in St. Louis teilnehmen, ein Informationspaket mit den neuesten Büchern und Zeitschriftenartikeln aller Redner zuschicken. Um die Versendung des Materials zu veranlassen, führt sie selbst die notwendigen Telefongespräche. In ihren Gesprächen mit den Agenten und Verlegern der Redner weist sie auf ihre Bemühungen hin, das Werk der von ihnen betreuten Autoren bekannt zu machen. Gegenüber einem von Peter Druckers Mitarbeitern erwähnt sie, daß die Leiterin der australischen Girl Guides einen kompletten Satz seiner Managementtapes erworben habe, und berichtet außerdem von Kollegen und Kolleginnen, die auf ihren Namen eine Sammelbestellung Kassetten aufgegeben hätten.

Zwischen zwei Telefongesprächen diktiert sie einen Brief, der an alle Redner verschickt werden soll. »Das meine ich, wenn ich sage, daß man Schreibarbeiten jederzeit dazwischenschieben kann.« Sowohl am Telefon als auch am Diktiergerät achtet sie darauf, daß ihre Stimme ruhig und gleichmäßig klingt.

Um 9.30 Uhr erhält sie von ihrer Sekretärin auf einem Notizzettel den Hinweis, daß das Taxi zum Flughafen noch zu bezahlen ist, verläßt dann das Gebäude und begibt sich in das Verkehrsgewühl von Manhattan. Sie läuft um den Häuserblock zu dem Hotel, in dem die Leiterin der australischen Girl Guides und deren Mann während ihres Aufenthalts gewohnt haben, und wartet in der Lobby auf sie. Als das Taxi eintrifft, bezahlt sie den Fahrer und geht in die Hotelhalle zurück, wo ihre Gäste gerade aus dem Fahrstuhl kommen; sie nimmt einen ihrer Koffer und trägt ihn zum Taxi – eine Geste der Höflichkeit, denn es stehen zwei Pagen bereit, um zu helfen. Sie unterhält sich noch kurz mit Ann Millhouse über die angenehmen Tage, die sie zusammen verbracht haben, und beide versprechen, miteinander in Kontakt zu bleiben und Bücher und Briefe auszutauschen.

Um 10.00 Uhr ist Frances Hesselbein wieder in ihrem Büro und schreibt per Hand eine Notiz für den Leiter der Personalabteilung mit der Bitte, die Leiterin der australischen Girl Guides auf ihre permanente Adressenliste zu setzen. »Ich habe es mir zur Gewohnheit gemacht, Mitteilungen an meine Mitarbeiter mit der Hand zu schreiben«, erklärt sie. Dann schreibt sie noch vier weitere Mitteilungen, wobei sie nach einer Liste vorgeht, die sie jeden Abend zu Hause vor dem Zubettgehen erstellt. Heute enthält diese Liste fünfzehn Punkte, hauptsächlich Namen von Personen, denen sie schreiben oder mit denen sie telefonieren muß.

Sie erhält mehrere Anrufe von Gastrednern des geplanten Treffens in St. Louis, die sich nun auf Frances Hesselbeins vorausgehende Anrufe melden. Sie stellt gerade Informationspakete über deren neueste Arbeiten zusammen, die sie allen Konferenzteilnehmern noch lange vor dem Treffen zukommen lassen will. »Auf diese Weise werden sie gut auf die Diskussionen vorbereitet sein.« Das Paket enthält *Führen lernen* von Warren Bennis, *The New Realities* von Peter Drucker, *A Study in Excellence: Management in the Non-Profit Human Services* von Marshall Goldsmith, das von Michael Josephson herausgegebene Magazin *Ethics* und eine Grundsatzrede, die John Jacob kürzlich vor der Jahreskonferenz der *National Urban League* gehalten hatte.

In den nächsten zehn Minuten trägt Frances Hesselbein Änderungen in den großen Terminkalender auf ihrem Schreibtisch ein. Sie hat auch zu Hause einen solchen Kalender und einen dritten, den sie auf Reisen mit sich führt. Ihre drei Sekretärinnen haben ebenfalls einen Terminkalender. All diese Kalender müssen fortwährend auf den neuesten Stand gebracht und aufeinander abgestimmt werden, was jedoch meist rasch erledigt ist – ebenso wie bei den Schreibarbeiten handelt es sich hier um eine Aufgabe, die, wie Frances Hesselbein glaubt, »eingeschoben werden kann«.

Nachdem sie ihren Terminkalender aktualisiert hat, bittet sie eine ihrer Sekretärinnen herein, um deren Kalender anzugleichen. »Das Ganze ist ein fortlaufender Prozeß«, erklärt Frances Hesselbein. »Die Sekretärinnen können auch in mein Büro kommen und Veränderungen an meinem Terminkalender vornehmen. Wichtig ist nicht, wer was tut, sondern daß wir uns aufeinander abstimmen.«

Um 10.20 Uhr kommt eine andere Sekretärin mit einer Aktenmappe ins Büro, auf der das Tagesdatum vermerkt ist; die Mappe enthält etwa ein Dutzend Schriftstücke. »Sie händigen mir die Post in überschaubaren kleinen Stapeln aus, nicht in großen Massen.« Jedes Poststück trägt zwei Stempel: Der eine zeigt sein Eingangsdatum an, der andere dient zum Eintrag eines Aktenzeichens und des Namens der Person, die es beantwortet hat. Durch dieses System stellt Frances Hesselbein sicher, daß jeder Brief, der in ihrem Büro eintrifft, innerhalb von drei Tagen beantwortet wird.

Sie liest den ersten Brief. Der Vorsitzende einer Gesellschaft für Technische Fortbildung gratuliert den Girl Scouts zu ihrem Bemühen, junge Mädchen zur Wahl mathematischer und naturwissenschaftlicher Fächer zu ermutigen. Frances Hesselbein diktiert sofort einen Antwortbrief auf diese Stellungnahme. »Auf einen solchen Brief antworte ich natürlich persönlich. Jede positive Stellungnahme verdient meine Anerkennung.« Sie hält es für äußerst wichtig, nicht nur konkrete Ansuchen oder Vereinbarungen schnell zu beantworten. »Die Korrespondenz, die im wesentlichen dazu dient, Kontakte aufrecht zu erhalten oder Brücken zwischen Menschen zu bauen, ist im Grunde die allerwichtigste.«

Die Aktenmappe enthält sowohl Zeitungsausschnitte als auch Briefe. Frances Hesselbein reicht einen der Ausschnitte ihrer Sekretärin. »Bitte legen Sie das in den dicken Ordner«, sagt sie und meint die Mappe mit den vielen Beschwerdebriefen, die die Girl Scouts seit einiger Zeit erhalten, weil sie tropische Öle in ihren Keksen verwenden.

Es ist 10.40 Uhr. Eine andere Sekretärin bringt einen Stapel Zeitschriften herein. Frances Hesselbein trägt sie zu dem breiten grünen Sofa. Sie blättert einen Artikel in der *Non-Profit Times* durch und entdeckt eine Notiz über die Girl Scouts; sie unterstreicht sie und markiert die betreffende Seite mit einem selbstklebenden Zettel. Auf diese Weise geht sie immer vor, wenn sie in Büchern und Zeitschriften eine Erwähnung ihrer Organisation findet. All das zeigt sie dann gern herum – sowohl ihren Mitarbeiterinnen als auch anderen Besuchern in ihrem Büro.

Dann blättert sie die Zeitschrift *Ethics* durch, die von dem *Josephson Ethics Institute* herausgegeben wird, dessen Vorstand sie selbst angehört. Sie legt das Magazin zu dem Bücherstapel auf dem Kaffeetisch. Frances Hesselbein ist ebenso sorgfältig darauf bedacht, den Lesestoff auf diesem Tisch zu erneuern wie ihre Terminkalender aufeinander abzustimmen. Aus diesen Büchern und Zeitschriften wählt sie aus, was sie anderen zur Lektüre empfiehlt. Sie sieht dies als wichtigen Teil ihrer Arbeit an, als eine »Möglichkeit, die Menschen, mit denen Sie zusammenarbeiten, auf neue Ideen aufmerksam zu machen«. Während ich mir Notizen mache, sucht sie ein Exemplar von Bill Moyers' *A World of Ideas* heraus, eine Bearbeitung seiner von der PBS gesendeten Interviewreihe. »Das kann ich Ihnen wärmstens empfehlen! Sie können es in kleinen Abschnitten lesen. Es ist wirklich anregend! Und genau das richtige Geschenk für Menschen, die im Krankenhaus liegen.«

Sie sieht eine Ausgabe des *Management Review* durch und nimmt sich die Zeit, ein Interview mit Nehama Jacobs zu lesen, die zusammen mit Sarah Hardesty das Buch *Suc-*

cess and Betrayal: The Crisis of Women in Corporate America verfaßt hat, ein Werk, das Frances Hesselbein sehr bewundert. Sie zeigt sich sehr angetan von der in dem Artikel vertretenen These, daß auch jene Unternehmen, die kein besonderes Interesse daran haben, Frauen einzustellen und zu fördern, oder die nur widerwillig bereit sind, Kinderbetreuungseinrichtungen zu schaffen, in den kommenden Jahren auf solche Maßnahmen nicht mehr werden verzichten können. »Bei allem, was ich lese, frage ich mich: Inwiefern hat das irgendeinen Bezug zu den Girl Scouts? Welche Folgen hat das für die Zukunft junger Mädchen? Wenn Sie es so sehen – wenn Sie wirklich versuchen, alles in einen Gesamtzusammenhang zu stellen –, dann erkennen Sie, daß jede Nachricht irgendwie verwertbar ist.«

Frances Hesselbein verbringt eine volle halbe Stunde mit der Durchsicht der Zeitschriften, wobei sie von vier kurzen Telefonanrufen unterbrochen wird. »Wenn ich viel reisen muß, wie es kürzlich der Fall war, dann plane ich immer einen Vormittag wie den heutigen ein, um mich um Detailfragen zu kümmern und mich eingehend mit Publikationen zu beschäftigen. Es ist wichtig, daß man sich eine gewisse Zeit reserviert, die frei von vorgeplanten Zusammenkünften ist; damit unter anderem versuche ich mein Arbeitstempo zu regulieren. Und in dieser unverplanten Zeit habe ich nicht nur die Möglichkeit, mich über Aktualitäten zu informieren, sondern auch einmal Gelegenheit zum Nachdenken.«

Als ich Frances Hesselbein in einem Interview fragte, woher sie die Kraft nähme, von 6.00 Uhr morgens bis meist nach 22.00 Uhr leistungsfähig zu bleiben, erhielt ich von Bonnie McEwan, der Leiterin des Mediendienstes der Girl Scouts, Antwort. Bonnie McEwan erwähnte, daß es ihrer Chefin immer gelänge, sich tagsüber kleine Freiräume zu schaffen, indem sie zeitliche Lücken nicht mit zusätzlichen Pflichten ausfülle, sondern sie zur Entspannung nutze. Wenn sie reisen müsse, um andernorts eine Rede zu halten, sei Frances Hesselbein für gewöhnlich darauf bedacht, schon am Abend vorher am Bestimmungsort einzutreffen. Wenn sie vor einer Kamera auftreten müsse, dann plane sie nach ihrer Ankunft sogar einen ganzen freien Tag ein, um sich auszuruhen und letzte Einzelheiten zu regeln. Über diese Beschreibung lachte Frances Hesselbein. »Oh, das ist nichts als Eitelkeit! Als Frau merken Sie nämlich sehr schnell, daß sie bald Ringe unter den Augen haben werden, und dann versuchen Sie, sich etwas Ruhe zu gönnen, um dieses Problem zu lösen.«

Um 11.10 Uhr bittet Frances Hesselbein eine ihrer Sekretärinnen, ihr ein Sandwich für die Mittagsbesprechung aller Mitarbeiter auf der höchsten Managementebene zu bestellen. Diese Zusammenkunft findet nur einmal im Monat statt; denn für gewöhnlich hält Frances Hesselbein sich die Lunchzeit frei, um zu lesen und Energie für den Rest des Tages zu sammeln. Nun fährt sie mit dem Aufzug in die zwölfte Etage, wo sie von Bonnie McEwan erwartet wird. Gemeinsam gehen sie in den kleinen Videovorführraum, wo Frances Hesselbein die Rohfassung eines Fernsehspots begutachten soll, den eine große Werbeagentur kürzlich für die Girl Scouts produziert hat. Der Spot hat ein MTV-Format und wird von dem betäubenden Rhythmus synthetischer Percussion untermalt – was natürlich in keiner Weise dem würdevollen Stil Frances Hesselbeins entspricht.

»Das Ganze richtet sich nicht an Erwachsene«, erklärt sie. »Es soll junge Mädchen ansprechen, die an so etwas gewöhnt sind. Ich glaube aber, daß der Spot sehr gut gelungen ist. Wirklich hervorragend!« Dann möchte Frances Hesselbein die Videoaufzeichnung der Zeremonie sehen, bei der Barbara Bush im Vormonat im Weißen Haus zur Ehrenpräsidentin der Girl Scouts ernannt worden war. Nach der Vorführung gratuliert sie der jungen Produzentin zu ihrer Arbeit.

Um 11.30 Uhr ist Frances Hesselbein wieder in ihrem Büro. Sie wirft einen Blick auf ihre Memo-Liste und erledigt einige der darauf aufgeführten Angelegenheiten. Sie ruft den Autor eines neu erschienenen Buches über positives Handeln an, um ihm zu sagen, daß sie sein Werk kürzlich bei einem Seminar verwendet habe. »Ich finde es immer schön, wenn man einem Autor ein Echo auf seine Arbeit zukommen läßt.« Anschließend diktiert sie eine Mitteilung an ihre Mitarbeiter, in der sie auf mögliche Konflikte hinweist, die aufgrund einer am Labor Day-Wochenende abgehaltenen Konferenz entstehen könnten, da Urlaubszeitregelungen verletzt würden.

Die drei Sekretärinnen gehen ständig in ihrem Büro ein und aus. Ich frage, ob zwischen ihnen eine Arbeitsteilung existiert, ob jede von ihnen nur ganz bestimmte Aufgaben erledigt. »Frau Hesselbein wäre das wohl sehr recht«, meint Marguerite Hanor, die, wie alle anderen Angestellten auch, Frances Hesselbeins Nachnamen verwendet, wenn sie nicht direkt mit ihr spricht. Marguerite Hanor ist »Spezialassistentin für Management auf höchster Unternehmensebene« und hat, anders als ihre beiden Kolleginnen, ein eigenes Büro. Dennoch beansprucht sie keine Vorrechte für sich. »Jede von uns macht jede Arbeit, wir teilen sie uns – hier ist kein Platz für einen Star, für eine Mitarbeiterin, die denkt, daß sie über den anderen steht. Hier muß jede einspringen, ganz gleich, was es zu tun gibt. Für keine von uns ist etwas unter ihrer Würde. Aber andererseits ist auch für keine etwas außerhalb ihrer Reichweite.«

Frances Hesselbein stimmt zu. »Sie gehen im Team vor. Darunter verstehe ich, daß sie nicht nur bestimmte Aufgabenbereiche übernehmen – sagen wir, daß eine den Terminkalender betreut und eine andere schreibt, was ich auf Band diktiert habe. Ich habe früher versucht, sie zu einer solchen Aufgabenteilung anzuhalten, weil ich das für mich als Erleichterung empfand. Doch sie waren einstimmig der Auffassung, daß ihr System für sie am effizientesten sei, und so mußte ich mich mit ihrer Teamarbeitsweise abfinden.«

Wie wissen die Sekretärinnen angesichts der Vielzahl von Telefonanrufen, die in das Büro eingehen, wen sie durchstellen können? Marguerite Hanor erklärt: »Es gibt etwa zwanzig Personen, für die Frau Hesselbein immer zu sprechen ist. Und natürlich informiert sie uns, wenn sie an irgendeinem Tag einmal den Anruf einer ganz bestimmten Person erwartet. Wir haben auch immer ihren Terminkalender im Kopf und können viele Anrufe eigenverantwortlich beantworten – wir vertrauen einfach auf unser eigenes Urteil, und sie hat uns noch niemals im nachhinein kritisiert. Im Grunde ist sie eigentlich immer bereit, Telefongespräche entgegenzunehmen. Sie verschanzt sich nicht in ihrem Büro und braucht niemanden, der ihr hilft, sich vor der Außenwelt zu verstecken.« Marguerite Hanor fügt hinzu, daß das Sekretariat unter anderem auch deswegen so reibungslos arbeitet, weil »Frau Hesselbein absolut unerschütterlich ist. Sie ist der ausgeglichenste Mensch, den ich je kennengelernt habe. Und das prägt auch die Atmosphäre hier. Wir können uns darauf konzentrieren, die anstehenden Arbeiten zu erledigen, statt uns darum sorgen zu müssen, wer was zu tun hat, wer die Anerkennung bekommt oder in wessen Aufgabenbereich man unbefugt vordringt. Oder ob unsere Chefin uns wegen irgendeines Fehlers rügen wird.«

Um 11.50 Uhr sucht Frances Hesselbein den kleinen Nebenraum ihres Büros auf, um sich für die Besprechung des Managementteams frischzumachen. Sie legt sogar frischen Lippenstift auf, bevor sie ein Telefoninterview gibt. Genau um 12.00 Uhr verläßt sie ihr Büro und begibt sich in den Konferenzraum auf der elften Etage, einem freundlichen, aber recht förmlich wirkenden Raum, der in gedämpften, neutralen Tönen gehalten ist. Am Kopfende hängen Bilder an der Wand, auf denen alle Präsidentinnen der American Girl Scouts abgebildet sind, angefangen bei der Gründerin der Organisation, Juliette Low. Diese Bildergalerie bietet einen faszinierenden Einblick in den Wandel, den das Modell würdevoller Weiblichkeit im Laufe der Jahrzehnte erlebt hat.

Von den sieben Topmanagerinnen sind sechs anwesend, eine Mitarbeiterin ist im Urlaub. Die Atmosphäre ist unbeschwert und informell. Die hier anwesenden Personen bilden den inneren Kreis des Managementnetzes, das Frances Hesselbein mir im Cosmopolitan Club mit Hilfe von Besteck demonstriert hatte; alle sind Frances Hesselbein direkt verantwortlich. Die von ihr geschaffene kreisförmige Managementstruktur wird in der Zentrale der Girl Scouts liebevoll als das »Blasen-Diagramm« bezeichnet, von Peter Drucker als »Glücksrad der Girl Scouts«.

Alle haben ihren Lunch selbst mitgebracht. Frances Hesselbeins Sandwich, den ihre Sekretärin bestellt hat, wartet am Kopfende des großen, ovalen Tisches. An jedem Platz liegt die gedruckte Tagesordnung der heutigen Besprechung, die eine Seite umfaßt. Alle haben Notizbücher und -blöcke und Schreibzeug mitgebracht. Frances Hesselbein öffnet ihren Ordner, in dem sich ein gelber Schreibblock befindet, auf dem sie sich während der Besprechung Notizen macht und herumkritzelt.

Sie eröffnet die Sitzung mit einem Bericht über die Tage, die sie gerade mit »unserer australischen Besucherin« verbracht hat. Sie beschreibt die Probleme, mit denen sich die Girl Guides in Australien auseinandersetzen müssen. Aus der Tatsache, daß sie erklärtermaßen nur zum Nutzen eines Geschlechts arbeiten, ergeben sich beispielsweise schwierige rechtliche Fragen, die die Lebensfähigkeit der Organisation betreffen. »Sie stehen unter Beschuß, genauso wie hier auch. Und all das unter dem Vorwand der Koedukation.« Sie macht eine Pause und schüttelt den Kopf. »Aber es ist wichtig, daß wir alle über solche Entwicklungen in anderen Ländern informiert sind. Dadurch gewinnen wir eine Vorstellung von den allgemeinen Trends auf der Welt.«

Daraufhin entspinnt sich eine lockere und informelle Diskussion, in deren Verlauf viele Fragen über den Besuch gestellt werden. Australien wird zum großen Gesprächsthema. Die Sandwiches werden verzehrt und Girl Scout-Kekse und Erdnußkaramel herumgereicht, die zu jeder Sitzung gehören. Als die Mahlzeit nach einer halben Stunde beendet ist, gießt sich Frances Hesselbein eine Tasse Tee ein und erneuert ihren Lippenstift, das

Signal, daß nun der vorgeplante Teil der Zusammenkunft beginnt.

»Ich werde Ihnen zunächst über mein letztes Gespräch mit Betty Pilsbury berichten«, sagt sie. Betty Pilsbury, die ehrenamtlich tätige Präsidentin der Girl Scouts, die vom Verwaltungsrat der Organisation gewählt wird, ist besorgt um eine Kontroverse um den Verkauf von im Besitz der Girl Scouts befindlichen 14 000 Morgen Brachland in Wyoming. Frances Hesselbein bittet die Controllerin Florence Corsello, die Präsidentin in dieser Angelegenheit auf dem laufenden zu halten und ihr alle diesbezüglichen Informationen und Korrespondenz zuzuschicken. Sie erwähnt auch, daß für den folgenden Tag eine Demonstration gegen den Landverkauf geplant ist. »Sie sollen angeblich um zehn Uhr hier vor dem Gebäude erscheinen. Wenn das wirklich der Fall sein sollte, dann möchte ich, daß alle über unsere Taktik Bescheid wissen: Wir werden sie einladen, über die Angelegenheit zu diskutieren, und wir werden ihnen Tee servieren.« Sie macht eine Pause. »Nein, es ist Juli, wir sollten lieber eisgekühlte Getränke vorbereiten. Und natürlich Girl Scout-Kekse.« Sie bittet zwei der anwesenden Mitarbeiterinnen, »dafür Sorge zu tragen, daß unsere Demonstranten gut behandelt werden«.

Einige scheinen bei dem Gedanken an eine Demonstration etwas nervös zu werden, doch Frances Hesselbein hat sich unter Kontrolle, ihre Stimme hat denselben warmen, gleichbleibend ruhigen Ton wie immer. Sie spricht sehr langsam, so als ob sie auch hier jede Menge Zeit hätte. Doch diese Entspanntheit beschränkt sich auf den Klang ihrer Stimme; nun, da die erste halbe Stunde mit ihren zwanglosen Gesprächen vorüber ist, wird die Sitzung zügig fortgesetzt.

Es ist nun 12.50 Uhr. Als nächster Tagesordnungspunkt steht eine Aktualisierung der Mitgliederzahlen durch Assistant National Director Mary Rose Main an. »Mary Rose, warum teilen Sie uns nicht die traurigen Nachrichten über die Mitgliederzahlen mit?« fragt Frances Hesselbein in ironischem Ton.

Mary Rose Main lacht und läßt eine Aufstellung der Mitgliederzahlen des letzten Monats herumgehen. »Sie werden sehen, daß wir wieder einmal unsere kühnsten Zielsetzungen übertroffen haben.« Es wird nun darüber diskutiert, warum der Zuwachs in einigen Regionen stärker ausfällt als in anderen und wo die Gründe dafür liegen könnten.

Dann bittet Frances Hesselbein John Sokolowski, den einzigen Mann im Managementteam, seinen monatlichen Bericht über die Verkaufszahlen von Girl Scout-Artikeln vorzulegen – Handbücher, Uniformen und Kekse. Als er die Zahlen auflistet, lehnt sie sich aufmerksam vor, während andere Mitglieder des Teams ganz zwanglos Fragen an John Sokolowski stellen. Ab und zu läßt Frances Hesselbein ein Kompliment über eine Äußerung eines Teammitglieds fallen; sie scheint immer darauf bedacht zu sein, Lob zu verteilen.

Dann entsteht eine Auseinandersetzung über den Druck eines Handbuchs für die Vorstände – einige Abteilungen haben ihre Formblätter nicht korrekt ausgefüllt. Während darüber diskutiert wird, welche Abteilungen sich hier nachlässig gezeigt haben, hört Frances Hesselbein vor allem zu und stellt nur einmal die Frage: »Irgendwelche Vorschläge, wie wir das handhaben könnten?« Sie versucht niemals, eine Auseinandersetzung zu schlichten oder in irgendeiner Weise direkt Autorität auszuüben. Vielmehr hört sie zu und beobachtet, während sie auf ihrem Notizblock herumkritzelt. Später erklärt sie mir dazu: »Bei den Mitarbeitern im Topmanagement trete ich nie als Schiedsrichterin auf. Ich erwarte von ihnen, daß sie die Probleme untereinander regeln. Wenn ich mich einmischen würde, dann hätten die Leute jedesmal, wenn ein Konflikt entsteht, den Eindruck, sie müßten wissen, was ich dazu denke. Sie würden dann selbst keine Verantwortung mehr übernehmen.« Frances Hesselbein argumentiert, daß ihre Vorgehensweise jener Rangelei um Unterstützung entgegenwirkt, durch die aus Mitarbeiterbesprechungen eine Jagd nach Billigung von »oben« wird.

Der Disput über den Druck der Handbücher kommt zu keinem Abschluß. Frances Hesselbein bittet die beiden Hauptkontrahenten, »gemeinsam an einer Lösung zu arbeiten und mir wieder Bericht zu erstatten, wenn Sie sich einig geworden sind«. Es sei Zeit, sich dem nächsten Tagesordnungspunkt zu widmen. Sie schlägt jedoch vor, zuerst eine zehnminütige Pause einzulegen, um sich etwas Bewegung zu verschaffen.

Es ist 13.15 Uhr. Frances Hesselbein begibt sich kurz in ihr Büro, um sich nach den eingegangenen Telefonanrufen zu erkundigen. Als sie zurückkommt, sorgt sie fast unmerklich dafür, daß die Teilnehmer der Besprechung wieder zur Sache kommen. Nach fünf Minuten zwangloser Unterhaltung geht sie zur Tagesordnung über. »Ich hätte jetzt gern einige Kommentare zu den Kassetten von Peter Drucker, die ich letztes Mal verteilt habe.« Sie gibt ihren Mitarbeiterinnen im Spitzenmanagement öfter solche »Hausaufgaben«, damit sie »beweglich bleiben und sich weiterentwickeln«.

Bei den Kassetten von Peter Drucker – die sie schon mehrmals an diesem Tag erwähnt hat – handelt es sich um eine Reihe von Audiokassetten, auf denen eine Diskussion über Management aufgezeichnet ist; der Moderator ist Peter Drucker, unter den Teilnehmern befindet sich auch Frances Hesselbein. Sie ist sehr darauf bedacht, daß die Kassetten ein großes Publikum erreichen, denn sie hält sie für innovativ und wichtig und möchte, daß ihre Mitarbeiterinnen immer über neue Ideen im Managementbereich informiert sind. »Wir sollten uns jetzt, während gerade die Rezensionen veröffentlicht werden, neue Möglichkeiten ausdenken, die Kassetten zu verkaufen. Vielleicht könnte man kleine Gruppen einladen, die die Kassetten gemeinsam anhören und darüber diskutieren? Ich möchte, daß sich jeder von Ihnen möglichst viele Gedanken darüber macht.«

Sie fährt mit einem kurzen Situationsbericht über die Mittelbeschaffung für die Studie über die Wertvorstellungen junger Menschen fort, die die Girl Scouts zusammen mit der Harvard Universität durchführen. Eine der Mitarbeiterinnen fragt, wann sie die lokalen Vorstände über das Projekt informieren soll. »In dem Moment, in dem wir die Verträge unterschrieben haben. Wir müssen ganz sicher gehen, daß die Vorstände bereits Bescheid wissen, wenn die Nachricht an die Öffentlichkeit gelangt. Wir können es uns nicht leisten, daß sich irgend jemand bei diesem Vorhaben ausgeschlossen fühlt.«

Als nächstes erörtert Mary Rose Main die Klausurtagung, die das Spitzenmanagementteam im vorhergehenden Monat in einem Gasthaus in Connecticut abgehalten hatte. Der Zweck dieser Zusammenkunft war, sich intensiv mit der Erarbeitung der wichtigsten Ziele für das kommende Rechnungsjahr zu beschäftigen, das im Oktober beginnt. Aus dem umfassenderen Taktischen Planungsprogramm, das bereits vor achtzehn Monaten zusammengestellt worden war, wurden neunzehn vorrangige Ziele ausgewählt. Eine dreiseitige Zusammenfassung dieser Punkte wird nun am Tisch herumgereicht.

Bei dieser Zusammenfassung handelt es sich um einen Auszug aus dem Taktischen Programm für das Vorjahr. Die Programme werden jedes Jahr vom Managementteam erarbeitet. Sie legen fest, auf welche Weise die Ziele verwirklicht werden sollen, die vom Vorstand in einem sechs Jahre umfassenden Strategischen Plan definiert wurden. Die Strategischen und die Taktischen Pläne stellen – zusammen mit der jährlichen, vom Management und vom Vorstand durchgeführten Leistungsbeurteilung – das umfassende System zur Planung der Unternehmensstrategie dar, welches Frances Hesselbein aufbaute, als sie die Leitung der Organisation übernahm.

Alle beschäftigen sich jeweils ein paar Minuten mit dem Papier. »Nun wissen wir, wie wichtig diese Notizen sind«, sagt Frances Hesselbein. »Wir haben hier ein ungefähres Bild davon, in welche Richtung wir gehen müssen, ein Bild, bei dem alle Detailaufgaben weggelassen wurden, damit wir uns nicht in alltäglichen Kleinigkeiten verlieren. Ich finde, es sieht gut aus, aber wir müssen darüber nachdenken. Hat es wirklich einen Wert? Stehen Sie wirklich dahinter?«

Es folgt eine Diskussion, in die Frances Hesselbein durch Fragen lenkend eingreift. Die Antworten scheinen sie jedoch nicht zufriedenzustellen. Sie fragt noch weiter, verlangt ein noch gründlicheres Nachdenken. »Könnten wir hier noch etwas verändern? Welche anderen Optionen würden sich hier anbieten?« Durch diese Brainstorming-Technik bringt sie fortlaufend neue Aspekte in die Diskussion ein, wobei sie immer die großen Probleme im Auge behält. Dann schlägt jemand vor, noch einen zwanzigsten Punkt in das Programm aufzunehmen, mit dem das Bestreben der Girl Scouts, auf eine Verwirklichung der Chancengleichheit hinzuwirken, bekräftigt werden solle. Frances Hesselbein dehnt daraufhin die Diskussion auf die jüngsten Entscheidungen des Supreme Court über die Bürgerrechte aus. »Wir müssen in bezug auf alle Entscheidungen des Supreme Court eingehend darüber nachdenken, inwiefern sie mit unserer Arbeit zu tun haben. Sie bewirken reale Veränderungen in unserem Land, und wir müssen sie genau verfolgen. So sollten wir uns zum Beispiel bei dem eben erwähnten Punkt Gedanken machen, was unser Streben nach Chancengleichheit in einer Zeit bedeutet, in der das Gericht dieses Recht nicht für bindend erklärt. Inwieweit stärkt diese Entscheidung unsere Position? Welche Gefahren bringt sie für uns?«

Mary Rose Main verteilt Exemplare des vollständigen Taktischen Planungsprogramms für 1990 – ein dickes weißes Notizbuch. Der darin aufgeführte Taktische Plan legt alle für das kommende Jahr anvisierten Ziele in genauen Zahlenangaben fest: eine 2prozentige Erhöhung der Mitgliederzahlen, einen 4prozentigen Zuwachs an Mitgliedern aus ethnischen Minderheiten, die Schaffung neuer Betätigungsfelder für ältere Mädchen, die in den Regionen westlich des Mississippi leben, und anderes. Diese Ziele werden in detaillierte »Aktionsschritte« zergliedert und von verschiedenen Managementteams ausgeführt. Die zur Verwirklichung jedes Teilziels erforderliche Arbeitszeit wird vermerkt. Für besondere Ziele werden spezielle Projekte entwickelt. Falls eine Konferenz abgehalten werden soll, werden alle Einzelfragen offengelegt: wo die Zusammenkunft stattfinden, welche Thematik behandelt und wie die Finanzierung sichergestellt werden soll. Dann werden die Kosten für das ganze Programm veranschlagt und als Jahresbudget dem Vorstand zur Genehmigung vorgelegt.

Alle 500 fest angestellten Mitarbeiter leisten einen Beitrag zu dem Taktischen Plan. »Alles ist miteinander verzahnt«, erklärt Mary Rose Main. Die kleineren Aufgaben mit den größeren, die kleineren Arbeitsbereiche mit den größeren.« Außerdem wird der Taktische Plan am Ende des Jahres zur Beurteilung der individuellen Leistung verwendet, so daß diese nach den erreichten Teilzielen genau eingeschätzt werden kann.

Etwa zehn Minuten lang wird der Taktische Plan studiert. Dann schlägt Frances Hesselbein vor, eine zweite Pause einzulegen. Es ist kurz nach 14.00 Uhr. Als sich alle wieder zusammenfinden, entwickelt sich erneut eine Auseinandersetzung. Mary Rose Main erwähnt ein kürzlich geführtes Gespräch mit dem Präsidenten einer Stiftung, die obdachlose Familien unterstützt. Der Verein plant, in verschiedenen Städten der USA eine Reihe von Verkaufsaktionen durchzuführen, und Mary Rose Main fragt, ob sich die Girl Scouts nicht in irgendeiner Form daran beteiligen könnten. Dori Parker, ein anderes Mitglied des Managementteams, ist dagegen der Ansicht, daß dadurch die Richtlinien der Organisation, die jede Form von interner Finanzbeschaffung untersagen, verletzt würden. Frances Hesselbein greift nicht in die Diskussion ein, hört aber aufmerksam zu. Als nach zehn Minuten immer noch keine Einigung abzusehen ist, trägt sie den beiden Kontrahentinnen auf, das Problem untereinander auszumachen und ihr dann Bericht zu erstatten.

Unter dem letzten Punkt der Tagesordnung steht »Verschiedenes«, womit Gelegenheit für ein ungezwungenes Gespräch geschaffen werden soll. Frances Hesselbein erläutert zunächst das Programm für die große Konferenz in

St. Louis im September. Sie rät allen, schon am Abend vorher anzureisen, um »reichlich Zeit zur Entspannung und zur Vorbereitung« zu gewinnen. Sie spricht über das Informationspaket, das sie allen Konferenzteilnehmern zusenden wird. »Ist das nicht großartig? Wir werden all diese neuen Bücher verschicken; doch immer nur einige wenige auf einmal, denn sonst fühlen sich die Leute überrannt und machen sich nicht mehr die Mühe, sie zu lesen.«

Als die Besprechung sich ihrem Ende zuneigt, empfiehlt Frances Hesselbein noch andere Bücher. Sie erwähnt *Maggie's American Dream*. »Ich kann es kaum erwarten, heute abend weiterzulesen!« Sie fragt auch nach, ob alle die von ihr verteilten Kopien der Rede erhalten haben, die Benno Schmidt anläßlich einer Examensfeier in Yale gehalten hat. »Die Rede ist wirklich sehr eindrucksvoll. Es freut mich ganz besonders, daß heutzutage jemand noch etwas schreibt, das soviel historisches Bewußtsein verrät.«

Zum Abschluß der Besprechung informiert Frances Hesselbein die Anwesenden über ihre veränderten Urlaubspläne und erwähnt all die Beileidsbekundungen, die sie zum Tod ihrer Angehörigen erhalten hat. Dann wiederholt sie noch einmal, was sie am Morgen in ihrem Büro zu Florence Corsello gesagt hatte. »Wir können daraus lernen, daß wir jeden Moment nutzen müssen. Das Leben ist sehr, sehr kostbar.«

Als sich die Gruppe auflöst, erwähnt Frances Hesselbein, daß sie für die folgende Woche eine Sitzung des erweiterten Managementteams geplant hat. Dieses schließt die Mitarbeiter des zweiten und dritten Kreises im »Netz« ein und umfaßt zusammen etwa fünfzig Personen. Es wird noch rasch festgelegt, wann genau die Besprechung stattfinden soll, und dann gehen alle in ihr Büro zurück. Die Sitzung hat volle drei Stunden gedauert, was bei dieser monatlichen Zusammenkunft nicht ungewöhnlich ist. Dennoch entspricht dieser Tag für Frances Hesselbein nicht dem üblichen Muster, weil sie nur eine einzige fest eingeplante Besprechung zu absolvieren hatte. Normalerweise verbringt sie 40 % ihrer wöchentlichen Arbeitszeit bei

Sitzungen, die sowohl in ihrem Büro als auch außerhalb stattfinden.

Kurz nach 15.00 Uhr ist sie wieder in ihrem Büro. Sie sieht zwei neu bereitgelegte Postmappen durch, die etwa fünfzehn Schriftstücke enthalten. »An einem Tag wie heute, wenn ich nicht viele Besprechungen habe, nutze ich die Zeit, um von meinem Büro aus mit der Außenwelt Verbindungen zu knüpfen – die Post, das ist ein Draht zur Welt. Peter Drucker bezeichnet die Vorstandsvorsitzenden als Scharniere, die ein Unternehmen mit dem Verwaltungsrat und dem ganzen Rest der Welt verbinden. Um ein gutes Scharnier zu sein, müssen sie daher ihre Kontakte zur Außenwelt besonders pflegen.«

Sie spricht sechs Briefe auf das Diktiergerät und führt um 15.30 Uhr noch zwei Telefongespräche, um die endgültige Zusammenstellung des Informationspakets festzulegen, das sie den örtlichen Geschäftsführenden Vorsitzenden zusenden lassen will. Eine der Sekretärinnen bringt ein Telegramm, in dem mitgeteilt wird, daß Präsident Bush Gastgeber bei einer feierlichen Zeremonie der Girl Scouts sein wird. Frances Hesselbein formuliert eine Antwort, die sofort zurücktelegrafiert wird.

Um 16.00 Uhr setzt sie sich mit einem Stapel von Zeitschriften, die im Laufe der Woche eingetroffen sind, auf das breite, grüne Sofa in ihrem Büro. Da sie heute während der Lunchpause keine Gelegenheit zum Lesen hatte, nimmt sie sich jetzt die Zeit dazu. Sie ist überzeugt, daß die Lektüre und Kenntnis aller aktuellen Publikationen einer der wichtigsten Aspekte ihres Managementstils ist, und sie ist ständig dabei, Kollegen und Mitarbeitern Bücher auszuleihen oder zu empfehlen. »Ich verbringe jeden Tag etwa drei Stunden mit Lesen«, sagt sie. »Ich bin wie ein Dackel – nämlich eine gierige Esserin. Die Zeit für meine ganze Lektüre muß ich mir extra reservieren.«

Was für Lesestoff bevorzugt sie? »Vor allem alle guten Managementratgeber. Ich versuche mir einen Überblick über alle Veröffentlichungen zu verschaffen. Und natürlich alle relevanten Zeitschriften und die *New York Times* und andere Zeitungen – obwohl ich für letztere gewöhnlich erst nach zehn Uhr abends Zeit finde. Ich lese auch viele Werke über Geschichte und viele Biografien, vor allem über Frauen. Und ich habe eine Vorliebe für alles, was mit England zu tun hat – meine Familie stammt aus England. Manchmal greife ich auch zu anspruchsvolleren Kriminalromanen, besonders wenn ich längere Flugreisen unternehmen muß. Reisen bieten immer eine gute Gelegenheit zum Lesen. Wenn ich zu Hause bin, lese ich oft Kochbücher. Das ist mir ein Bedürfnis, weil ich keine Zeit mehr zum Kochen habe, obwohl ich immer sehr viel Freude daran hatte. Ich koche jetzt nur noch zu Thanksgiving und zu Weihnachten, das traditionelle Festmahl, das schon meine Großmutter machte. Es muß jedes Jahr das gleiche sein, bis hin zu der Schüssel, in der die Preiselbeeren serviert werden.«

Beim Lesen unterstreicht sie ihr bedeutsam erscheinende Passagen und markiert die Seiten mit Haftzetteln, um das spätere Wiederfinden zu erleichtern. Während sie sich nun etwas eingehender dem *Management Review* widmet, werfe ich einen Blick auf die Bücher auf ihrem Kaffeetisch – jene Bücher, die sie bereit hält, um daraus zu zitieren oder um sie weiterzuempfehlen. Neben *Maggie's American Dream* und Bill Moyers *World of Ideas* finden sich *The Executive Odyssey* von Frederick Harmon; *The Moral Life of Children* von Robert Coles; ein Bildband über Johnstown in Pennsylvania; mehrere Ratgeber, die sich damit beschäftigen, wie man Kindern fremde Kulturen näherbringt; und ein dickes Buch mit dem Titel *Making a Leadership Change: How Organizations and Leaders Can Handle Leadership Transitions Successfully* von Thomas North Gilmore.

Dieses letztgenannte Buch ist für Frances Hesselbein während des vergangenen Jahres zu einer Art Bibel geworden, denn zum Zeitpunkt der Interviews bereitete sie sich gerade darauf vor, ihren Platz nach dreizehnjähriger Amtszeit (das ist ungewöhnlich lange für diese Position) zu räumen. Danach wollte sie Vorträge halten, schreiben und in verschiedenen Verwaltungsgremien tätig sein. Zunächst beschäftigte sie sich allerdings noch mit dem Führungswechsel. Sie ist der Auffassung, daß die Fähigkeiten eines Managers nicht am besten danach zu beurteilen sind, »wie reibungslos die Dinge während Ihrer Amtszeit gelaufen sind, sondern wie gut sie funktionieren, wenn Sie Ihren Abschied genommen haben«. Sie hat viele Zeilen und sogar ganze Abschnitte in dem Buch markiert und an den Rändern handschriftliche Bemerkungen notiert. Neben einen Satz, in dem der Autor den Fall »einer neuen Führungskraft, die nur wenig über die vorhandenen Mitarbeiter informiert ist«, erwähnt, hat Frances Hesselbein geschrieben: »Bei *uns* wird die Betreffende sehr gut informiert sein!«

Sie hat eine volle Dreiviertelstunde lesend verbracht. Um 16.45 Uhr verkündet sie, daß sie nach Hause gehen wolle. »Ich bin fast immer bis sechs Uhr hier, aber jetzt gehe ich nach Hause und lege mich sofort ins Bett. Wissen Sie, manchmal ist das einfach nötig, um seinen Schlaf nachzuholen. Es ist wichtig, mit seinen Kräften hauszuhalten. Und Sie kennen meine Strategie, immer Pausen einzuplanen.« Mit der für sie typischen ruhigen Entschlossenheit räumt sie ihren Schreibtisch auf und verläßt dann das Büro, um mit dem Bus zu dem Apartmenthochhaus zurückzufahren, wo sie allein in einer Wohnung in einem der oberen Stockwerke lebt. Sie erzählt mir, daß sie in den Bergen von Pennsylvania aufgewachsen sei und daher ein fast physisches Bedürfnis nach einem weiten Ausblick verspüre: »Das hält mich in Schwung und inspiriert mich.« Von ihrer Wohnung aus kann sie den East River und dahinter Queens sehen, doch sie stellt sich lieber vor, daß sie in der Ferne den Maui auf Hawaii erkennen kann. »Ich bilde mir einfach ein, daß ich einen weiten Blick habe. Eine weite Aussicht verleiht mir Energie, deshalb schaue ich immer auf meinen Berg in Hawaii.«

5.

Gefühl und Spontanität

Barbara Grogan, Western Industrial Contractors

Barbara Grogans Arbeitsprogramm stellt höchste Anforderungen und ist sorgfältig geplant. Da das von ihr geleitete kleine Unternehmen nur eine einzige Sekretärin hat und sie eine Unzahl von Terminen außer Haus bewältigen muß, führt sie ihren Terminkalender selbst. Hierbei kalkuliert sie ganz bewußt auf die Minute genau, denn, so erklärt sie, »Minuten sind Teilchen von einem selbst, die man fortgibt«. Trotz des hohen Arbeitstempos und der erforderlichen straffen Planung nutzt Barbara Grogan ihr Organisationstalent eher dazu, sich Freiraum zu verschaffen, als daß sie sich selbst antreibt. Sie weiß genau, wieviel Zeit ihr an einem bestimmten Ort zur Verfügung steht, so daß sie, wenn sie erst einmal dort ist, ganz und gar präsent sein kann. Sie ist eine Frau, die intensiv in der Gegenwart lebt, jedem Moment das Letzte abringt, spontan auf alle Geschehnisse reagiert. Diese ausgeprägte Erlebnisfähigkeit und außergewöhnliche Aufgeschlossenheit kann sie sich jedoch nur erlauben, weil jede ihrer Bewegungen im vorhinein genau festgelegt ist. Wenn sie einen Schritt tut, muß sie nicht gleichzeitig darüber nachdenken, wie der folgende auszusehen hat. Dies macht das Wesen von Organisation aus und schafft auch Freiräume.

Barbara Grogan ist 47 Jahre alt und Gründerin und Präsidentin von Western Industrial Contractors, einer Maschinenbaufirma in Denver, Colorado, mit einem Kapital von 6 Millionen Dollar. Sie lancierte das Unternehmen im Jahre 1982 mit einem Kapital von 50 000 Dollar und einem alten Lieferwagen. Damals war die rohölverarbeitende Industrie in Denver auf dem Tiefpunkt der Rezession angelangt, und die Maschinenbaufirmen verloren ihre Geschäftsgrundlage. Den darauffolgenden Schrumpfungsprozeß in diesem Wirtschaftsbereich überlebten viele nicht. Barbara Grogans Firma jedoch (eine von dem knappen Dutzend unter den ungefähr 5000 Maschinenbaufirmen in den USA, die von einer Frau geleitet werden) hat nicht nur überlebt, sondern entwickelte sich zu einem blühenden Unternehmen, das Kunden wie AT&T, Anheuser-Busch, die Manville Corporation, United Airlines und IBM gewinnen konnte. 1986 fügte Barbara Grogan ihrer Firma eine Consultingabteilung an, um ihren Kunden während allen Phasen der Konstruktionsarbeit einen Service bieten zu können, der Kalkulation, Planung und Kostenkontrolle umfaßt. Ihr Consultingunternehmen hat kürzlich gemeinsam mit der Maschinenbaufirma C. W. Fentriss einen Planungsauftrag für den neuen internationalen Flughafen von Denver erhalten, der sich auf eine Million Dollar beläuft.

Maschinenbau ist eine hochspezialisierte und komplexe Branche, die den Transport und die Installation von Industrieanlagen umfaßt. Barbara Grogans Firma hat eine Pfeifenfabrik von Florida nach Malaysia transportiert und das größte unterirdische Gepäcksortiersystem der Welt auf dem neuen O'Hare Terminal der United Airlines installiert. Sie hat eine vier Stockwerke hohe Theaterbühne und ein vollautomatisches Warenlager aus Tausenden ineinandergesteckter Metallregale errichtet sowie zur Pilotenausbildung verwendete Flugsimulatoren im Wert von 7 Millionen Dollar transportiert. Solche Aufträge erfordern Ausrüstungsgegenstände von ungeheuren Ausmaßen – zwanzig Stockwerke hohe Kräne, Lastwagen mit vierundzwanzig Rädern – und Präzisionsarbeit. So war zum Beispiel bei der Installation einer Mylarpresse in einer IBM-Produktionsanlage nur ein Irrtumsspielraum von einem Zehntausendstel Inch zulässig.

Barbara Grogan hatte ursprünglich nicht die Absicht gehabt, sich im Geschäftsleben selbständig zu machen. »Ich bin wie eine Prinzessin erzogen worden«, sagt sie. »Ich habe nie daran gedacht, mich einmal selbst ernähren zu müssen.« Nach Abschluß eines Psychologiestudiums an der Universität von Colorado arbeitete sie eine Zeitlang in der Forschungsabteilung von Mountain Bell und heiratete dann im Alter von 23 Jahren. Ihr Mann führte eine Leasingfirma für Lastwagen und Kräne, und obwohl sie einige Monate lang im Büro mitarbeitete, konnte sie sich nicht vorstellen, in irgendeinem Bereich des Unternehmens auf Dauer zu arbeiten, sondern konzentrierte sich auf ihre Aufgaben als Ehefrau und Mutter. »Wenn die Leute mich fragten, wie lange ich schon verheiratet sei, sagte ich immer: ›Seit ich zwei Jahre alt bin‹, denn seit dieser Zeit war ich davon überzeugt, daß meine Hauptaufgabe im Leben in meiner Rolle als Ehefrau und Mutter bestehen würde.«

Als sie fünfunddreißig war, ließen sie und ihr Mann sich scheiden, und sie mußte auf einmal zwei Kinder allein versorgen. »Ich war am Boden zerstört. Außerdem war ich plötzlich gezwungen, meinen Lebensunterhalt selbst zu verdienen. Es ging einfach darum, etwas zu essen auf den Tisch zu bringen.« Ihr Selbstbewußtsein hatte unter der Scheidung so sehr gelitten, daß sie überzeugt war, niemand würde sie einstellen. Die einzige Alternative schien darin zu bestehen, selbst ein Unternehmen zu gründen. Sie entschied sich für ein Maschinenbauunternehmen, denn »da muß man keine eigene Ausrüstung besitzen. Man kann Material und Arbeitskräfte jeweils für einen bestimmen Auftrag leasen bzw. einstellen. Die Branche ist allerdings sehr arbeitsintensiv und daher genau das Richtige für jemanden, der nur über sehr wenig Kapital verfügt und wenig Chancen hat, sich Geld zu beschaffen.«

Barbara Grogan hat sich in einer schwierigen konjunkturellen Phase auf einem hart umkämpften Markt durchgesetzt, weil ihre Firma einen hervorragenden und aufmerksamen Service bietet und eine Geschäftspolitik betreibt, die darauf ausgerichtet ist, die Kunden auf lange Sicht für das Unternehmen zu gewinnen. Für Barbara

Grogan steht fest, daß Western Industrial Contractors »niemals ausnutzen wird, daß ein Kunde sich in einer schwierigen Lage befindet«. Als zum Beispiel um sechs Uhr morgens in der Zementfabrik eines Kunden ein Brennofen durch eine Explosion ausfiel, sorgte Barbara Grogan dafür, daß um neun Uhr ein verantwortlicher Leiter und elf Maschinenbauer zur Stelle waren. Sie arbeiteten vier Tage lang in mehreren Schichten rund um die Uhr, Barbara Grogan verlangte jedoch nur den Normaltarif – was in diesem Geschäft ungewöhnlich ist. »Wir schauen nicht darauf, wie wir bei einem einzelnen Auftrag einen möglichst hohen Gewinn erzielen können«, erklärt sie. »Uns geht es zunächst vor allem darum, daß die Kunden wiederkommen.«

Diese langfristige Denkweise zeigt sich auch darin, wie Barbara Grogan mit der wichtigen öffentlichen Rolle umgeht, die sie allmählich in Denver zu spielen beginnt. In ihrer Position als Mitglied im Vorstand der *Greater Denver Chamber of Commerce,* der Handelskammer des Großraums Denver, tritt sie als Sprachrohr der mittelständischen Unternehmen auf, die ihrer Auffassung nach die Basis für eine dauerhafte wirtschaftliche Gesundung der Region darstellen. Vor kurzem wurde sie vom Gouverneur zur Vorsitzenden des *Small Business Advisory Council* ernannt, des Beirats für Mittelständische Unternehmen – eine Funktion, die ihr die Möglichkeit bietet, sich öffentliches Gehör zu verschaffen. Je mehr ihre Firma wächst, desto mehr Zeit verbringt sie außerhalb ihres Büros.

Es ist 7.00 Uhr an einem klaren, strahlenden Morgen, und Barbara Grogan fährt in ihrem großen Dodge-Lieferwagen durch die beinahe menschenleeren Straßen im Zentrum von Denver. Sie fährt langsam und gemächlich, nimmt sich Zeit, um im Westen die in der Sonne leuchtenden schneebedeckten Berge zu betrachten, deren Gipfel in die Wolken ragen. Auf dem Armaturenbrett ist über dem Funktelefon ein Schild angebracht, auf dem zu lesen steht: »Ich bin stark, schön, kreativ, und ich schaffe es!« Dieser

Ausspruch – teils Mantra, teils Programm, teils Mahnung – ist ein Geschenk von einer Freundin und soll ihr durch schwere Zeiten hindurchhelfen.

Barbara Grogan stellt ihr Auto auf einem zentralen Parkplatz gegenüber dem Gebäude der Handelskammer ab und überquert die Straße. Sie ist eine lebhafte, attraktive Frau. An diesem Maimorgen trägt sie einen maßgefertigten schwarz-weißen Blazer, einen schwarzen Leinenrock, eine rote Seidenbluse und wie üblich schwarze Pumps. Ihr blondes, welliges, schulterlanges Haar ist zerzaust, und sie trägt eine Umhängetasche und einen Stapel Unterlagen, jedoch keine Aktenmappe. »Ich trage *niemals* Aktenmappen! Ich finde, es sieht schrecklich aus, wenn Frauen sich damit abschleppen.«

Nachdem sie das Gebäude der Handelskammer betreten hat, nimmt sie sich eine Viertelstunde Zeit, um die Männer zu begrüßen, die die mächtigsten Positionen in Colorado innehaben. Sie faßt jeden am Arm, zieht ihn zu sich, umarmt ihn und gibt ihm einen Begrüßungskuß – und all das sind wirklich herzlich gemeinte und keine formellen Gesten.

Ein Mitarbeiter des Gouverneurs kommt ihr in der Halle entgegen. »Werde ich heute nicht umarmt?« »Aber natürlich! Komm her! Wie geht es Dir?« Barbara Grogan spricht in der weichen, gelassenen Art des Mittleren Westens. Sie ist in St. Louis aufgewachsen, daher fehlt ihr der für den Westen typische näselnde Tonfall. »Wie geht es *dir*, Barbara?« fragt der Mitarbeiter des Gouverneurs besorgt. Im letzten Monat hatte sich Barbara Grogan eine große Geschwulst am Wangenknochen entfernen lassen, und nun versteckt sie die schlimme Narbe hinter großen, baumelnden Ohrringen. »Mir geht es großartig«, antwortet sie strahlend. »Ich fahre mit zwölf Zylindern, dabei habe ich nur zehn!« »Du bist immer großartig«, sagt ein anderer Mann, der dabeisteht. »Nein, nicht immer. Aber jetzt fühle ich mich so!« Man kann beinahe hören, wie das Mantra vom Armaturenbrett in ihrem Kopf abläuft: »Ich bin stark, schön und kreativ, und ich schaffe es!«

Barbara Grogan verläßt die lichtdurchflutete Empfangshalle und läuft rasch die Treppe zu dem niedrigen Kellerraum hinunter, in dem der Vorstand der Handelskammer einmal monatlich morgens um 7.30 Uhr eine Sitzung abhält. Vor dem Sitzungssaal begrüßt sie freudig jeden der Anwesenden, lacht, läuft rasch von einem zum anderen, erweckt aber dennoch nicht den Eindruck von Eile. Sie scheint sich rundherum wohl in ihrer Haut zu fühlen.

Barbara Grogan stellt einen Neuling vor: »Ich möchte Sie mit einem meiner *liebsten* Freunde bekannt machen!« Als ihr unangenehme Neuigkeiten zu Ohren kommen, entfährt ihr der Ausruf: »Oh, wie schrecklich!« Das Lächeln und die Umarmungen, die Ausrufe und die übertreibenden Adjektive, all das, so wurde Frauen immer geraten, sollten sie vermeiden, wenn sie als professionelle Geschäftsleute ernstgenommen werden wollten. Aber Barbara Grogan hat sich dazu erzogen, sich »nicht darum zu sorgen, was die Leute denken. Das Unternehmen, das ich aufgebaut habe, spricht für sich.« Sie ist überzeugt, daß »Frauen die Aufgabe haben, das Arbeitsleben dadurch zu humanisieren, daß sie ihrer Liebe, ihrer Freude, ihrer Begeisterung und ihrer Fürsorge offen Ausdruck verleihen. Und das ist nur möglich, wenn wir wir selbst sind. Nachdem ich meine Firma gegründet hatte, war mir bewußt, daß ich nur erfolgreich sein und Vergnügen an meiner Arbeit haben würde, wenn ich voll und ganz ich selbst sein könnte. Keinesfalls wollte ich eine dieser Frauen im langweiligen Kostüm mit Schleifchen werden und meine eigene Persönlichkeit verstecken.«

Der Vorsitzende des Vorstands der Handelskammer betritt nun den Vorraum im Untergeschoß. Barbara Grogan eilt auf ihn zu und läßt ihm die unvermeidliche Umarmung zuteil werden. »Ich muß bei der Sitzung einmal kurz ein paar Worte hierüber sagen«, sagt sie zu ihm, öffnet ihren Aktenordner und nimmt einen Ausschnitt aus einem offiziellen Mitteilungsblatt der Regierung heraus, in dem über staatliche Hilfen für mittelständische Unternehmen berichtet wird. Der Vorsitzende lächelt. »Du weißt, ich kann dir nichts abschlagen.« Sie drückt seinen Arm. »Dank dir.« Es ist die Offenheit, mit der sie anderen »Liebe, Freude, Begeisterung und Anteilnahme« zeigt, die ihr ihre enorme Überzeugungskraft verleiht.

Sie nimmt sich Gebäck und Kaffee vom Buffettisch und begibt sich in den großen, fensterlosen Konferenzraum, in dem die Zusammenkunft stattfinden soll. 28 Männer und fünf Frauen sitzen an den vier langen, zu einem Quadrat zusammengestellten Tischen. Barbara Grogan nimmt als letzte Platz, doch sie zeigt keine Hast. Es ist genau 7.30 Uhr. Ihre Tage sind zwar auf die Minute genau geplant, doch vermittelt sie niemals den Eindruck, daß sie sich unter Druck befindet. Ihre disziplinierte Tageseinteilung gewährt ihr Freiheit, weil sie in dem so gewonnenen Rahmen »ihre Augenblicke verschenken« kann. Da sie immer genau weiß, was sie als nächstes zu tun hat und wieviel Zeit ihr für das, was sie augenblicklich tut, zur Verfügung steht, kann sie jeden Moment vollkommen genießen und wirklich in der Gegenwart leben.

Die Zusammenkunft beginnt mit einer Ankündigung des Vorsitzenden: »Leute, wir haben gewonnen!« Überschwenglicher Applaus ist die Antwort. In der vergangenen Woche haben die Bürger Denvers in einer Volksabstimmung dem Bau eines neuen Flughafens für zwei Milliarden Dollar zugestimmt – seit zwanzig Jahren der erste große Flughafen, der in den USA gebaut wird. Die Mitglieder der Handelskammer haben sich nach Kräften für dieses Projekt eingesetzt, da ihrer Überzeugung nach der unzuverlässige Internationale Flughafen Stapleton ersetzt werden mußte, um das künftige Wachstum der Stadt zu sichern. Die in dem Sitzungsraum anwesenden Personen sehen dies als Ausdruck des Vertrauens in die Zukunft, als einen Beweis, daß der Pioniergeist des Westens noch lebendig ist.

Der Ablauf der Sitzung ist genau geregelt: einige Eröffnungsworte, Protokoll, verschiedene Berichte. Ein Film wird gezeigt, der für die Stadt als Veranstaltungsort der Olympischen Spiele werben soll. Währenddessen macht sich Barbara Grogan auf einem Block Notizen zu den Themen, die sie bei ihrer nächsten Besprechung an diesem Tag anschneiden will, wenn sie ihr Amt als Vorsitzende des Beirats für Mittelständische Unternehmen wahrnimmt. Sie erklärt: »Wie gesagt, ich versuche jede Minute zu nutzen. So konzentriere ich mich bei Sitzungen – und insbesondere wenn sie protokollarisch und inhaltlich genau festgelegt sind – nur dann zu 100 Prozent auf alles Gesagte, wenn die Themen mich unmittelbar berühren. Ansonsten höre ich mit halbem Ohr zu und mache nebenher noch etwas anderes: Ich notiere mir Mitteilungen, die ich anderen zukommen lassen will, liste auf, was ich noch alles zu erledigen habe, mache mir Gedanken über eine Rede, die ich halten muß, oder sogar darüber, was ich dem Lehrer meines Sohnes in der nächsten Sprechstunde sagen werde.«

Als der Film zu Ende ist, bittet der Vorsitzende Barbara Grogan, nun ihren Beitrag zu liefern – der einzige bei dieser Zusammenkunft, der nicht auf der Tagesordnung vorgesehen ist. Während sie nun fünf Minuten spricht, bleibt sie auf ihrem Stuhl sitzen. Empört berichtet sie über den Artikel, in dem von den Hilfen zahlreicher amerikanischer Bundesstaaten an mittelständische Unternehmen die Rede ist. »Und nun raten Sie einmal, welches die einzigen Staaten sind, die mittelständischen Unternehmen keine finanzielle Unterstützung zukommen lassen?« Einer der Anwesenden ruft: »Wahrscheinlich Alabama und Colorado.« »Genau richtig! Und noch ein paar andere Staaten wie zum Beispiel Mississippi. Ich finde, das ist eine Schande!« Sie erklärt, daß sie den Artikel vervielfältigen, verteilen und außerdem dem Gouverneur und den Mitgliedern des Gouverneursbeirats Mittelständischer Unternehmen zur Kenntnis bringen wolle. Dann sagt sie: »Leider muß ich jetzt gehen, denn nachher beginnt die Sitzung des Beirats.«

Es ist 8.30 Uhr. Barbara Grogan verläßt den Konferenzraum, eilt die Treppe hoch und tritt in den klaren, leuchtenden Morgen. Während sie zum einige Blocks weiter gelegenen Parlamentsgebäude läuft, erwähnt sie, daß sie solche Zusammenkünfte häufig früher verlasse. »Ich erkläre, warum ich fort muß, und gehe dann einfach hinaus.« So behält sie ihren Terminplan unter Kontrolle. »Ich setze Prioritäten. Das heißt, ich konzentriere mich auf das Wesentliche – auf das, was meinen wichtigsten Vorhaben in diesem Moment förderlich ist. Das führt dazu, daß ich bei manchen Gelegenheiten früher gehe oder später komme – oder mich so wie heute unvorhergesehen zu Wort melde.« Prioritäten und Strukturen müßten aber nicht unbedingt Rigidität zur Folge haben. Es komme vor allem darauf an, jede Entscheidung ganz bewußt in Hinblick auf längerfristige Ziele zu treffen. »Auf diese Weise bewahre ich mir meine Spontaneität und kann reagieren, wenn sich etwas ereignet, das im weitesten Sinne Bezug zu meinen Plänen hat.«

Um 8.50 Uhr hat sie das Parlamentsgebäude erreicht und betritt die elegante Vorhalle, wo sie wieder alle, die ihr begegnen, herzlich begrüßt. In dem Konferenzzimmer, in dem der Gouverneursbeirat Mittelständischer Unternehmen tagt, haben sich alle um die Kaffeekanne versammelt. Insgesamt sind zweiundzwanzig Personen anwesend, ebenso viele Frauen wie Männer. Aufgabe dieses Gremiums ist es, den Gouverneur in allen politischen Fragen zu beraten, die mittelständische Unternehmen betreffen. Der Beirat hat mehrere Ausschüsse, und einmal im Monat treffen sich alle Mitglieder.

Die versammelten kleinen und mittleren Unternehmer aus allen Teilen des Bundesstaates unterscheiden sich in ihrem Äußeren von den Mitgliedern des Vorstands der Handelskammer. Sie sehen mehr wie »Westerner« aus, sind nicht so konservativ-klassisch gekleidet. Bei der anderen Sitzung am heutigen Morgen hatten die Männer dunkle Anzüge, weiße Hemden und rote oder gelbe Krawatten an. Die Männer hier tragen zum Teil Sporthemden, Cowboystiefel und hellere Anzüge, die nach Konfektion aussehen; die Frauen Kostüme in kräftigen Farben, weiße Blusen und weiße oder beigefarbene Schuhe. Ihre etwas provinzielle Erscheinung bildet einen Kontrast zu dem mondäneren Stil von Barbara Grogan, die dadurch als etwas Besonderes erscheint.

Sie teilt allen mit, daß sie gerade von der monatlichen Sitzung des Vorstands der Handelskammer kommt und daß ihre eigene, neugegründete Consultingfirma einen Auftrag im Wert von einer Million Dollar erhalten hat. Barbara Grogan hat die Begabung, anderen über ihre Erfolge zu berichten, ohne prahlerisch oder selbstgefällig zu wirken. Dies gelingt ihr durch ihre überschäumende Begeisterung und die Bereitschaft, ihre Siege mit anderen zu teilen. So faßt sie einen der Männer am Arm und erzählt ihm von dem Auftrag: »Stellen Sie sich nur vor, unsere kleine Consultingabteilung hat es tatsächlich geschafft! Nun kann für uns alle nichts mehr schiefgehen!«

Als sie die Handelskammer erwähnt, beginnen sich einige jener Beiratsmitglieder, die aus den Bergen im Westen Colorados gekommen sind, über die großen Herren in Denver zu mokieren, denn die kleinen Städte in diesem Gebiet waren von der Ölkrise schwer in Mitleidenschaft gezogen worden.

Punkt neun Uhr sagt Barbara Grogan mit erhobener Stimme: »Also ich glaube, wir sollten anfangen.« Als Vorsitzende der monatlichen Sitzung nimmt sie ihren Platz am Kopfende der Tischreihe ein, neben Pat Coyle, dem Vertreter aus dem Stab des Gouverneurs. Während die Leute sich niederlassen, fahren sie ungeniert fort, sich zu unterhalten. Es herrscht eine Art konstruktive Unordnung, doch Barbara Grogan hat anscheinend keine Eile, die Anwesenden zur Ordnung zu rufen.

Als die Gespräche eingestellt werden, ruft sie aus: »Kaum zu glauben, aber diese Gesellschaft hier kommt tatsächlich zur Ruhe.« Unterdessen spricht ein Mann weiter. »Tom, auch du kommst zur Ruhe!« Alle lachen, Tom eingeschlossen. Barbara Grogan erinnert an eine freundliche Lehrerin, die sich ganz ungezwungen im Klassenzimmer bewegt und Vergnügen an ihrer Arbeit findet.

»Seit unserem letzten Tag zusammen«, beginnt sie, »ist

eine Reihe von Dingen unerledigt geblieben.« Sie liest die Tagesordnung für die heutige Sitzung laut vor. Dann zeigt sie den Artikel über staatliche Hilfen für mittelständische Unternehmen und faßt seinen Inhalt zusammen. »Ich werde dafür sorgen, daß alle hier eine Kopie davon bekommen.« Sie wendet sich an den Mitarbeiter des Gouverneurs: »Pat, was meinst du dazu?«

Pat Coyle weist darauf hin, daß das Problem bei den Gesetzgebern des Staates Colorado liegt, die nur in beschränktem Umfang Gelder für Kapitalanlagen bewilligen. »Ich sehe keine Handlungsmöglichkeit für uns, so lange diese Leute im Amt sind.« Seine Bemerkung führt zu einem Chor von Unmutsbekundungen über das von den Republikanern kontrollierte Parlament des Staates, und zwar sowohl von Anhängern der Republikaner als auch der Demokraten. Einige melden sich zu Wort und werden aufgerufen, andere beginnen unaufgefordert zu sprechen. Die Sitzung gerät allmählich aus den Fugen. Dann erwähnt der Bürgermeister einer kleinen Gemeinde aus den Bergen, daß die Position des für die Region der Rocky Mountains verantwortlichen Vertreters des Amtes für Wirtschaftsentwicklung gestrichen wurde. Die Klagen nehmen nun konkreteren Charakter an. Die Feindseligkeit der »Westerner«, die sich vorher nur verdeckt in Späßen geäußert hatte, tritt während der immer hitziger werdenden Diskussion offen zutage. Barbara Grogan lehnt sich in ihrem Stuhl vor, ihr Gesichtsausdruck ist konzentriert, sie fährt sich mit den Fingern durchs Haar. Sie meldet sich aber nicht zu Wort, sieht nur ab und zu auf ihre Uhr. Auch als die Leidenschaften sich hochschaukeln, läßt sie den Dingen ihren Lauf. Der Bürgermeister der kleinen Stadt verleiht seinem Ärger Ausdruck: »Wir müssen dem Gouverneur klar machen, daß der Staat so etwas mit uns nicht machen kann! Die Menschen in den Rockies fühlen sich derzeit wirklich im Stich gelassen!«

Andere setzen diese Klagen fort. Barbara Grogan hört weiterhin zu. Sie hat Papier vor sich liegen, macht sich aber keine Notizen. Nach einer Weile wirft sie ein, daß die

Budgetkürzungen in allen Bereichen erfolgt sind. »Irgendeine Änderung dieser Politik ist höchst unwahrscheinlich. Wir haben es hier mit vollendeten politischen Tatsachen zu tun. Ich denke aber, daß diese Jungs« – sie nickt den Vertretern aus den Rocky Mountains zu – »unbedingt eine Möglichkeit bekommen müssen, sich Gehör zu verschaffen. Ich bin gerne bereit, einen Brief zu verfassen, in dem wir unserer Sorge über die Situation Ausdruck verleihen.« Sie macht sich eine Notiz. »Ich werde das noch heute erledigen. Möchte jemand noch irgend etwas dazu sagen? Wir haben nämlich noch eine Menge zu tun.«

Der nächste Tagesordnungspunkt ist der bevorstehende Besuch des Chefs der *Small Business Administration* in Washington, einer Behörde, die für die Belange mittelständischer Unternehmen verantwortlich ist. Bei der Diskussion geht es vor allem um Detailfragen: Wo soll die Sitzung stattfinden? Welche Ausschüsse sollen Bericht erstatten? Barbara Grogan macht sich einige Notizen und unterbricht dann die Diskussion. »Nicht so schnell bitte, wir sollten über diesen Punkt richtig nachdenken, sollten das Ganze in einem größeren Rahmen betrachten. Diese Zusammenkunft könnte sehr wichtig werden! Nicht nur für uns, sondern für das ganze Land.« Sie spricht davon, daß man ein Modell für die gesamten USA schaffen sollte – ein Netzwerk für mittelständische Unternehmen, ein Ratskonsortium. »Ich sehe diesen Besuch als eine *riesige* Chance!«

Daraufhin erhebt sich eine Diskussion, bei der es sowohl um Detailfragen als auch um globalere Probleme geht. Barbara Grogan feuert die Teilnehmer durch aufmunternde Kommentare an. »Genau so habe ich mir das vorgestellt! Wir dürfen unsere große Chance nicht verpassen.« Sie bittet um Vorschläge, nickt begeistert und schlägt vor, einen Planungsausschuß zu bilden, »um dafür zu sorgen, daß diese Gelegenheit richtig genutzt wird«.

Als nächster Tagesordnungspunkt ist eine Verlegung der monatlichen Zusammenkünfte an der Reihe. Barbara Grogan wendet sich an die Männer und Frauen aus den

Rocky Mountains. »Wir haben Verständnis für Ihre Probleme bei der Anreise. Was würden Sie für Termine vorschlagen?« Wieder verliert sich die Diskussion in Detailfragen. »Legen wir zunächst einmal einen Tag für die nächste Sitzung fest. Später können wir uns auf einen dauerhaften Termin einigen.«

Es ist nun kurz vor 11.00 Uhr; die Sitzung hat zwei volle Stunden gedauert. Barbara Grogan bittet noch um letzte Wortmeldungen und verkündet dann: »Raus mit uns!« Die Teilnehmer stehen auf und recken sich. Barbara Grogan verabschiedet sich mit Umarmungen. Dann läuft sie zusammen mit vier anderen Beiratsmitgliedern zu einem nahegelegenen kleinen Naturkostrestaurant. »Das war eine Sitzung nach *meinem* Geschmack!« freut sie sich. »*Fließend!* Nicht pedantisch und nach Vorschrift. Jene Art von Sitzung, bei der die Dinge *angepackt* werden.«

Bei Geflügelsalat und Eistee hält sie Hof. Sie erwähnt den gleichzeitigen Besuch Mutter Teresas und einer buddhistischen Priesterin in Denver. »Ich war sehr bewegt bei dem Gedanken, daß sich gleichzeitig zwei weibliche religiöse Leitfiguren in der Stadt aufhielten. Ich bin zutiefst überzeugt, daß der nächste große spirituelle Entwicklungsschritt in der Welt von Frauen ausgehen wird.« Die bei Tisch anwesenden Männer, alles kleinstädtische Geschäftsleute, nicken höflich, blicken aber nicht von ihren Tellern auf. Sie scheinen nicht recht zu wissen, was sie bei einem Geschäftsessen mit solchen Äußerungen anfangen sollen.

Jeder zahlt seine Rechnung selbst, wobei gespaßt wird, daß man ja das Budget des Beirats nicht mit überflüssigen Ausgaben belasten wolle. Barbara Grogan gibt allen zum Abschied einen Kuß. Dann eilt sie zum Parkplatz, auf dem sie ihren Dodge-Lieferwagen abgestellt hat. Während sie das Auto ausparkt, drückt sie eine Schalttaste auf ihrem Funktelefon, wodurch automatisch ihr Büro in der Firma angewählt wird.

Die Sekretärin meldet sich. »Hallo, Jeanne, ich bin mitten in der Arbeit! Haben irgendwelche wichtigen Leute angerufen?« Ihre Sekretärin zählt fünf Namen auf. »Sehr gut!« Den Anruf des Stabschefs des Gouverneurs will Barbara Grogan sofort beantworten. »Bis später!«

Sie fährt durch das Zentrum von Denver, vorbei am Civic Center Park, von wo aus man einen Blick auf die Goldkuppel des Kapitols hat, und telefoniert. Sie benutzt die Hörerhalterung, um die Hände frei zu haben. Der Stabschef des Gouverneurs ist gerade außer Haus. »Er und ich spielen Hasch-mich am Telefon.« Sie hinterläßt eine Nachricht und ruft dann ihre Haushälterin an, um zu hören, was sich bei ihr zu Hause ereignet hat. Ihr zwölfjähriger Sohn Ross hatte heute morgen etwas unglücklich ausgesehen. »Sagen Sie ihm, daß ich um vier Uhr kurz nach Hause komme.« Sie erkundigt sich auch nach den Speisen für die Party, die sie heute abend bei sich zu Hause geben wird. Damit soll der neue Auftrag für die Planung des Flughafenterminals gefeiert werden. Die Haushälterin möchte wissen, wieviele Personen zu erwarten sind. »Ich weiß nicht.« Barbara Grogan lacht. »Vielleicht kommt überhaupt niemand! Das wäre auch nicht weiter schlimm, aber wir sollten uns lieber auf etwa fünfzig Leute einrichten.«

Sie fährt nun auf den Highway Richtung Westen. »Ich bin so glücklich über dieses Telefon«, sagt sie. »Letzten Montag hatte ich in der Schule diese Besprechung mit Ross' Lehrer. Ich hatte deswegen extra eine wichtige Sitzung verlassen, doch der Lehrer kam erst sehr spät. Ich mußte also warten und konnte erst um drei Uhr wieder weg. Dabei hatte ich eine äußerst dringende Telefonbesprechung mit IBM vorgesehen – es ging um ein ganz großes Geschäft, um eine Zusammenarbeit mit ihrer Konstruktionsabteilung auf Landesebene. So saß ich auf dem Schulhof in meinem Wagen und telefonierte. Ich habe tatsächlich auf dem Parkplatz über das Geschäft verhandelt.«

Vor uns liegen die schneebedeckten Hänge der Rocky Mountains. Barbara Grogan kann alle Gipfel mit Namen nennen. »Diese Berge sind für mich eine Inspiration.« Als wir ein Niemandsland aus Industrieanlagen, eine für den Westen typische Gegend, erreichen, biegt sie in eine Zufahrtsstraße ein, überquert einen kleinen Fluß und erreicht ein fest umgrenztes Grundstück. Hinter uns liegen mehrere Fertighäuser und eine behelfsmäßige Baracke. Einige mexikanische Kinder und ein Hund zotteln die Straße entlang.

Um 12.40 Uhr erreicht sie den Parkplatz ihrer Firma. In letzter Zeit kommt sie häufig so spät hier an; etwa 35 Prozent ihrer Zeit verbringt sie jede Woche außerhalb der Firma, meist bei Besprechungen oder Arbeitsessen. »Ich betrachte diese Tätigkeiten nicht als Sonderpflichten – sie sind Teil meiner Arbeit. Meine Aufgabe als Unternehmerin ist es, meine Firma nach außen hin zu repräsentieren und ihre Expansion voranzutreiben, und das bedeutet, draußen zu sein, am Geschehen teilzuhaben. Ich treffe mit Kunden zusammen, knüpfe Beziehungen. Je mehr ich mich öffentlich zeige, desto mehr rückt auch meine Firma ins Blickfeld. Außerdem versuche ich dazu beizutragen, daß aus dieser Region ein attraktiverer Wirtschaftsstandort wird. Ich merke allmählich wirklich, daß ich Spuren hinterlassen habe, denn manches beginnt sich hier zu ändern. Das *Small Business Profit Center* berät jährlich mehrere tausend Personen; das ist für alle gut und für mich auch.« Sie ist überzeugt, daß ihr Beitritt zur Handelskammer eines der besten Dinge war, die sie je getan hat. »Dadurch bin ich in die Gemeinschaft hier integriert worden.«

Sie läuft nun zu dem aus hellem Metall und schwarzem Glas konstruierten Gebäude, in das ihre Firma kürzlich eingezogen ist, und bewundert den Anblick sonnenbeschienener Pappeln, die am Ufer eines kleinen Flusses wachsen. Western Industrial hat die hintere Hälfte des einstöckigen Gebäudes geleast, die vordere Hälfte wird von einer anderen Baufirma genutzt. Daher sieht man hier nur Männer, mit Ausnahme der Empfangsdame und der Sekretärinnen.

Jeanne Robinson, Barbara Grogans Sekretärin, macht

eine besorgte Miene, als sie ihre Chefin sieht. »Barbara, du siehst müde aus!« »Wirklich?« Barbara Grogan fährt sich mit den Fingern durchs Haar. Von ihrem Make-up ist nicht mehr viel zu sehen, und der Streß des Tages ist an ihrem Gesicht abzulesen. Sie steht jeden Morgen um 5.30 Uhr auf, um angezogen und fertig zu sein, wenn ihre Kinder aufwachen.

Sie nimmt zehn für sie bereitliegende Mitteilungszettel mit in ihr Büro, das ganz hinten im Gebäude liegt und nur durch mannshohe Raumteiler abgetrennt ist. Die Büros der vier Männer, die direkt mit ihr zusammenarbeiten – der Controller, der Chefkalkulator, der Montageleiter und der Leiter ihrer neuen Consulting-Abteilung – liegen alle in Rufweite. Die etwa neunzig Maschinenbauer, die die Transport- und Installationsaufträge ausführen, haben ihre Büros jeweils am Auftragsort. Die Zahl dieser Beschäftigten schwankt außerdem je nach Auftragsvolumen.

Barbara Grogan nimmt sich zehn Minuten Zeit, um die Post durchzusehen, die Jeanne Robinson für sie geöffnet und auf einem runden Tisch in ihrem Büro bereitgelegt hat. An den Wänden des Büros hängen Auszeichnungen, mit denen sie für Leistungen in ihrer Branche und für gemeinnützige Tätigkeit geehrt worden ist. Daneben befinden sich vergrößerte Fotos von Baustellen. Auf einem Regal in der Ecke stehen einige klassische Werke über Geschäftsführung, mehrere Bücher von Peter Drucker sowie einige Taschenbücher wie *The Road Less Traveled* von M. Scott Peck. Auf einem Schreibtisch an der Wand hat sie zahlreiche eingerahmte Leitsätze aufgestellt, die ihr täglich Mut machen sollen:

Beharrlichkeit läßt sich durch nichts auf der Welt ersetzen:
Nicht durch Begabung; nichts ist weiter verbreitet als begabte,
aber erfolglose Menschen – nicht durch Genialität;
das verkannte Genie ist schon beinahe sprichwörtlich –
nicht durch Bildung allein; die Welt ist voll
von gebildeten Obdachlosen.
Beharrlichkeit und Entschlossenheit allein vermögen alles.

Und:

Die größte Freude im Leben besteht darin, das zu tun,
was du nach Meinung der Leute nicht tun kannst.

Diese Selbsthilfe-Slogans sind, ebenso wie das Mantra an ihrem Armaturenbrett, wichtig für Barbara Grogan. Zum erstenmal war sie bei ihrer Scheidung auf diese Leitsätze gekommen. »Als mein Mann mich verließ, war ich dem Nervenzusammenbruch nahe. Ich hatte nicht die emotionalen Ressourcen, um diesen Schlag zu verkraften. Alle meine Wertvorstellungen und Überzeugungen waren zerstört. Und ich fühlte mich auch meiner Identität beraubt: Was war ich eigentlich, wenn ich nicht Hausfrau und Mutter war? Eine Zeitlang war es für mich die Hölle. Ich wartete darauf, daß etwas geschähe, wodurch mein Leben wieder in Ordnung käme. Dann fing ich an zu begreifen: Meine Kinder brauchten mich – ich konnte nicht dasitzen und warten, ich mußte mein Leben selbst in die Hand nehmen.«

Diese Erkenntnis war für sie beängstigend, aber auch befreiend. »Das hieß, ich mußte meine Zeit nicht länger mit Warten vertun.« Neben der Sicherung ihres Lebensunterhalts mußte sie außerdem ihr Selbstwertgefühl aufbauen, um sich allein in der Welt zurechtzufinden. »Ich ging ganz bewußt vor. Ich betrachtete die Stärkung meines Selbstbewußtseins als eine Aufgabe. Ich mußte gleichsam aus dem Nichts eine vollständige, erwachsene Persönlichkeit aufbauen. Ich griff also nach jedem Strohhalm: Ich las jedes Selbsthilfebuch, dessen ich habhaft werden konnte.« Nachdem sie Robert Schuller im Fernsehen gesehen hatte, ließ sie sich seine Audiokassetten über positives Denken schicken und spielte sie in ihrem Auto ab. »Sie können mir glauben, ich habe diese Dinger so lange laufen lassen, bis sie völlig abgenutzt waren.« Sie schrieb sich Begriffe und Slogans auf, die sie als hilfreich empfand, und trug sie immer bei sich – eine Gewohnheit, die sie bis heute beibehalten hat. »Ich würde alles tun, was dazu beiträgt, mein Selbstvertrauen und meinen Optimismus zu stärken.«

Nachdem sie die Post durchgesehen hat, legt sie die Mitteilungszettel neben das Telefon. Dann setzt sie sich für einen Augenblick an ihren Schreibtisch, denkt schweigend nach, läßt sich durch nichts ablenken. Es ist nun 13.10 Uhr, und sie möchte um 16.00 Uhr zu Hause sein, um mit ihrem Sohn zu sprechen und sich auf die Party am heutigen Abend vorzubereiten. Um zu entscheiden, welche Aufgaben am dringlichsten sind und unbedingt in der noch verbleibenden Zeit erledigt werden müssen, wirft sie einen Blick in ihr schwarzes Tagebuch im Filofaxformat, das sie immer in ihrer übergroßen Handtasche bei sich trägt. Es enthält »alles – von Notizen über einen Kunden, den ich für uns gewinnen möchte, bis hin zur Lebensmitteleinkaufsliste«. Auf jeder Seite des Tagebuchs führt sie eine Liste der »noch zu erledigenden« Dinge; wenn eine Aufgabe abgeschlossen ist, dann wird sie in die zweite Liste auf der Seite, die die »erledigten Dinge« umfaßt, eingetragen.

Mit Hilfe ihrer Liste entscheidet sie, daß die dringlichste Aufgabe sei, mit dem neuen Konstruktionschef von IBM Kontakte zu knüpfen. Der regionale IBM-Manager, den Barbara Grogan durch die Handelskammer kennengelernt hat, hat sie darüber informiert, daß IBM auf einem neuen Geschäftssektor tätig werden und ein volles Dienstleistungsprogramm von der Planung bis zur Fertigung anbieten möchte: IBM kauft das Land für den Kunden, konstruiert die Gebäude, kauft und installiert die Produktionsanlagen und die Einrichtung. Die dazu erforderlichen Spezialarbeiten werden durch Subunternehmen geleistet. Wenn sie rasch zur Stelle ist, denkt Barbara Grogan, dann ergibt sich hier für ihre Firma eine Chance, gleich von Anfang an an einem potentiell enormen Geschäft teilzuhaben.

Sie nimmt ein graues Spiralbuch aus dem Regal neben ihrem Schreibtisch, schlägt es auf und wählt eine Telefonnummer. Sie nennt den Namen des regionalen IBM-Managers und wird daraufhin sofort mit dem Leiter des neuen Unternehmensbereichs verbunden. »Don hat mir über Ihre Projekte erzählt, und ich fand alles höchst interessant!«

sagt sie. »Und ich möchte Ihnen erklären, warum ich glaube, daß Ihr Unternehmensbereich und meine Firma möglicherweise wunderbar zusammenarbeiten könnten.« Sie bittet ihren Gesprächspartner um weitere Informationen: »Könnten Sie mir bitte Näheres über Ihre Geschäftsbedingungen und Ziele sagen? Welche Art von Projekt Sie nun anvisieren werden?«

Aufmerksam verfolgt sie, was ihr Gesprächspartner antwortet, und macht sich dabei Notizen in das graue Spiralbuch. In solchen Notizbüchern hält sie jedes geschäftliche Telefonat fest. Sie versieht alle Einträge mit Datum und hält sie chronologisch geordnet. »Auf diese Weise kann ich sehen, wann ich ein bestimmtes Telefongespräch geführt habe, und mir dann genau ins Gedächtnis zurückrufen, was dabei gesagt wurde.« Bevor sie mit jemandem telefoniert, mit dem sie nur selten spricht, wirft sie meist einen Blick in das Notizbuch, damit sie in der Lage ist, auf die Einzelheiten »unseres letzten Telefongesprächs« einzugehen.

Als der Leiter der Konstruktionsabteilung von IBM seine Erläuterungen abgeschlossen hat, sagt sie: »Lassen Sie mich nun Ihnen etwas über uns erzählen.« Sie beschreibt die Präzisionsarbeit, die ihre Firma leistet, nennt einige Kunden, erwähnt den Auftrag für die Flughafenprojektierung, den ihre Consultingabteilung kürzlich erhalten hat. »Wir tun viele Dinge, von denen ich Ihnen gerne erzählen würde. Wir haben im ganzen Land Aufträge, und unser Ruf ist *tadellos*. Die Leute werden Ihnen zweierlei über uns sagen: daß wir unsere Arbeit zuverlässig ausführen und daß wir absolut integer sind.« Sie verspricht, ihm einiges Material über ihre Firma zuzusenden. »Und dürfte ich Sie in zehn Tagen noch einmal anrufen? Wunderbar! Ich habe mich sehr gefreut, mit Ihnen zu sprechen!«

Das Telefongespräch hat eine volle halbe Stunde gedauert.

Nachdem sie den Hörer aufgelegt hat, springt sie auf und eilt zu dem Tisch in der Mitte ihres Büros; sie rollt die Augen zum Himmel und ruft: »Gott sei Dank!« Das Gespräch mit dem Ingenieur von IBM hat sie sehr optimistisch gestimmt, und die Erschöpfung, die ihre Sekretärin zuvor noch bemerkt hatte, verschwindet aus ihrem Gesicht. »Unser Unternehmen steht vor ganz außergewöhnlichen Perspektiven. Ich *fühle* das geradezu!« Sie ruft nach ihrer Sekretärin. »Jeanne! Könntest Du bitte mal eine Sekunde hereinkommen?«

Die Sekretärin betritt das Büro. Barbara Grogan notiert rasch den Namen und die Adresse des Ingenieurs von IBM. »Sende diesem Mann sofort ein Informationspaket. Nein, warte – ich schreibe ihm noch eine persönliche Mitteilung dazu. Und bitte versuche Kent mit dem Summer zu erreichen und frage ihn, ob er zu mir ins Büro kommen kann.«

Kent Stutsman ist der Leiter der von Barbara Grogan gegründeten Consultingabteilung, die Kostenvoranschläge und Planung für große Konstruktionsaufträge anbietet, die über das Spezialgebiet von Western Industrial, den Maschinenbau, hinausreichen. Sie hat sich entschieden, diesen Service anzubieten, weil sie mit ihrem Unternehmen zwar expandieren, aber nicht das Image und den Ruf der Firma durch eine Ausdehnung auf weitere Konstruktionsbereiche verwässern wollte.

Während sie auf ihren Mitarbeiter wartet, sieht sie sich noch einmal die Post auf dem runden Tisch an, nimmt sich drei Briefe heraus und legt sie auf ihren Schreibtisch. Dann kommt Kent Stutsman in ihr Büro. »Hallo, Kent! Hast du eine Minute Zeit?« Er setzt sich neben sie an den runden Tisch. »Natürlich.« Barbara Grogan erzählt ihm von ihrem Telefongespräch mit dem Ingenieur von IBM. »Ich werde ihm schreiben, sobald du mein Büro verlassen hast. Das könnte für uns eine ganz große Sache werden. Wenn IBM etwas macht, dann *richtig!*« Sie berichtet Kent Stutsman von der Vorstandssitzung der Handelskammer. »Alle Geschäftsleute sind hocherfreut über diesen Flughafen. Und wir sind bei diesem Projekt mit dabei!«

Kent Stutsman verbringt eine Viertelstunde in Barbara

Grogans Büro. Während dieser Zeit werden aber keine konkret anstehenden Probleme erörtert. Das Gespräch dient lediglich der Kontaktpflege und soll eine gute Arbeitsatmosphäre erhalten. Sie erklärt dazu: »Ich halte in meiner Firma selten reguläre Besprechungen ab und lasse meinen Leuten viel Freiheit und Selbständigkeit. Da sie mir nicht in formeller Weise Bericht erstatten, ist es wichtig, die Verbindung nicht abreißen zu lassen. Ich bin daher bemüht, möglichst viele zwanglose Gespräche mit ihnen zu führen, die oft nur zehn Minuten dauern. Manchmal will ich ihnen damit nur signalisieren, daß sie mir wichtig sind, will die Beziehung zu ihnen stärken. Dadurch fühlen sich meine Mitarbeiter gut – und ich auch.«

Um 14.10 Uhr verläßt Kent Stutsman das Büro, Barbara Grogan nimmt sich einen gelben Notizzettel und entwirft einen Brief an den Chef der Konstruktionsabteilung von IBM. Sie schreibt ihre gesamte Korrespondenz mit der Hand und läßt sie dann von ihrer Sekretärin abtippen. »Die Post ist sehr wichtig für mich. Ich bin immer bestrebt, rasch auf die eingegangene Korrespondenz zu antworten. Und ich mag persönlich gehaltene Briefe lieber als Formbriefe. Außerdem diktiere ich meine Antworten niemals auf Band. Ich habe das versucht, aber ich komme damit einfach nicht zurecht. Ich muß meine Worte vor mir auf dem Papier sehen und während des Formulierens korrigieren können.« In ihrem Auto hat sie ein Diktiergerät, das sie jedoch nur dazu nutzt, um ihre Ideen festzuhalten. »Wenn mir etwas in den Sinn kommt, das ich noch zu erledigen habe, dann nehme ich es auf. Später spule ich das Band zurück und übertrage alles in mein Tagebuch.«

Barbara Grogan benötigt eine Viertelstunde, um den Brief zu formulieren. Um 14.25 Uhr wendet sie sich noch einmal an ihre Sekretärin. »Leg das bitte dem Informationspaket an den Mann von IBM bei. Und schick ihm auch noch eine aktualisierte Kundenliste.« Sie sucht in einer Schreibtischschublade und zieht eine Liste hervor.

Bevor sich die Sekretärin wieder an ihren eigenen Schreibtisch setzt, gibt sie Barbara Grogan noch drei andere Mitteilungszettel – darauf notiert sind die Anrufe, die eingegangen sind, während sie selbst telefonierte und mit Kent Stutsman sprach. Über eine Stunde hat Barbara Grogan sich nun der von ihr als vorrangig eingestuften geschäftlichen Angelegenheit gewidmet: Sie hat erste Kontakte zu einem neuen Kunden geknüpft, hat dafür gesorgt, daß er weitere Informationen erhält, und hat diese Nachricht an den betroffenen Mitarbeiter ihrer Firma weitergegeben. Mehr kann sie im Augenblick nicht tun. Sie wendet sich nun den drei Briefen zu, die sie selbst auf ihren Schreibtisch gelegt hat.

Bei dem ersten handelt es sich um die Einladung einer Vereinigung kleiner Unternehmen, im kommenden Monat auf deren Forum eine Rede zu halten. »Darauf werde ich sofort antworten«, meint Barbara Grogan zu sich selbst. Sie setzt sich an den Schreibtisch und schreibt einen weiteren Brief. Nach einer Viertelstunde ist sie fertig. Einen beträchtlichen Teil der Zeit, die sie in ihrem Büro verbringt, nutzt sie dazu, die Beziehungen zu vielen Bereichen der Außenwelt auszubauen. »Ich sehe es als einen ganz wichtigen Teil meiner Arbeit, meinen Namen und den meiner Firma draußen bekannt zu machen.«

Als sie den Brief gerade beendet, erscheint der Montageleiter Mike Barnes in der Tür. »Hallo, Mike!« Er kommt herein, läßt sich in einen Stuhl fallen. Er trägt abgenutzte Stiefel und Jeans und spricht mit dem näselnden Akzent des Westens.

Ebenso wie bei Kent Stutsman scheint das Gespräch keinen speziellen Anlaß zu haben – es geht eher darum, in Verbindung zu bleiben. Barbara Grogan fragt, wie die Arbeit bei der Denver Rapid Transit Development vorangeht, einem großen Wartungsbetrieb für Busse, in dem ihre Firma technische Anlagen installiert.

»Ich bin immer noch auf der Suche nach einem Kran und einem Gabelstapler«, sagt Mike Barnes. »Und diese Gräben sind auch noch nicht zugeschüttet.« Er bezieht sich dabei auf Gräben, die eine vorher dort tätige Firma im Rahmen ihrer Arbeit ausgehoben hatte und durch die

Western Industrial nun Schwierigkeiten hat, die zu installierenden Anlagen auf die Baustelle zu transportieren. »Sag einmal«, fragt Barbara Grogan, »bereitet dir das ernstlich Sorgen?« »Nicht unbedingt.« »In Ordnung. Dann weiß ich, daß du damit zurechtkommst.«

Barbara Grogan gewährt ihren Mitarbeitern ein hohes Maß an Selbständigkeit. »Ich selber könnte ihre Arbeit nicht machen, und ich tue auch nicht so, als ob ich es könnte. Ich bin die Leiterin dieser Firma, ich hole die Aufträge heran und bestimme die Ziele, aber ich beaufsichtige nicht die Ausführung der Arbeiten. Warum sollte ich jemanden einstellen, wenn ich glaube, ich könnte mehr leisten als er? Mein Leitprinzip ist, die richtigen Leute auszusuchen und ihnen dann zu vertrauen. Ich denke, als Mutter lernt man, Menschen zu vertrauen. Sie müssen es zulassen, daß Ihre Kinder ihre eigenen Fehler machen, wenn sie sich weiterentwickeln sollen. Und das ist noch sehr viel schwerer, als Erwachsenen, mit denen Sie zusammenarbeiten, Selbständigkeit zuzugestehen.«

Barbara Grogan setzt ihre Unterhaltung mit Mike Barnes fort. »Übrigens, ich hatte letzte Nacht einen Traum. Darin sagte mir der für diesen Auftrag verantwortliche Vorarbeiter, daß er sich aus dem Berufsleben zurückziehen würde. Daraufhin bin ich aufgewacht, und mir wurde klar, daß er möglichst bald einen Stellvertreter einarbeiten sollte.«

»Gute Idee«, stimmt Mike Barnes zu. »Wahrscheinlich hast du recht.« Er scheint nicht erstaunt, daß Barbara Grogan durch einen Traum zu einer solchen Entscheidung gelangt ist. Später sagt sie dazu: »Ich habe lange genug mit meinen Männern zusammengearbeitet; sie haben gelernt, sich auf meinen Instinkt zu verlassen. Sie wissen, daß ich mit dem Bauch vorgehe, und haben gemerkt, daß ich oft recht habe. Auch wenn das, wie bei diesem Traum, etwas lächerlich scheinen mag.«

Mike Barnes verläßt ihr Büro um 15.30 Uhr. Das Gespräch hat zwanzig Minuten gedauert. Barbara Grogan entscheidet nun, daß sie die beiden Briefe, die sie sich vorher herausgelegt hat, später beantworten wird, weil ihr sonst keine Zeit zur Beantwortung der Telefongespräche mehr bleibt. Die spontan zustande gekommenen Unterhaltungen mit ihren beiden Mitarbeitern hatten Vorrang für sie. »Das heißt, ich stufe die beiden Briefe als weniger wichtig zurück.« Sie vermerkt dies unter der Spalte »Noch zu erledigen« in ihrem Tagebuch.

Ein Brief jedoch muß noch heute unbedingt geschrieben werden: Barbara Grogan will dem Stabschef des Gouverneurs über die wichtigen Themen der heutigen Sitzung berichten. Sie öffnet den Aktenordner, den sie heute morgen bei sich hatte, und sieht sich noch einmal die stichwortartigen Notizen an, die sie sich während der Sitzung gemacht hat. Auf dieser Grundlage verfaßt sie innerhalb einer Viertelstunde den Brief. Darin bemerkt sie auch warnend, daß »die Menschen in den Rocky Mountains sich im Stich gelassen fühlen« – eine Stellungnahme, die noch um einiges drastischer klingt, als sie es während der Sitzung versprochen hatte. »Die Enttäuschung, die diese Leute geäußert haben, ist mir absolut begreiflich.« »Ich wende mich in ihrem Namen an den Gouverneur. Ich muß ihrem Standpunkt Gehör verschaffen.«

Randy Baker, der Controller der Firma, erscheint in der Tür, und Barbara Grogan bedeutet ihm, einzutreten. Er hält einen Stapel Schecks in der Hand. »Sollen wir die noch eine Weile zurückhalten, oder sollen wir sie schon wegschicken?«

Barbara Grogan sieht den Stapel flüchtig durch. »Schick sie weg. Wir haben das Geld, also schick sie weg.« Sie fängt an, die Schecks mit rascher Hand zu unterschreiben. »Schick auch die Rechnungen ab, die du bekommen hast. Eine davon ist an IBM gerichtet, und die zahlen prompt!« Sie erzählt Randy Baker über die gute Zusammenarbeit mit IBM. »Sie zahlen ihre Rechnungen immer pünktlich, es gibt keine Fragen, kein Hin und Her. Die Maschinenbauunternehmen arbeiten deshalb sehr gern mit ihnen zusammen und versuchen, ihr Bestes zu geben. Das bestätigt auch meine Überzeugung, daß eine Hand die andere wäscht.«

Randy Baker verläßt das Büro. In der nächsten Viertelstunde ist Barbara Grogan damit beschäftigt, »die wirklich *wichtigen* Telefonanrufe« vom Vormittag zu beantworten. Sie begrüßt jeden ihrer Gesprächspartner mit großer Herzlichkeit, spart nicht mit aufmunternden Bemerkungen und Komplimenten: »Hallo! Mir ist von allen Seiten über deine großartige Rede von gestern abend berichtet worden!« Oder: »Danke, daß du so schnell auf meinen letzten Telefonanruf reagiert hast. Wie geht es Dir? Oh, das freut mich zu hören!«

Um 15.40 Uhr hat Barbara Grogan fünf Telefongespräche erledigt. Obwohl alle den Charakter einer zwanglosen Unterhaltung hatten, hat keines länger als drei oder vier Minuten gedauert. Nachdem sie ein letztes Mal alle Mitteilungszettel durchgesehen hat, wirft sie einen Blick in ihr Tagebuch und beschließt daraufhin: »Nichts, was heute noch unbedingt erledigt werden müßte. Das meine ich, wenn ich sage, daß ich versuche, mein Tempo zu regulieren. Ich tue, was ich kann, und versuche nicht, immer noch mehr Arbeit in meinen Tag zu zwängen. Wenn etwas nicht erledigt wird, dann lasse ich es einfach liegen. Da meine Haushälterin mir gesagt hat, daß mein Sohn aus irgendeinem Grund bedrückt ist, ist es für mich vor allem wichtig, heute möglichst früh nach Hause zu kommen. Alles, was nicht von höchster Dringlichkeit war, mußte daher warten.«

Sie bittet Jeanne Robinson noch einmal herein und gibt ihr die beiden Briefe an die Vereinigung kleiner Unternehmen, die sie gebeten hatte, eine Rede zu halten, und an den Stabschef des Gouverneurs. Die Sekretärin soll sie mit der Maschine schreiben und absenden. »Und da ist noch etwas.« Barbara Grogan reicht ihr den Artikel über staatliche Hilfen für mittelständische Unternehmen, den sie den ganzen Tag über bei sich gehabt hat. »Ich brauche einen Schwung Fotokopien davon. Und jetzt nichts wie weg!«

In ihrem Dodge-Lieferwagen ruft Barbara Grogan ihre

Haushälterin an und informiert sie, daß sie auf dem Weg nach Hause sei. Vorher muß sie nur noch den Champagner abholen, den sie für die Party heute abend bestellt hat. Dann kommt ein Anruf ihrer sechzehnjährigen Tochter Holly, die es anscheinend äußerst spannend findet, mit ihrer Mutter per Autotelefon zu sprechen. Holly, die noch ins College geht, teilt ihr mit, daß sie auf dem Weg zu ihrem Nebenjob als Bedienung sei. »Oh, wie schade!« meint Barbara Grogan. »Du wirst die Party verpassen.«

Nachdem sie den Champagner gekauft hat, widmet sich Barbara Grogan zu Hause eine Dreiviertelstunde ihrem zwölfjährigen Sohn. Sie versucht, möglichst häufig Abstand von ihrer Arbeitsroutine zu gewinnen, um etwas Zeit für sich oder ihre Familie zu haben. »Ich versuche, jeden Abend um sechs Uhr zu Hause zu sein. Wenn ich zu einer Cocktailparty eingeladen bin, dann gehe ich meist früh. Meine Abende gehören meinen Kindern. Wenn ich einmal nicht um sechs Uhr zu Hause sein kann, dann fahre ich tagsüber zu Hause vorbei, um sie zu sehen, wenn sie aus der Schule kommen.« Außerdem geht Barbara Grogan so gut wie nie an Wochenenden ins Büro und hält auch ihre Mitarbeiter nicht dazu an, nachts oder am Wochenende zu arbeiten. »Bei mir wird Arbeitssucht nicht honoriert. Meine Mitarbeiter haben auch Familien, und die sind wichtig.«

Um 17.00 Uhr ist sie wieder auf dem Weg ins Stadtzentrum. Sie hat ihr Make-up erneuert und trägt ein elegantes Strickkleid im Marinestil und Goldschmuck. Sie will kurz bei der traditionell zum Jahresabschluß veranstalteten Cocktailparty der Handelskammer vorbeischauen, bevor sie bei ihrer eigenen Feier als Gastgeberin auftritt.

Nachdem sie ihr Auto vor dem Denver Marriott geparkt hat, verstaut sie ihre Handtasche unter dem Vordersitz. Zu gesellschaftlichen Anlässen nimmt sie niemals eine Handtasche mit. »Bei solchen Gelegenheiten sind Handtaschen lästig. Sie sind ständig dadurch behindert oder müssen überlegen, wo Sie sie abstellen. Männer haben solche Probleme nicht!«

An der Tür des großen Saales im Erdgeschoß, in dem die Party stattfindet, bleibt Barbara Grogan einen Moment stehen, um sich einen Überblick über die Szene zu verschaffen. Sie weiß, daß sie nur eine halbe Stunde Zeit hat, doch die möchte sie auch genießen. Da erblickt sie den ehemaligen Vorsitzenden des Vorstands der Handelskammer, einen weißhaarigen Mann mit texanischem Akzent. Freudig umarmt sie ihn. »Rex!«

Andere Männer kommen heran und begrüßen sie. Überall sieht man Grüppchen von Männern. Die wenigen Frauen unter den Anwesenden tragen bunte oder pastellfarbene Kostüme und weiße Schuhe. Ihre Kleidung, die sie den ganzen Tag über getragen haben, wirkt verknittert. In ihrem frischen, dunklen Dinnerkleid stellt Barbara Grogan eine brillante Erscheinung dar. Auch daß sie keine Handtasche trägt, gereicht ihr zum Vorteil – die anderen Frauen sehen fraglos unbeholfen und verlegen aus. Barbara Grogan hingegen, die sich ungehindert bewegen kann, ähnelt einem *Chief Executive Officer* der in einer Limousine zu einem Empfang vorfährt und deshalb die einzige Person im Raum ist, die keinen Regenmantel über dem Arm trägt.

Während sie sich voller Elan durch die Menge bewegt, um Leute zu begrüßen, vermittelt sie den Eindruck eines Menschen, der ganz ungezwungen mit seiner eigenen Macht umgeht. Obwohl nicht schön, besitzt sie die Anziehungskraft einer Frau in den besten Jahren – bewußt, selbstsicher, mit positiver Ausstrahlung; eine Frau, die sich sichtlich wohl in ihrer Haut fühlt und kühn genug ist, Konventionen zu brechen, wenn ihr danach zumute ist. Sie ist in der Lage, den Männern in ihrer Umgebung herzliche Zuneigung zu zeigen, ohne sich etwas zu vergeben, ohne auch nur einen Anflug von Zweideutigkeit aufkommen zu lassen. Ihre enorme weibliche Ausstrahlung ist eher mütterlich. Barbara Grogans Art – bei dieser Cocktailparty ebenso wie bei der Sitzung des Beirats, deren Vorsitz sie führte – ähnelt der einer warmherzigen, beliebten Lehrerin.

Diese Haltung hat auch bewirkt, daß man ihre Gewohnheit, andere zur Begrüßung zu umarmen, akzeptiert. »Ich begrüße jeden so«, erklärt sie. »Das gehört einfach dazu, wenn ich ich selbst sein will. Es hat eine Weile gedauert, bis die Leute das akzeptiert haben. Als ich 1984 Mitglied der Handelskammer wurde, wußten die Männer nicht, was sie mit meiner Art anfangen sollten. Was war das für eine merkwürdige Frau, die ständig dabei war, alle zu umarmen? Wollte sie damit ihre mangelnde Professionalität kaschieren? Ich bemühte mich jedoch, darüber hinwegzusehen, weil ich glaubte, daß sie sich daran gewöhnen würden. Ich wollte nicht zulassen, daß allein die Männer die Spielregeln bestimmten! Heute ist es so, daß sie das nicht nur mögen, sie erwarten es sogar. Haben Sie den Mann gesehen, der heute morgen auf mich zukam: ›Werde ich etwa nicht umarmt?‹ Ich liebe das. Ich liebe das *wirklich!* Es zeigt, daß ich bei diesen Männern eine Veränderung bewirkt habe. Sie öffnen sich nun, sehen, daß man die Dinge auch anders angehen kann. Sie fühlen sich gut dabei und ich auch. Es läßt die weibliche Präsenz hier stärker spürbar werden.«

Heute ist der letzte Tag, an dem Barbara Grogan in ihrer Eigenschaft als Vorstandsmitglied der Handelskammer für die Betreuung der mittelständischen Unternehmen verantwortlich ist. Im nächsten Jahr wird sie den Mitgliedschaftsausschuß der Kammer leiten. Als ein Mann mit einer Fliege vorbeigeht, hält sie ihn an. »Charlie! Ich *muß* mit dir sprechen!« Sie nimmt ihn am Arm und zieht ihn zur Seite. »Ich habe allen erzählt, daß ich nicht einmal daran *denke,* den Vorsitz im Mitgliedschaftsausschuß zu übernehmen, wenn du nicht auch dabei bist.« Charlie mit der Fliege lächelt. »Nun, wie wäre es, wenn wir es zu unserem erklärten Ziel machen, die Mitgliederzahl in der Kammer innerhalb eines Jahres zu verdoppeln?« »Ich wußte es! Deshalb brauche ich dich auch im Ausschuß. Du denkst weiter, wie ich!« Obwohl der Mitgliedschaftsausschuß erst im Herbst offiziell zusammentritt, schlägt Barbara Grogan vor, daß sie und Charlie sich in der nächsten Woche zum Lunch verabreden sollten, um sich gemeinsam über ihre Pläne Gedanken zu machen.

Barbara Grogan geht zum Buffet, schenkt sich einen Club Soda ein. Danach geht sie wieder von einem Grüppchen zum anderen, begrüßt jeden mit einer Umarmung und erzählt allen von ihrem Gespräch mit Charlie. Dann wirft sie einen Blick auf ihre Uhr. Es ist kurz vor 18.00 Uhr; sie ist jetzt fast eine Stunde hier. Sie fängt an, sich kurz von allen zu verabschieden. »Ich halte mich niemals länger als eine Stunde bei solchen Anlässen auf«, erklärt sie, während sie durch das labyrinthartige Parkhaus zu ihrem Auto läuft. »Manchmal kommt es vor, daß ich in einer Woche zu vier derartigen Cocktails gehe, aber ich bleibe niemals lang.«

Während sie nach Hause fährt, wiederholt sie noch einmal, daß ihre Abende ihren Kindern gehören. »Wir essen zusammen und machen dann manchmal eine Spazierfahrt mit dem Rad – in der Nähe meines Hauses gibt es sehr schöne Radwege.« Den Rest des Abends verbringt Barbara Grogan gewöhnlich mit Lesen. »Ich sehe nicht fern, deshalb lese ich jeden Abend.« Sie schätzt Kriminalromane und Thriller, psychologische Ratgeber und vor allem »spirituelle Bücher – das ist Nahrung für Geist und Seele«.

Sie erwähnt noch einmal die Cocktailparty, die sie gerade besucht hat, und kommt auf die bevorstehende Feier bei ihr zu Hause zu sprechen. »Die Leute, die wir gerade gesehen haben, waren die Organisatoren und Manager in dieser Stadt. Diejenigen, die heute abend zu mir kommen, sind die Arbeitsbienen, diejenigen, die die Dinge erledigen. Und es ist wirklich so, daß ich mit ihnen allen gern rede. Ich liebe es einfach, mit Menschen zu reden – das ist mein Lebenselixier.«

Sie parkt vor dem großen, komfortablen Ziegelhaus, das sie noch während ihrer Ehe bezogen hat. Es befindet sich in einer schattigen Straße in einem gepflegten, älteren Viertel der Stadt. Es ist 18.10 Uhr, und Barbara Grogan fragt sich, ob wohl schon Gäste eingetroffen seien. »Ich weiß nicht mehr, was ich den Leuten gesagt habe, sechs oder sieben Uhr.«

Sie eilt ins Haus, aber es ist noch niemand da. Die Haushälterin hat bereits das Buffet aufgetragen – Platten mit Früchten, Shrimps und kaltem Braten. Barbara Grogan sieht sich alles an, kostet ein wenig und setzt sich dann zu ihrem Sohn ins Wohnzimmer. »Vielleicht haben wir Glück«, sagt sie zu ihm. »Vielleicht kommt niemand.«

Aber um 19.00 Uhr klingelt es, und sie eilt zur Haustür, um Gäste zu begrüßen. Ihr Sohn bietet den Geladenen ganz ungefragt Champagner an. Um 20.00 Uhr ist das Haus voller Leute, die auf den Flughafenauftrag von Barbara Grogans neuer Consultingabteilung anstoßen. Da die Anwesenden alle aus der Baubranche kommen, handelt es sich meist um Männer – Architekten, Ingenieure, Konstrukteure, Rechtsanwälte. Etwa die Hälfte kommt in Begleitung ihrer Frauen. Die meisten davon sind ebenfalls berufstätig; jeder kennt hier jeden. Es ist eine vergnügte Gesellschaft, und die Gäste gehen nicht gern.

Doch um 22.30 Uhr ist Barbara Grogan müde. Sie ist seit 5.30 Uhr auf den Beinen und muß morgen wieder um dieselbe Zeit aufstehen, um noch vor der Arbeit etwas Zeit für ihre Kinder zu haben. Obwohl in der Küche immer noch einige Gäste stehen und sich unterhalten, stellt sie den Champagner in den Kühlschrank zurück und bittet zwei der Männer, ihr beim Aufräumen der übriggebliebenen Speisen zu helfen. Eine Frau flüstert ihrem Ehemann zu: »Sie räumt alles weg! Sie will uns hier raus haben.« Barbara Grogan überhört die Bemerkung, lächelt und nickt schläfrig. So wie sie dasteht, barfuß, und Schinken und Käse einwickelt, gleicht sie einer müden Serviererin, die selbstbewußt darauf verweist, daß auch sie ihren Schlaf braucht. Doch während sie so beschäftigt ist, erzählt sie immer noch über ihren Plan, die Mitgliederzahl der Handelskammer zu verdoppeln. »Ich habe mit Charlie darüber gesprochen, und er denkt wie ich. *Großartig!*«

6.

Schranken abbauen

Nancy Badore, Ford Motor Company

Nancy Badore führt vor, wie Statusunterschiede abgebaut werden können, und läßt die Einstellungen und Verhaltensweisen vermissen, die man von einer Führungskraft erwartet. Sie ist bemüht, den Menschen in ihrer Umgebung mehr Macht zu verleihen, und gibt sich direkt und natürlich, so daß ihre eigene Person in den Hintergrund tritt und hierarchische Barrieren abgebaut werden. Sie geht so weit, ein gewisses Maß an Kritik und Herablassung herauszufordern, um dieses Ziel zu erreichen. All das entspringt ihrem unaufhörlichen Bemühen, die Verbreitung von Informationen zu fördern und neue Verbindungen zu knüpfen, indem »ich mich nicht durch meine Position behindern lasse«.

Nancy Badore ist Leiterin des »Zentrums zur Weiterbildung von Führungskräften« *(Executive Development Center – EDC)* der Ford Motor Company. Hier werden die weltweit insgesamt 2000 Spitzenmanager des Konzerns in der »neuen Unternehmenskultur« unterwiesen, deren oberste Werte Qualität und Kundenorientiertheit sind. Dieser neuen Unternehmenskultur ist es zu verdanken, daß der Ford-Konzern, der sich zu Beginn der achtziger Jahre am Rande des Zusammenbruchs befand, einen spektakulären Wiederaufschwung erlebte und 1987 die höchsten Gewinne seit der Gründung des Unternehmens verzeichnen konnte. Mit diesem »Wiederauferstehungsprozeß« wurde Ford gleichsam zu einem Musterbeispiel der Unternehmensreorganisation, wobei der Konzern jedoch Veränderungen von ungewöhnlich großem Umfang vornahm. Rigide hierarchische Strukturen, die auf isolierten und miteinander konkurrierenden Machtbereichen beruhten, wurden zunehmend abgebaut und durch ein partizipatorisches Teamsystem ersetzt, dessen oberstes Ziel die Qualität des Endprodukts ist. Diese Neuerung stellte sowohl für die Menschen als auch für die Systeme eine Herausforderung dar, und Nancy Badore hat bei der Verwirklichung dieses Konzepts eine wichtige Rolle gespielt.

Die heute Siebenundvierzigjährige kam 1979 zu Ford, in jenem Jahr, das einen Wendepunkt in der Geschichte Detroits markierte. Sinkende Absatzzahlen, unzufriedene Kunden, mangelhafte Produkte und verärgerte Arbeiter zwangen die amerikanischen Automobilhersteller, sich notwendigen Veränderungen zu stellen. Nancy Badore, die ein abgeschlossenes Psychologiestudium hinter sich hatte, trat eine Stelle in der Personalabteilung an, wo sie an der Ausarbeitung des *Employee Involvement Program* mitwirkte, das den ersten Schritt zur Reorganisation des Unternehmens darstellte.

Das *Employee Involvement* sollte die Feindseligkeit zwischen Gewerkschaftsvertretern und Betriebsleitern abbauen, sie zur Aufgabe ihrer gegenseitigen Vorurteile bewegen und sie miteinander ins Gespräch bringen. Eines der größten Probleme, mit denen Ford damals zu kämpfen hatte, bestand darin, daß die Manager selten mit Untergebenen und noch viel weniger mit Vorgesetzten oder Kollegen in anderen Abteilungen sprachen. Die Information floß, ausgehend von der Produktionsebene, nach oben. Jeder Schritt der Automobilproduktion – Entwurf, Produktplanung, Konstruktion, Herstellung, Verkauf – war als Einzelbereich organisiert und wurde von Kräften geleitet, die voneinander isoliert in ihren eigenen, eng begrenzten Spezialgebieten arbeiteten. Dieses vertikal strukturierte sogenannte »Schornsteinsystem« mit seinen starren Unterteilungen war beinahe überall in der Autoindustrie von Detroit zu finden (Alton und Bingaman 1988: 40 ff.).

Nancy Badore erzählt: »Ich kam als neue Mitarbeiterin ins *Employee Involvement Program,* eine von diesen Leuten, die mit leuchtenden Augen im Werk erscheinen und sagen: ›Hallo, ich komme von der Unternehmensleitung und will euch helfen.‹ Wir wußten wirklich nicht, was wir tun sollten, das ganze Gebiet war neu. Es gab kaum Literatur darüber, wie man in einem Unternehmen Strukturveränderungen von solchem Ausmaß durchführen konnte. Wir mußten uns also vortasten. Die Fabriken wurden zu Experimentierfeldern, in denen wir verschiedene Techniken erprobten, mit denen Schranken abgebaut und die Leute zur Mitarbeit angeregt werden sollten. Wir wollten herausfinden, wodurch sie motiviert werden konnten, mit Freude und Elan zu arbeiten. Ich gehörte zu dem Team, das von einer Fabrik zur anderen reiste, und war in zunehmendem Maße über die dort gemachten Erfahrungen fasziniert. Schon bald wurde ich zu einer Art Briefkastentante, die man um praktische Hinweise zur Verwirklichung einer neuen Unternehmenskultur bat.«

Als das *Employee Involvement Program* erfolgreich neue Kommunikationswege zwischen Führungskräften und Mitarbeitern auf der Produktionsebene eröffnet hatte, trat ein neues Problem auf. Die Managementteams auf der Produktionsebene waren nun fortschrittlicher als die ihnen übergeordneten Abteilungsleiter, die noch den alten hierarchischen Strukturen verhaftet waren. Mitte der achtziger Jahre übernahm Nancy Badore die Leitung eines Projekts, das die Abteilungsleiter mit den Produktionsleitern zusammenbringen sollte, damit sie von den Erfahrungen ihrer Untergebenen profitieren konnten. »Die Vorstellung, daß Führungskräfte von den auf der Produktionsebene entwickelten Programmen lernen sollten, war damals unpopulär. Das ganze Konzept galt als unangemessen, und ich machte mir damit zunächst eine Menge Feinde«, erinnert sich Nancy Badore. Doch das Programm war so erfolgreich, daß man ihr als nächste Aufgabe übertrug, das Konzept für eine ständige, in den Ford-Konzern integrierte Institution auszuarbeiten, die die »Generäle und Obersten« des Unternehmens in der neuen Unternehmenskultur unterweisen und in diesem Bereich auch für ihre permanente Weiterbildung sorgen sollte.

So schuf Nancy Badore das *Executive Development Center,* eine halbautonome, vollständig finanzierte Einrichtung, die eine Sonderstellung innerhalb des Ford-Konzerns einnimmt. Als Leiterin des EDC ist Nancy Badore einem Geschäftsführenden Stellvertretenden Vorsitzenden verantwortlich, der selbst direkt dem Aufsichtsratsvorsitzenden untersteht. Diese hohe Position und die Tatsache, daß das EDC die Spitzenmanager des Unternehmens weiterbildet und eine zentrale Rolle bei der Entscheidung über zukünftige Veränderungen spielt, verleihen dem Zentrum sehr viel mehr Bedeutung und Einfluß, als es der neunzehn Personen umfassende Mitarbeiterstab und das Arbeitsbudget von nur etwa fünf Millionen Dollar vermuten lassen.

Das EDC soll Manager dazu anregen, »mit den Oberen zu reden« – d. h. sie sollen Managementexperten und Spitzenkräfte des Unternehmens, die die verschiedenen Seminare abhalten, befragen und kritisieren. Diese selbstbewußten Verhaltensmuster sollen möglichst so eingeübt werden, daß sie auch nach Abschluß der Schulung noch präsent bleiben. Das Programm zielt darauf ab, Schranken abzubauen, die die verschiedenen Bereiche und Ebenen des Managements voneinander trennen, und dem ehrfürchtigen Schweigen entgegenzuwirken, durch welches das Spitzenmanagement in einem großen Konzern wie Ford isoliert wird.

Nancy Badore läuft mit großen Schritten durch den Korridor im 38. Stockwerk des Renaissance-Hochhauses im Zentrum von Detroit, in dem das EDC auf zwei Etagen seine Büros hat. Im Vorbeigehen begrüßt sie alle, denen sie begegnet, mit ihrer klangvollen Stimme. Sie hält einen großen Umschlag in der Hand, was sie aber nicht in ihrer lebhaften Gestik behindert. »Guten Morgen, Madam!« ruft sie der Empfangsdame zu, schaut dann kurz in die Büros der Programmleiter, die ihr Team bilden – ausnahmslos Männer –, und grüßt: »Guten Morgen! Hallo!« Sie ist eine große, sehr schlanke Frau, die ein beeindruckendes Selbstvertrauen ausstrahlt und sich flink und sportlich bewegt. Ihr blondes Haar hat graue Strähnen und ist zu einem Pferdeschwanz zusammengebunden. Sie trägt eine schwarze Hose und flache schwarze Schuhe, eine schwarz-weiße Seidenbluse, ein rotes Webjackett und einen rot-gelben Seidenschal. Ihre Fingernägel sind nicht lackiert, ihr Goldschmuck sehr dezent, mit Ausnahme einer großen Anstecknadel in Form eines japanischen Fächers. Ihre Aufmachung ist geschmackvoll, jedoch sehr individuell, ja extravagant.

Nancy Badore begibt sich in ihr Büro: ein großzügiger Raum mit einem breiten Schreibtisch, einer geschwungenen Eckcouch, einem runden Konferenztisch und einer Fensterfront, die den Blick auf den Detroit River und Kanada freigibt. Ihre Sekretärin, Dee Durocher, kommt herein und händigt ihr einen mit dem Computer ausgedruckten Terminplan und eine rosafarbene Karteikarte aus, auf der noch einige weitere Termine verzeichnet sind.

Nancy Badore sieht sich den Terminplan kurz an, nickt und legt ihn dann in ihr schwarzes Tagebuch im Filofaxformat. Dee Durocher legt ihr jeden Morgen einen solchen Plan vor; darin sind nicht nur die Termine des gegenwärtigen Tages, sondern auch alle Verpflichtungen des vorherigen und des folgenden Tages verzeichnet. Verantwortlich für Nancy Badores Terminkalender ist ihre Sekretärin. »Es fällt mir schwer, mich an Terminpläne zu halten«, erklärt sie. »Dee sorgt dafür, daß bei mir alles geregelt abläuft.«

Nancy Badore bittet Dee, sich mit ihr an den großen, runden Arbeitstisch zu setzen. Aus dem mitgebrachten Umschlag zieht sie ein Manuskript heraus: die Arbeit eines Autors, der ein Buch über den Wandel von Führungsstilen schreibt. In zwei Kapiteln wird über Ford berichtet, und Nancy Badore findet darin besondere Erwähnung. Der Autor hat ihr nun die betreffenden Kapitel zugesandt, und Nancy Badore hat sie am gestrigen Abend durchgelesen. »Es sind viele Ungenauigkeiten darin. Ich muß dem Autor einen Brief schreiben.«

Es ist nun 8.40 Uhr. Dee Durocher schlägt ihr Notizbuch auf. Nancy Badore wirft einen Blick auf die Anmerkungen, die sie sich am Vorabend auf Millimeterpapier notiert hat. Sie macht eine Pause, denkt kurz nach und formuliert dann ihre Vorschläge an den Autor. Sie rät ihm, sich bei bestimmten Personen zu informieren und die Kapitel anschließend dementsprechend abzuändern. Sie legt ihre Argumente in vollständigen Sätzen dar, diktiert sogar Kommas und Punkte, während ihre Sekretärin alles mitstenografiert.

»Bevor ich Dee kennenlernte, habe ich meine Korrespondenz niemals diktiert«, erklärt Nancy Badore. »Ich bin Managerin geworden, ohne das jemals gelernt zu haben. Früher habe ich meine Briefe selbst entworfen, habe wirklich an ihnen gefeilt. Dann begann ich mit Dee zusammenzuarbeiten; sie zieht diese Arbeitsweise vor, und ich habe entdeckt, daß es mir selbst so auch lieber ist. Ich mache mir über einen Brief Gedanken, formuliere ihn im Geist, mache mir ein paar Notizen und diktiere dann alles. Ich bin ein sehr verbal orientierter Mensch, daher ist Sprechen für mich natürlicher als Schreiben.«

Das Diktat dauert zehn Minuten. Um 8.50 Uhr klingelt das Telefon, Dee Durocher nimmt den Anruf in ihrem Büro entgegen. »Es ist John Tavalyn, aus Brasilien.«

»Tavalyn, Tavalyn – also der Name sagt mir jetzt nichts«, meint Nancy Badore. Sie geht trotzdem zu ihrem großen Schreibtisch und nimmt den Hörer ab. Sie hört zu, beginnt dann zu nicken. John Tavalyn gehört zum Führungsstab der Fordniederlassung in Brasilien. Er fragt, ob das EDC bereit sei, ein Seminar in Sao Paulo zu finanzieren. »Das klingt äußerst interessant, John! Ja, wir haben schon außer Haus Seminare veranstaltet. Sie sind rentabel, und es können ganze Teams auf einmal geschult werden – manchmal löst das einen Enthusiasmus aus, der wahre Wunder wirkt.« Sie hört zu. »Was meinen *Sie* dazu?« Sie wirft einen Blick auf ihre Uhr. »Ich würde mich gern noch weiter mit Ihnen darüber unterhalten, aber ich habe um neun Uhr eine Sitzung und bin schon zu spät.« Sie hört noch weiter zu, unterbricht dann jedoch das Gespräch. Schnell macht sie sich noch eine Notiz und eilt dann aus dem Büro.

Im Vorraum wirft sie einen Blick auf einen Tisch mit einigen leeren Tellern. »Großartig! Wie ich sehe, sind alle Erdbeeren weg.« Sie hat veranlaßt, daß in den Büros des EDC ständig frisches Obst bereitgestellt wird. »Ohne irgend jemanden bevormunden zu wollen, versuchen wir doch, das Gesundheitsbewußtsein zu fördern.«

Sie tritt in die große, kreisförmige Lobby, um die herum alle Büros gruppiert sind. Hier treffen sich die Führungskräfte, die an den Schulungsprogrammen des EDC teilnehmen, in den Pausen zwischen den Seminaren. Auf einem großen Tisch sind Obst, Kaffee, Cornflakes, Haferkleiebrötchen und gekochte Eier hergerichtet. Nancy Badore nickt beifällig – noch ein Beweis für das Gesundheitsbewußtsein –, greift sich dann aber zwei Diät-Colas, um für die Sitzung gerüstet zu sein.

Sie läuft in die nächste Etage, wo sich der *Ford Room* befindet, ein riesiger Konferenzraum mit einem großen Tisch in der Mitte, einem Marmorkamin und raumhohen Fenstern, die den Blick nach Norden auf den Lake St. Clair freigeben. Nancy Badore kommt zehn Minuten zu spät zu der monatlichen Sitzung ihres Programmanagerteams. Sechs der sieben Programmanager warten bereits, der siebte hat diese Woche »Dienst« und leitet das gerade stattfindende Seminar für Führungskräfte. Die Programmmanager sind allesamt Männer. Sie sind konventionell gekleidet und tragen einfarbige Hemden und Krawatten, nur bei einem sieht man ein gedecktes Karomuster. Nancy Badore in ihrer roten Jacke stellt den einzigen Farbtupfer dar.

Auf dem Weg zum Konferenzraum erklärt sie mir: »Diese Sitzung hat zwei Ziele. Zum einen sollen die Programmanager Gelegenheit bekommen, einander ihre Pläne und Vorstellungen darzulegen. Es geht nicht darum, daß sie mir Bericht erstatten. Zweitens wollen wir John Walker mit allen nötigen Informationen versorgen.« John Walker ist ein neuer Mitarbeiter im Team, der direkt mit Nancy

Badore zusammenarbeiten und dabei die Verantwortung für die betrieblichen Prozesse und die Planung übernehmen wird. Dadurch soll Nancy Badore von der täglichen Verwaltungsarbeit, die bei der Leitung ihrer Abteilung anfällt, entlastet werden. »Das ganze ist ein Balanceakt. Ich habe ihn hierhergeholt, damit er als der ›Vernünftige‹ agiert und ich die ›Verrückte‹ in unserer Organisation sein kann.«

Nancy Badore findet nichts dabei, sich selbst als »verrückt« zu bezeichnen. Was meint sie damit? »Das heißt, daß ich mir erlaube, ganz ich selbst zu sein, denn nur dann kann ich kreativ sein und auch bei anderen Kreativität fördern. Verrückt sein heißt auch, nicht zuzulassen, daß meine Position hier mich daran hindert, das zu lernen, was ich wissen muß. Das heißt, daß ich aufgrund meiner Rolle als Führungskraft in diesem Unternehmen nicht den Anspruch erhebe zu wissen, was ich im Grunde nicht weiß. Verrückt sein bedeutet, daß ich mir erlaube, wirklich dumme Fragen zu stellen. Und ich *muß* das tun, weil ich bemüht bin, alle anderen hier ebenfalls dazu zu ermutigen. Wenn Führungskräfte hierher kommen, um ein Schulungsprogramm zu absolvieren, wagen sie oft nicht, Fragen zu stellen oder die Vortragenden und Seminarleiter herauszufordern, weil sie nicht wie Dummköpfe dastehen wollen. Wenn wir wollen, daß sie mit denjenigen, die auf der Karriereleiter über ihnen stehen, ins Gespräch kommen – daß sie ihre Gedanken offen aussprechen, keine Angst mehr haben –, dann müssen sie all das überwinden. Und dazu kann *ich* unter anderem beitragen, indem ich als Vorbild agiere. Wenn sie bemerken, daß ich selbst keine Angst habe, lächerlich zu wirken, dann bestimmt das die ganze Atmosphäre. Ich gehe ganz bewußt so vor, wobei ich sehr wohl weiß, daß diese Männer mein Verhalten auf die Tatsache zurückführen könnten, daß ich eine Frau bin.«

Nancy Badore nimmt ihren Platz am Kopfende des Konferenztisches ein und öffnet eine Dose Diät-Cola. »Entschuldigt die Verspätung. Irgendwo habe ich noch ein Exemplar der Tagesordnung.« Sie sucht in ihrem Notizbuch. »Hier! Okay, David, ich glaube, du bist der erste.«

David Murphy, ein junger, aber bereits grauhaariger Ire, ist einer von den beiden Mitarbeitern, die für das *Senior Executive Program* (SEP – Programm für höhere Führungskräfte) verantwortlich sind. Dabei handelt es sich um ein fünfeinhalbtägiges Seminar für fünfzig Führungskräfte, das jeder der zweitausend Spitzenmanager bei Ford alle zwei Jahre absolvieren muß. Dieses Programm stellt das Herzstück der Arbeit des EDC dar. David Murphy reicht eine umfangreiche Gliederung für seinen Vortrag herum, auf dem die Hauptpunkte in großer Schrift aufgelistet sind.

Während er die Gliederung durchblättert und die einzelnen Themen ausführt, wendet er sich an Nancy Badore und John Walker, den neuen Leiter der Abteilung für betriebliche Prozesse und Planung. Mehrmals wird er von Nancy Badore unterbrochen, die immer bemüht scheint, neue Aspekte in die Diskussion einzubringen. Während sie zuhört, lehnt sie sich in ihrem Stuhl zurück, nimmt eine entspannte Haltung ein, gestikuliert mit den Händen. Als David Murphy von »BIC« und »P&SC« spricht, wendet sie sich an John Walker, der gerade aus England eingetroffen ist. »Bitte melde dich, wenn wir amerikanische Kürzel verwenden! Bei dieser Sitzung ist es wichtig, daß du alles verstehst.« Als David Murphy berichtet, wie die Führungskräfte während ihres Aufenthalts in Detroit betreut werden, stellt sie gezielte Fragen: »Wie ist das Hotel? Irgendwelche Beschwerden? Was könnten wir noch tun? Hat jemand Vorschläge, wie wir das besser machen könnten?« Mit ihren eindringlichen Fragen modelliert sie den Prozeß, den wir »mit den Oberen reden« genannt haben: Sie ermuntert die Anwesenden, auch dann Vorschläge zu machen, wenn die betreffenden Probleme nicht in ihrem speziellen Aufgabengebiet liegen.

John Wood, der zusammen mit David Murphy das SEP leitet, erhält nun das Wort. Einige Seminarleiter sind nicht zufriedenstellend. Nancy Badore fragt: »Lassen sie wenigstens mit sich reden?«

Bald herrscht allgemeine Übereinstimmung, daß vor allem einer von ihnen schwierig ist. John Wood meint zu Nancy Badore: »Ich glaube, du hattest gleich zu Anfang erkannt, daß es Probleme mit ihm geben könnte.« »Ja, genau, normalerweise verlasse ich mich größtenteils auf meine Intuition, aber in diesem Fall haben wir alle nicht auf unser Gefühl gehört. Daraus können wir eines lernen: Ich glaube, es ist hier entscheidend, daß wir nicht nur darauf achten, wieviel diese Leute wissen, wenn wir ihren Probevortrag hören. Wir müssen uns fragen, wie es wäre, wenn wir von dieser Person etwas lernen sollten. Wenn wir so denken, sind wir eher in der Lage, die Reaktionen der Teilnehmer vorherzusagen. Wir sollten also nicht darauf beharren, daß er ein guter Seminarleiter ist, nur weil er so brillante Kenntnisse besitzt, und dann hoffen, daß er sich als effizienter erweist, als er uns erscheint.«

Sie hält es auch für notwendig, mehr Pausen in die Schulungsprogramme einzuplanen. »Meist bewegt sich genau dann etwas, wenn gewisse Ausbruchsmöglichkeiten bestehen.« Nancy Badore ist von der positiven Wirkung von »Ausbruchsmöglichkeiten« während der Schulungsseminare überzeugt. Gemeint sind damit relativ frei verfügbare Zeitabschnitte, in denen die Schulungsteilnehmer sich entspannen und Gedanken austauschen können. »Man kann Menschen nicht andauernd beschäftigen. Man muß ihnen auch einen gewissen Freiraum gewähren, muß sie wie Wesen mit Verstand behandeln. Ein Großteil der wertvollsten Anregungen entsteht durch das Zusammenspiel von Kollegen. Hier können sie feststellen, daß andere die gleichen Vorstellungen haben wie sie, und das macht ihnen Mut. Sie wagen dann eher, während der nächsten Seminarstunde den Referenten in Frage zu stellen, und *darum* geht es, wenn man ›mit den Oberen redet‹.«

Es ist 9.50 Uhr. Eine Sekretärin klopft an die Tür und teilt mit, daß ein Telefonanruf von Allan Gilmour eingegangen sei. Er ist Geschäftsführender Stellvertretender Präsident für Mitarbeiter im Spitzenmanagement. Nancy Badore entschuldigt sich und eilt hinaus, um zurückzurufen. »Wir erstatten der Unternehmensspitze durch Allan Bericht«, erklärt sie, »und er hat ein großes Interesse für unsere Arbeit entwickelt.«

Sie geht in eines der naheliegenden Büros, in dem sich gerade niemand aufhält, und wählt die Nummer. Allan Gilmour ist nicht anwesend. Sie hinterläßt eine Nachricht und ruft dann nach Dee Durocher. Sie bittet die Sekretärin, einen eventuellen Rückruf direkt in den Konferenzraum durchzustellen. »Während einer Sitzung nehme ich nur die wichtigsten Anrufe entgegen.«

Als sie in den Saal zurückkommt, beendet John Wood gerade sein Referat über das SEP. Nancy Badore wendet sich an John Walker und faßt für ihn noch einmal kurz die ihrer Meinung nach entscheidenden Aspekte der Diskussion zusammen. »Wie bei allen Programmen ist auch hier die wichtigste Frage: Bringt es wirklich Verbesserungen für das Unternehmen? Oder ist es nur etwas Neues zum Vorzeigen?« Sie wiederholt noch einmal: »Wir dürfen nicht den Blick auf das große Ganze verlieren. Natürlich sind die Details auch von Bedeutung, aber wir dürfen uns nicht nur damit beschäftigen.«

Nun sei es Zeit, zum nächsten Punkt der Tagesordnung überzugehen, »aber da es schon zehn ist, sollten wir eine kurze Pause machen.«

Sie eilt in ihr Büro und ruft ihren Schwiegervater an, der sich bei ihr zu Hause um ihre kleine Tochter kümmert. »Wir haben so ein Glück – als Bernie, der Vater meines Mannes, sich aus dem Berufsleben zurückzog, kam er von Kalifornien hierher, um uns bei der Versorgung von Maggie zu helfen.«

Nancy Badores Schwiegervater meldet sich jedoch nicht. »Wahrscheinlich ist er beim Arzt oder im Drugstore.« Ihr Kind, erzählt sie, habe Schnupfen. Sie hinterläßt eine Nachricht auf dem Anrufbeantworter: »Hat Maggie den Apfelsaft gut vertragen? Hat sie Fieber? Bitte rufe mich an, sobald du wieder zu Hause bist!«

Sie verläßt ihr Büro und sieht zusammen mit Dee Durocher durch, wer für sie angerufen hat – insgesamt sind es vier Personen. »Die können alle warten. Bitte stelle mir nur zwei Personen durch – Allan Gilmour und Bernie!«

Dee Durocher legt ihr eine Niederschrift des Briefes an den Autor vor, den sie zuvor diktiert hat. Nancy Badore fügt einige Korrekturen ein: »Okay, laß ihn ausdrucken.« Sie eilt aus dem Büro. Als sie an dem Tisch mit den Erfrischungen vorbeikommt, zeigt sie sich enttäuscht, daß das Obst unberührt geblieben ist, daß sich aber anscheinend alle auf die Schokoladenchips gestürzt haben. Sie nimmt sich die dritte Diät-Cola an diesem Morgen und außerdem ein Haferkleiebrötchen. »Dieses Zeug schmeckt so schrecklich, das muß einfach gesund sein.«

Die Männer warten schon auf sie, als sie, auf ihrem Brötchen kauend, den Konferenzraum betritt. »Okay, ihr Schlaumeier, was ist jetzt dran? Das *Associations Program?* Sie setzt sich und sieht Dick Hartshorn, den Mann im Karohemd, an, der gerade seine Gliederung herumreicht. »Also, Mister Guru, sagen Sie uns, was los ist.«

Das *Associations Program* umfaßt eine Reihe von Seminaren für Führungskräfte, die mit Japan und Korea zu tun haben. Dieses Programm soll auch noch auf andere Länder ausgedehnt werden. Während Dick Hartshorn referiert, hört Nancy Badore aufmerksam zu, macht gelegentlich eine Bemerkung und erinnert ihn daran, wenn er Fachjargon verwendet, er möchte »auf die Kürzel achtgeben«!

Als Dick Hartshorn darauf zu sprechen kommt, daß einige in Seoul tätige Führungskräfte wichtige Beiträge zum *Associations Program* geleistet haben, ergreift Nancy Badore das Wort. »Ich glaube, damit sollten wir uns etwas eingehender beschäftigen. Wir haben hier exzellente Lehrkräfte, doch müssen wir auch das, was die Teilnehmer der Schulungen zu sagen haben, besser integrieren.« Sie wendet sich an John Walker: »Sie sind diejenigen, die die Praxis kennen. Ich sehe hier eine Art Analogie zu Marco Polo. Es ist ungefähr so, als ob das Unternehmen diesen Leuten einen Freibrief ausgestellt hätte, Expeditionen zu unternehmen und Informationen über die Welt zu sammeln. Da sie diejenigen sind, die sich da draußen auskennen, müssen wir zuhören, was sie uns zu sagen haben. Wir wollen nicht auf sie einreden, wir wollen von ihnen lernen. Wie sieht die Arbeit in einem jüngeren Industrieland aus? Womit kann man sich bei den Koreanern Vertrauen verschaffen? Unsere Programme müssen so aufgebaut werden, daß sie einen wechselseitigen Lernprozeß ermöglichen.«

Dies ist eines von Nancy Badores Lieblingsthemen. Später erklärt sie: »Ein Programm wie das EDC funktioniert nicht, wenn man versucht, den Leuten nur einseitig etwas beizubringen. Man muß auch bei den Führungskräften, die hier geschult werden, Informationen sammeln.« Sie bemerkt, daß der dem *Employee Involvement* zugrundeliegende Gedanke war, die Vielfalt der Kommunikationswege zu fördern, damit der Informationsfluß nicht auf vorgeschriebene Kanäle beschränkt bleibt. Dazu mußten viele Verbindungen geschaffen und Schranken beseitigt werden. »Wenn nur die Lehrkräfte den Schulungsteilnehmern Informationen vermitteln, reproduzieren wir einfach den alten, von oben nach unten verlaufenden Informationsprozeß.«

Um 10.50 Uhr ist das Referat beendet. Nancy Badore weist darauf hin, daß dieser Tagesordnungspunkt laut Plan eigentlich schon um 10.00 Uhr hätte abgeschlossen sein sollen. Dennoch unterbricht sie die Diskussion nicht. Ihre Mitarbeiter haben den Marco Polo-Vergleich aufgegriffen und äußern nun einige Gedanken darüber, auf welche Probleme Ford stoßen könnte, wenn die Firma in kommunistischen Ländern tätig würde. Allseits ist Begeisterung über die Aussicht auf eine Vielzahl neuer Märkte zu spüren. Nancy Badore wirft ein: »Wir sollten aber nicht vergessen, daß man solche Dinge vorher nie genau abschätzen kann. Vor einigen Monaten sah noch alles so aus, als ob der Aktivität amerikanischer Firmen in China nichts mehr im Wege stünde.«

Sie dankt Dick Hartshorn. »Jetzt bist Du dran, Vic!« sagt sie zu Victor Leo, der das dreitägige Schulungsprogramm für Strategische Entscheidungsfindung *(Strategic Decision Making)* betreut, welches für kleinere Gruppen von Führungskräften gedacht ist. Während er seine Gliederung an John Walker weitergibt, steht Nancy Badore auf, um ihre drei Coladosen wegzuwerfen, einige Minuten später schaltet sie die Klimaanlage herunter. Sie ist viel mehr in Bewegung als die anwesenden Männer, sie lacht häufiger und hat eine sehr viel ausholendere Gestik. Die Männer haben fast alle die Hände in den Hosentaschen, während Nancy Badore an der Schleife herumfingert, die ihren Pferdeschwanz zusammenhält. Mit ihrer roten Jacke, der großen Anstecknadel und dem farbenfrohen Schal fällt sie auf und scheint das zu genießen. Sie macht den Eindruck, sich in ihrer Unbefangenheit und ihrer Unfähigkeit und Weigerung, sich anzupassen, zu sonnen und ganz bewußt statuskonformes Verhalten und Statussymbole abzulehnen.

Auch jetzt greift sie wieder in die Diskussion ein, weist auf neue Aspekte hin, rückt Gesamtzusammenhänge ins Blickfeld. »Wir dürfen nicht vergessen«, sagt sie, »worum es bei diesem Seminar über strategisches Denken wirklich geht. Nämlich um die Integration aller Teile des Unternehmens, nicht um das bestmögliche Funktionieren der einzelnen Abteilungen!« Und später meint sie: »Wir müssen uns unbedingt Gedanken darüber machen, wie wir diese Seminare besser verkaufen und sicherstellen, daß die Leute, denen sie nützen können, auch über dieses Angebot informiert werden. Ich habe einen von diesen Jungs (gemeint sind die Referenten in den Seminaren) sagen hören, daß er nicht gewillt sei, den Leuten ›ein Seminar andrehen zu müssen‹. Diese Auffassung ist falsch – so falsch, wie man sich nur denken kann! Diese Programme sind unser Produkt!«

Als im Konferenzraum das Telefon klingelt, beeilt Nancy Badore sich, den Hörer abzunehmen. Während die Männer am Tisch weiterhin über strategisches Denken diskutieren, steht sie gegen die Wand gelehnt und spricht. »Ist Aspirin darin enthalten? Sie hat es geschluckt? Oh, wunderbar! Ja, genau, mach es am besten so. Maggie kann

Himbeergeschmack nicht ausstehen. Vielen Dank, daß du angerufen hast, ich wollte unbedingt Bescheid wissen.«

Als sie wieder an den Konferenztisch kommt, spricht Vic Leo gerade darüber, daß es wünschenswert sei, wenn die Seminarteilnehmer etwas spezifischere Kommentare zu den Veranstaltungen abgeben würden. »Wir müssen diese Phrasendrescherei à la ›Also, wirklich umwerfend‹ überwinden.« Nancy Badore lacht zustimmend, bemerkt dann, daß es bereits 11.00 Uhr ist, und schlägt noch einmal eine zehnminütige Pause vor.

Während die Männer sich Kaffee holen, telefoniert sie vom Konferenzraum aus mit Dee Durocher und bittet sie, ihre für 11.00 Uhr angesetzte Besprechung auf 11.30 Uhr zu verschieben. Dann erzählt sie mir, welches Glück es für sie bedeute, mit 42 Jahren zum erstenmal die Freuden der Elternschaft zu erfahren. Dabei erwähnt sie ihre erste Tochter, die nun Mitte zwanzig ist und die sie und ihr Ehemann, beide siebzehnjährig, gleich nach der Geburt zur Adoption freigegeben hatten. »Wir waren beide gerade aufs College gekommen und wußten uns keinen anderen Rat. Damals wurde eine Adoption als die einzige Möglichkeit präsentiert. Alle Berater gaben uns nur Klischees zur Antwort – es sei für das Kind das Beste, es würde ein wunderbares Zuhause und liebende Eltern haben. Unausgesprochen blieb natürlich der Gedanke, daß du im Grunde ein kleines Flittchen warst und nun dein Baby weggeben müßtest, um für deine Sünden zu büßen.«

So gaben Nancy Badore und ihr Mann (damals ihr Freund) ihre kleine Tochter zu Adoption frei; nach Abschluß des College heirateten sie. Nancy Badores Karriere verlief erfolgreich, doch als sie die Dreißig überschritten hatte und sich ein Kind wünschte, blieb dieser Wunsch lange Zeit unerfüllt. Sie mußte nun an ihre Tochter denken, die sie vor langer Zeit fortgegeben hatte, und setzte sich mit einer Beratungsstelle für die leiblichen Eltern von Adoptivkindern in Verbindung. Sie und ihr Mann begannen nun nach ihrer Tochter zu suchen. Vor acht Jahren konnten sie sie dann ausfindig machen; sie besuchte ein

College in Florida. Das Ehepaar reiste zu ihr, die Familie war wieder vereint. »Es war einfach unglaublich, wunderbar! Und in jener Woche, in der Woche, in der wir sie fanden – wurde ich mit Maggie schwanger.« Es war, als ob ein Damm gebrochen wäre – ein Damm der Sehnsucht nach ihrem verlorenen Kind, so daß sie schließlich wieder Mutter werden konnte.

Nancy Badore spricht völlig offen über diese außergewöhnliche Erfahrung, während die Männer wieder in den Sitzungsraum kommen. Es läßt sich nur schwer beurteilen, ob sie von ihrer Offenheit peinlich berührt sind, ob die Tatsache, daß Nancy Badore hier die Grenzen zwischen Berufsleben und Privatsphäre durchbricht, ihnen unangenehm ist. Sie erzählt, daß ihre Entscheidung, ihr Kind mit ins Büro zu bringen, wenn sie sonntags arbeitete, Kritik hervorrief. »Manche Männer sind der Auffassung, daß das nicht professionell sei, nicht zum Image einer Führungskraft passe. Ich versuche jedoch, sie von dieser Denkweise abzubringen. Die Anwesenheit eines Kindes – die natürlich auch für mich wichtig ist – läßt sie entspannter, offener werden. Und außerdem wird dadurch die Botschaft vermittelt, daß bei uns der ganze Mensch etwas gilt. Das heißt, der Mensch als Teil seiner Familie und nicht nur in bezug auf seine Arbeit. Arbeit und Familie sind beides Teile seiner selbst!«

Als alle sitzen, reicht David Murphy die Gliederung für seinen Bericht über das *Corporate Executive Program* herum. Dabei handelt es sich um eine Reihe von Seminaren für Führungskräfte, die gerade befördert worden sind. »Wir haben nur eine halbe Stunde Zeit, und du bekommst die Hälfte davon«, sagt Nancy Badore. Als sie dann einmal die Ausführungen David Murphys mit einer Bemerkung unterbrechen will, wehrt dieser lachend ab: »Boss, Sie stehlen mir meine Zeit!« Er berichtet über einen langjährigen Manager, der zu Beginn seiner beruflichen Laufbahn beinahe einen Nervenzusammenbruch erlitten hätte, weil er sich selbst allzusehr unter Druck gesetzt hatte. Moral dieser Geschichte ist schließlich, daß es wichtig ist, einen

Ausgleich zwischen Arbeit und Familie zu finden. »Ich habe wohl kaum jemals eine wahre Geschichte gehört, die so bedeutsam für unsere Arbeit gewesen wäre«, meint Nancy Badore. »Genau so etwas brauchen wir.« Sie stimmt David Murphy zu, daß diese Geschichte als Seminarmaterial Verwendung finden sollte.

Um 11.45 Uhr hat David Murphy seinen Bericht beendet. Nancy Badore steht auf und entschuldigt sich mit der Erklärung, daß sie unbedingt mit den Frauen aus ihrem Mitarbeiterstab sprechen müsse, um die bereits verschobene Besprechung nochmals zu verschieben. Während sie die Treppe hinuntereilt, erläutert sie, daß sie die Sitzung noch um eine halbe Stunde verlängern wird, damit der nächste anstehende Bericht, der von dem neuen Mitglied des Programmanagementteams geliefert wird, nicht wegfallen muß: »Ich möchte nicht, daß er sich übergangen fühlt, weil wir angeblich keine Zeit mehr haben.«

Ein Stockwerk tiefer sucht sie nach Mary Aughton und Janice Turowski, den beiden Mitarbeiterinnen, mit denen sie sich eigentlich hätte treffen sollen. »Ich bin heruntergekommen, um mich selbst zu entschuldigen«, sagt sie. »Sollen wir lieber einen anderen Tag ausmachen, oder wärt ihr bereit, eure Lunchpause zu verschieben?« Die Frauen versichern, daß eine Verschiebung der Lunchpause kein Problem darstelle und daß sie um 12.15 Uhr in Nancy Badores Büro erscheinen würden. »Vielen Dank für euer Verständnis«, sagt Nancy Badore und eilt davon. Sie sei zwar ihre Chefin, argumentiert sie, aber »ich fände es nicht richtig, wenn ich ihnen andauernd solche Änderungen durch meine Sekretärin mitteilen ließe. Ich muß auch ihren Zeitplan berücksichtigen.«

Als sie in den Sitzungsraum zurückkommt, spricht Al Solvay, der neue Manager im Team, gerade über die Führungsseminare und erzählt dabei John Walker, wie er zu dieser Aufgabe kam. Als er dem Seminarleiter zum erstenmal begegnet sei, habe er ihn als schwierig empfunden, zu sehr auf Geld fixiert. »Ich habe das Nancy erzählt, und sie sagte: ›Mach' nur, erkläre ihm, was für einen Eindruck du von ihm hast.‹ Sie argumentierte, daß dieser Mann sehr viel Wert auf Ehrlichkeit lege und deshalb ganz sicher meine Meinung hören wolle, auch wenn sie kritisch ausfiele. Ich sagte ihm also, was mich störte, und wir entschlossen uns, gemeinsam daran zu arbeiten. Und als ich das Nancy erzählte, sagte sie: ›Großartig, ich übertrage dir die Verantwortung für das Programm!‹«

»Das war so ein Fall, wo ich meinem Instinkt gefolgt bin«, meint Nancy Badore. »Und mein Instinkt hat recht behalten. Al hat die Fähigkeit, schonungslos offen seine Meinung zu sagen, ohne bei anderen eine Abwehrhaltung zu provozieren. Er hat das Seminar gerettet.«

Anschließend folgt eine Diskussion über das in den Seminaren verwendete Unterrichtsmaterial. Doch um 12.10 Uhr unterbricht Nancy Badore. »Wir *müssen* jetzt einmal fünf Minuten über ein sehr wichtiges Thema sprechen – nämlich darüber, wie wir uns selbst verkaufen.« Sie bezieht sich auf die noch in Vorbereitung befindliche Informationsbroschüre über das EDC. Al Solvay reicht einen Entwurf herum, und die Teilnehmer versuchen, sich schnell ein Urteil darüber zu bilden. Nancy Badore warnt: »Al's Untersuchungen haben ergeben, daß wir achtgeben müssen, nicht etwas zu produzieren, das rasch veraltet. Wir benötigen eine Broschüre, die uns auch im Wandel etwas nützt.«

Es ist schon fast 12.25 Uhr. Nancy Badore steht auf. »Ich muß jetzt unbedingt zu meiner nächsten Besprechung!« Sie wendet sich an John Wood, der ebenfalls daran teilnehmen wird. »Wie sieht dein Terminplan aus? Am besten erledigen wir das gleich.«

Während er sie in ihr Büro begleitet, fragt John Wood: »War das Allan Gilmour am Telefon? Was hat er gesagt?« Sie erklärt, daß ihr Schwiegervater angerufen habe, um ihr mitzuteilen, daß ihre Tochter kein Fieber mehr habe. »Sie hat Grippe.« John Wood sagt hierzu nichts, zeigt kein Interesse.

Im Empfangsraum nimmt sich Nancy Badore eine Schale mit kleingeschnittenem Obst. »Ich brauche Brennstoff. Gesunden Brennstoff!« Zusammen mit John Wood betritt sie ihr Büro, wo bereits Mary Aughton und Janice Turowski an dem runden Arbeitstisch warten. Zweck dieser Besprechung ist die Überprüfung der Logistik für das *Senior Executive Program* im August, das diesmal in London statt in Detroit stattfinden wird. Das EDC leistet sich gelegentlich solche »Gastspiele«, um seinen internationalen Horizont zu demonstrieren. Janice Turowski und Mary Aughton kümmern sich um die organisatorischen Details – wer die Veranstaltung besuchen wird, Hotels, Mahlzeiten, Reisebuchungen.

»Ich wollte diese Besprechung, damit ich nicht in meinem üblichen Traumzustand in die Dinge hineinschlittere«, scherzt Nancy Badore, als sie sich hinsetzt. »Außerdem möchte ich eines klarstellen: Ich bin es, die die Hochzeitssuite im Hotel bekommt, denn ich reise mit einer Kinderfrau und einem Kleinkind!« Sie lacht.

Die drei Mitarbeiter informieren Nancy Badore über die Reise und über die Einzelheiten der Seminare. Es ist auch von Schwierigkeiten mit einem Hotelmanager die Rede. Nancy Badore rät Janice Turowski: »Ich bin überzeugt, daß du das mit ihm regeln kannst. Du darfst nur dein Selbstvertrauen nicht verlieren, wenn du mit ihm verhandelst!« Einen ähnlichen Rat hatte sie auch schon Al Solvay gegeben, als sich Probleme mit dem Seminarleiter ergeben hatten: »Kläre das zusammen mit ihm, ich habe Vertrauen in dich.« Später sagt sie: »Wenn jemand irgendeine Auseinandersetzung durchfechten muß, dann braucht er manchmal nur ein bißchen Ermutigung, um das durchzustehen. Ich versuche den Leuten zu zeigen, daß ich vollkommenes Vertrauen zu ihnen habe – allein dadurch kann sich eine Situation schon zum Besseren wenden. Das gilt insbesondere für Frauen. Ich habe festgestellt, daß Frauen oft zehn Jahre länger brauchen als Männer, um sich bewußt zu werden, wie kompetent sie wirklich sind. Ich glaube nicht, daß man einen wertvollen Beitrag leisten kann, so lange man sich fragt, ob man wirklich gut genug ist. Ich versuche deshalb, ihnen Gelegenheiten zu verschaffen, wo sie dies entdecken und Selbstvertrauen aufbauen können.«

Mary Aughton schlägt vor, die Ehefrauen der Teilnehmer des Londoner Seminars zu einem Lunch einzuladen. »Ich muß mir einen Ordner zu dieser Reise anlegen«, meint Nancy Badore. Sie nimmt Papier von ihrem Schreibtisch und beginnt, sich Notizen zu machen. »Ich sehe schon, daß ich mir Gedanken über die Begrüßungsrede machen sollte.«

Am Ende der Besprechung bittet sie Dee Durocher herein und übergibt ihr die Liste mit den zu erledigenden Aufgaben. »Ich möchte einen Ordner über London anlegen – das hier kommt dazu.« Dann steht sie auf. »Danke, daß ihr alle gekommen seid. Ich habe nun eher das Gefühl, daß diese Reise tatsächlich stattfindet. Wir reisen *wirklich* nach London. Wir werden *wirklich* eine sagenhafte Zeit erleben! Das Ganze hat soviel Arbeit erfordert, dessen war ich mir nicht bewußt.«

Janice Turowski, Mary Aughton und John Wood verlassen das Büro kurz nach 13.00 Uhr. Nun ruft der Autor des Buches über Managementmethoden an, an den Nancy Badore heute morgen einen Brief diktiert hat. Sie begrüßt ihn in freundlichem Ton, kommt dann aber direkt zur Sache. »Das Hauptproblem liegt darin, daß die Hälfte aller Zitate, die Sie mir zugeschrieben haben, völlig falsch ist!« Sie telefoniert im Stehen, spricht sehr bestimmt, lacht jedoch auch hie und da. »Ich habe Ihnen eine Liste mit den Namen einiger Leute geschickt, mit denen sie über dieses Thema reden sollten. Natürlich bleiben wir in Verbindung.«

Nachdem sie den Hörer aufgelegt hat, bittet sie Dee Durocher, ihr einen Thunfischsalat zu bestellen, und wirft dann einen kurzen Blick auf den großen Fernsehmonitor in ihrem Büro. Er ist ständig eingeschaltet: Im Moment laufen gerade NASDAQ*-Indexzahlen über den Bild-

---

* NASDAQ (National Association of Securities Dealers Automated Quotations): Bezeichnung für ein US-amerikanisches Kommunikationssystem, das die Geld- und Briefkurse für über 5000 Aktien über ein zentrales Computersystem landesweit anzeigt

schirm. Unter dem Monitor steht ein Rudergerät. »Ich benutze das Gerät immer, wenn ich mir Videobänder anschauen muß. Das ist normalerweise während der Lunchpause oder abends der Fall. Ich lasse die Bänder abspielen und fange an zu rudern. Ich habe erst angefangen, regelmäßig zu trainieren, nachdem ich meine Tochter bekommen habe.« Außerdem kommen zwei Gymnastiklehrer jeweils einmal in der Woche zur Mittagszeit, um sie richtig durchzutrainieren.

»Sie sorgen für die Struktur, und genau das brauche ich. Ich selbst habe kein Talent dazu. Das war für mich übrigens eine ungeheure Entdeckung – daß ich meine Zeit strukturieren muß. Und das bedeutet für mich oft, daß ich andere damit beauftragen muß. Eines der wichtigsten Dinge, die ich kürzlich gelernt habe, besteht darin, mir einzugestehen, wofür ich *kein* Talent habe – und das dann zu akzeptieren und mich damit auseinanderzusetzen, anstatt mir vorzumachen, daß schon alles klappen wird. Daher umgebe ich mich jetzt also mit Menschen, die dazu fähig sind, meine Zeit einzuteilen, und habe auf diese Weise für viel mehr Dinge Zeit – sogar für Gymnastik!«

Um 13.30 Uhr wird Nancy Badores Thunfischsalat in einem Plastikbehälter gebracht. Dee Durocher kommt mit einem Stapel Post ins Büro. Alle zwei Tage nehmen sie sich eine Stunde Zeit, um gemeinsam die Post durchzusehen. Auf diese Weise wird verhindert, daß der Schriftwechsel vernachlässigt wird – ein weiteres Beispiel dafür, wie Nancy Badore andere Personen heranzieht, um ihre Zeit zu strukturieren. »Du liest, während ich esse«, sagt sie zu Dee Durocher, die sich gerade hinsetzt und drei Aktenordner ordentlich aufeinanderlegt. Die heutige Post umfaßt etwa zwanzig Briefe. Dee Durocher legt Nancy Badore die Korrespondenz Stück für Stück vor. Da ist zunächst ein Dankesbrief von Anheuser-Busch; eine Gruppe von Führungskräften dieses Unternehmens hat kürzlich das EDC besucht. Als nächstes kommt ein Pressespiegel mit allen Tagesneuigkeiten aus der Industrie. Punkte von besonderem Interesse sind gelb markiert. Nancy Badore überfliegt das Blatt und legt es dann zur Seite, um es später noch einmal gründlicher zu lesen.

Weiterhin liegt eine Mitteilung über eine Rede vor, die sie nächste Woche halten soll. »Wir müssen ein Informationsblatt hierzu anlegen, Dee. Einige Dinge muß ich genau wissen: Größe und Aufteilung des Raumes, die Anzahl der Zuhörer, die Sitzordnung.« Nancy Badore hält viele Reden, sowohl intern vor Ford-Mitarbeitern als auch vor Mitarbeitern und Managern anderer Industrieunternehmen. Sie schreibt alle ihre Reden selbst, und zwar für gewöhnlich erst im letzten Moment, nachdem sie ihre Gedanken im Gespräch mit anderen entwickelt hat, denn die meisten Inspirationen erhält sie »durch verbalen Austausch«. Aber trotz dieser improvisierenden Arbeitsweise ist sie sehr entschieden darauf bedacht, sich alle nötigen Hintergrundinformationen zu beschaffen. Auch hier wieder vertraut sie darauf, daß Dee Durocher für die Struktur sorgt – was in diesem Fall bedeutet, sie mit Fakten zu versorgen, die sie benötigt, um ihre Rede auszuarbeiten.

Dee Durocher reicht ihr einen Mitteilungszettel. »Diese Frau sagte, du hättest sie gebeten anzurufen, um einen Termin für einen gemeinsamen Lunch auszumachen. Also habe ich dafür den 2. August eingeplant.«

»Ich habe keine Ahnung, wer das ist«, sagt Nancy Badore, als sie den Namen liest. »Aber ich werde das schon noch herausfinden.« Wahrscheinlich ist die Anruferin die Tochter irgendeines leitenden Angestellten bei Ford. Sie hat es sich zur Gewohnheit gemacht, Töchter von Mitarbeitern zum Lunch einzuladen, um sie zu beraten. »Sobald die Töchter dieser Männer sich für eine berufliche Karriere zu interessieren beginnen, geschieht es häufig, daß die Väter eine völlig neue Einstellung zu Frauen im Geschäftsleben gewinnen. Ich versuche daher, sie in jeder Hinsicht zu ermutigen.« Neben den Töchtern von Ford-Managern berät sie auch Frauen, die gerade ihre Ausbildung abgeschlossen haben und nun bei Ford zu arbeiten anfangen. »Früher konnten alle Frauen im Konzern jederzeit zu mir kommen, doch das kostete mich zuviel Zeit,

159

und außerdem ging es immer darum, Krisensituationen zu meistern. So versuchte ich, das Ganze mehr zu strukturieren und eher vorbeugend tätig zu werden. Jetzt fordere ich junge Frauen, die bei Ford anfangen, auf, ihre eigenen Informationsnetzwerke zu schaffen – in diesem Rahmen halte ich dann Vorträge und gebe Ratschläge, aber die Organisation liegt in ihrer Verantwortung. Das ganze funktioniert wirklich gut.«

Das nächste Schriftstück ist ein Ausgabenbeleg von einem ihr direkt unterstehenden Mitarbeiter. »Was hat es damit auf sich?« fragt sie Dee Durocher. »Oh, das ist für ein Seminar, an dem er teilnehmen wollte und das er dann abgesagt hat, weil du eine Besprechung anberaumt hast«, erklärt Dee. »Er hat ein *Seminar* abgesagt, weil ich eine *Besprechung* angesetzt habe? Nancy Badore schüttelt den Kopf. »Okay, Dee, ich muß etwas diktieren. Schreib bitte folgendes: ›Ich unterschreibe deinen Beleg für die Kosten des Seminars, das du abgesagt hast‹, aber – und das jetzt bitte in Großbuchstaben – ›ABER WANN WIRST DU ETWAS FÜR DICH SELBST TUN? WANN WIRST DU AN DEINE EIGENE ENTWICKLUNG GLAUBEN? ALLES GUTE, NANCY. PS: WANN IST DEIN NÄCHSTES SEMINAR?‹«

Dee Durocher überprüft einige neue Termine, die sie für die nächsten Wochen vorgesehen hat. »Dee plant mein Arbeitsprogramm und führt meinen Terminkalender für drei Monate im voraus. Ich habe ihn nur bei mir, wenn ich reise. Das ist zwar recht bequem, aber wir suchen trotzdem nach einem anderen System. Effizient ist es wohl, aber ich bin nicht sicher, ob es der beste Modus ist. Wir versuchen beide, einen Weg zu finden, der es mir erlaubt, mein Arbeitsprogramm selbständiger zu gestalten, statt nur passiv zu reagieren, meine Zeit ausfüllen zu lassen. Ich weiß noch nicht, wie ich das schaffen soll, ohne eine Menge Zeit zu verlieren, aber wir werden schon eine Lösung finden.«

In der heutigen Post befinden sich einige Dankesbriefe – für Reden, die Nancy Badore gehalten und für Gefälligkeiten, die sie anderen erwiesen hat. Dann eine Nominierung für eine Auszeichnung: »Wie schön!«

Nancy Badore überfliegt eine Liste, auf der die jüngsten bei Ford erfolgten Beförderungen verzeichnet sind. »Großartig! Wie ich sehe, kommen Leute auf diese Posten, die mit Menschen umgehen können.«

Um 14.45 Uhr ist die Durchsicht der Post beendet. »Sag Antigone, daß ich jetzt Zeit habe.« Antigone Kiriacopoulou wirkt als Beraterin beim Entwurf der Programme für das EDC mit: Sie und Nancy Badore haben vor der Gründung des EDC sechs Jahre lang zusammen an den *Employee Involvement Programs* mitgearbeitet.

Antigone fragt, ob sie die Tür schließen soll und setzt sich dann an den Arbeitstisch. Wie die beiden Frauen vertraut miteinander am Tisch sitzen, erinnern sie entfernt an Verschwörerinnen. Sie kommen kurz auf Antigones kürzlich geborenes Kind zu sprechen, und Nancy Badore erwähnt die Erkältung ihrer Tochter Maggie. Dann gehen sie jedoch gleich zum eigentlichen Thema der Besprechung über.

Antigone hatte an der Ausarbeitung des *Japanese Business Associations Program* mitgewirkt, einem Programm für Führungskräfte, die für den japanischen Markt zuständig sind. Es hat sich als eines der erfolgreichsten Programme des EDC erwiesen. Das Zentrum ist nun beauftragt worden, die Seminare für ein anderes Ford-internes Weiterbildungsinstitut zu adaptieren, das Mitarbeiter auf der mittleren und unteren Führungsebene schulen soll. Ein solcher Transfer ist aber eine heikle Operation, und Nancy Badore und Antigone erörtern nun, welche der für eine solche Aufgabe in Frage kommenden Personen am besten geeignet sei und wie man bei der Auswahl vermeiden könne, jemanden zu kränken. »Und bei all dem soll die Qualität des Programms gewahrt bleiben«, sagt Nancy Badore.

Wir müssen das Programm auch für den Bereich der Geschäftsverbindungen zu Korea adaptieren«, sagt Antigone. »Dick und ich verschaffen uns gerade einen

Überblick darüber, welche Manager am meisten davon profitieren könnten.«

Die beiden Frauen erörtern, welche Mitarbeiter des EDC zur Adaptation des Programms herangezogen werden könnten. »Wir müssen herausfinden, inwieweit diese verschiedenen Aufgaben in ihre Karrierepläne passen«, sagt Nancy Badore. Sie steht auf, läuft anscheinend ruhelos umher, öffnet ihre Handtasche und trägt Lippenstift auf.

Antigone bemerkt, daß sie das alte, weiterlaufende EDC-Programm zu Japan etwas umgestalten müssen, damit es an das neue, für die unteren Managementebenen vorgesehene Programm angeschlossen werden kann.

»Also, was unternehmen wir als erstes?« fragt Nancy Badore. »Ich glaube, ein praktischer Anfang wäre wohl, wenn ich eine Besprechung über die Adaptation des Programms abhalten würde. Alles offenlegen, alle daran beteiligten Personen an einen Tisch bringen.«

Um 15.15 Uhr schließt Antigone ihr Notizbuch. »Es tut mir wirklich leid, aber ich muß jetzt schnellstens fort.« »Aber sicher, sicher. Unsere Besprechung hat ja verspätet begonnen.« Als Antigone das Büro verläßt, steht Nancy Badore auf und reckt sich. »Ich habe stundenlang gesessen. Ich muß jetzt unbedingt eine Runde drehen!«

Sie geht aus ihrem Büro und läuft in der Abteilung herum. Sie schaut kurz in die verschiedenen Büros, erkundigt sich bei den Mitarbeitern, wie es ihnen geht. Als sie zu John Walker kommt, fragt sie ihn, wann er zu der erforderlichen kurzen Besprechung in ihr Büro kommen möchte. Sie einigen sich auf 16.15 Uhr. Dann geht sie weiter, unterhält sich kurz, meist scherzend, mit den Programmleitern – solche Plaudereien dienen dazu, den Kontakt aufrechtzuerhalten. Sie läuft zurück, vorbei an den engen Räumen, in denen die Verwaltungsmitarbeiter untergebracht sind, und beschwert sich über die architektonische Gestaltung. »Dafür, daß das hier ein gleichheitsförderndes Projekt sein soll, schrumpft die Größe der Büros wirklich in Rekordzeit von Versailler Ausmaßen zu denen einer Mönchszelle«, äußert sie angewidert. Dann läuft sie eine Treppe höher, wo die Manager, die an dem *Senior Executive Program* teilnehmen, hinter den Glaswänden der Begegnungsräume zu sehen sind.

Wieder erwähnt Nancy Badore die Bedeutung von »Ausbruchsmöglichkeiten« bei solchen Seminaren. »Es ist so oft der Fall, daß Programme dieser Art überorganisiert sind, als ob man den Leuten nicht zutrauen könnte, daß sie freie Zeit sinnvoll nutzen. Was diese Männer jedoch brauchen, ist die Möglichkeit, sich einfach entspannt hinzusetzen und sich miteinander zu unterhalten – um sich zu beschweren, um Lob zu verteilen, und um darüber nachzudenken, was in den Seminaren gesagt wurde. Wir wollen, daß sie sich selber Fragen stellen wie: »Kaufe ich denen ab, was hier geschieht? Nützt es mir bei meiner Arbeit? Hat es mit meinen Problemen zu tun?« Wir wollen, daß sie eine herausfordernde Haltung einnehmen, denn dadurch wagen sie, auch über hierarchische Schranken hinweg offen ihre Meinung zu sagen.«

Sie erwähnt auch, daß das EDC von den Vorstandsmitgliedern, die vor den Seminargruppen Vorträge halten, eine andere Arbeitsweise verlangt, als sie sonst bei solchen Gelegenheiten üblich ist. »Wir achten zum Beispiel darauf, daß die Vorstandsmitglieder ihre Vorträge nicht von Textern schreiben lassen. Sie müssen ihre eigenen Aufzeichnungen verwenden. Es hat sich herausgestellt, daß ihre Beiträge dann einen sehr viel größeren Eindruck machten. Sie können sich vorstellen, daß wir dazu erst den massiven Widerstand ihrer Mitarbeiter überwinden mußten!«

Ziel dieses Vorgehens ist es, Offenheit zu fördern. »Offenheit hat in einem Unternehmen eine unglaublich dynamische Wirkung. Wir haben entdeckt, daß eine Person, ein Vortragsredner, nicht aus sich selbst heraus dynamisch sein muß; wenn seine Äußerungen *aufrichtig* sind, dann entsteht diese Dynamik von selbst. Wir wollen, daß die Vorstandsmitglieder, die hierher kommen, um im Rahmen der Seminare zu sprechen, den Leuten das mitteilen, was ihnen wirklich am Herzen liegt. Manchmal interviewen wir die Vortragenden zu Beginn einer Sitzung vor allen Seminarteilnehmern und stellen ihnen ganz offene Fragen. ›Haben Sie jemals daran gedacht, das Unternehmen zu verlassen?‹ ›Warum?‹ ›Wer war der schlimmste Chef, den Sie je hatten?‹ ›Was war so schrecklich an ihm?‹« Nancy Badore geht zu dem Tisch mit den Erfrischungen, nimmt sich ein Haferkleiebrötchen, läuft dann kauend herum, redet und gestikuliert lebhaft. »Sie müssen die richtigen Fragen stellen, wenn Sie diese hierarchische Pyramide auflockern wollen. Necken Sie die Leute ein wenig, sorgen Sie für Humor. Heutzutage braucht ein Unternehmen Humor und Verständnis für die Menschen. Wir sind bestrebt, das aus den Menschen herauszuholen. Dieses Brötchen schmeckt absolut furchtbar!«

Eine Gruppe von Männern kommt nun aus dem Seminarraum, um eine »Pausensitzung« einzulegen. Nancy Badore nickt beifällig. »Während dieser Pausensitzungen bitten wir die Manager um ihre Meinung – zum Beispiel, welche Entwicklungen bei Ford sie gutheißen und was ihnen im Gegenteil Sorgen bereitet. Wir lassen all das in einem Zirkular veröffentlichen. Die Gliederung der Nachrichten entspricht dem Prinzip: ›Hier sind die guten Neuigkeiten und hier die schlechten‹. Kein Problem ist zu geringfügig, als daß es nicht in den schlechten Nachrichten Erwähnung finden könnte – es sind nämlich gerade diese vertrackten kleinen Probleme, die der Arbeitsmoral schaden.«

Sie geht in ihr Büro zurück, nachdem sie sich noch eine Diät-Cola genommen hat. Es ist nun 15.50 Uhr. 35 Minuten ist sie herumgelaufen und hat den Pulsschlag des EDC gefühlt. Die nächsten zwanzig Minuten verbringt sie am Telefon, um sechs Anrufe zu beantworten, die sie während der dreieinhalbstündigen Morgensitzung erhalten hat.

Um 16.15 Uhr kommt John Walker herein. Er reicht ihr eine Mitteilung über eine Sitzung, die am nächsten Morgen stattfinden soll und in der die Kooperationsmöglichkeiten bei verschiedenen Programmen in verschiedenen

Weiterbildungsinstituten von Ford erörtert werden sollen. Nancy Badore liest die Mitteilung durch. »Diese Notiz finde ich nicht beeindruckend. Viel zuviel Jargon.« John Walker stimmt ihr zu. »Ich fand es furchtbar.«

Sie zieht ihre Schuhe aus, legt die Füße auf einen Stuhl, öffnet ihre Diät-Cola und gibt ihm dann die Mitteilung zurück. Er liest sie laut vor, macht sich über die Ausdrucksweise lustig, über das für den Bildungsbereich typische Kauderwelsch. Nancy Badore lacht, sagt dann aber: »Ich finde trotzdem, daß du hingehen solltest. Ich selbst habe keine Zeit, und wir sollten auf jeden Fall vertreten sein.«

John Walker ist dagegen. »Diese Besprechung ist reine Zeitverschwendung. Allein schon diese Mitteilung!« »Aber wir müssen dort unbedingt dabei sein. Laß es mich einmal so sagen, John: Ich bitte dich, dorthin zu gehen. Aber du kannst die Besprechung jederzeit wieder verlassen. Wenn du Bush wärst, und Gorby und Thatcher würden ein Treffen veranstalten, würdest du dann nicht daran teilnehmen, nur weil dir die Ankündigung nicht gefällt?«

John Walker stimmt ihr zu. Als nächstes geht es um die Frage, welche Funktion er beim EDC übernehmen wird. Nancy Badore sagt: »Ich, oder auch jeder andere, der nach mir auf diesem Stuhl sitzt – wir haben die Aufgabe, verrückt zu sein. Wir müssen uns die wildesten Dinge ausdenken, ohne uns in irgendeiner Weise zu zensieren. Wir müssen auf die Schnelle Ideen auf den Tisch legen, auch wenn sie ungereimt wirken. Auf deinem Posten brauche ich jemanden, der einen Ausgleich dazu schafft, der vernünftig ist; jemand, der Logik und Umsicht einbringt.« Sie denkt einen Augenblick lang nach und erweitert dann ihre Definition des Unterschiedes zwischen »verrückt« und »vernünftig«: »Du könntest es folgendermaßen definieren: Es ist der Unterschied zwischen divergentem und konvergentem Denken, wobei mit ›divergent‹ hier der sich ungehemmt entfaltende Geist gemeint ist, der sowohl das Plausible als auch das Unwahrscheinliche umfaßt; ›konvergent‹ hingegen ist das logische Denken, das die Dinge miteinander verbindet.«

Um 16.40 Uhr verläßt John Walker das Büro, nachdem er nochmals seine Einwände gegen die morgige Zusammenkunft wiederholt hat. Nancy Badore schlägt vor, daß er bei der Besprechung eigene Themen vorbringen solle, um sie interessanter zu gestalten. Dann geht sie an ihren Schreibtisch und beantwortet noch drei weitere Telefonanrufe. Als sie die Post durchsieht, die sie vorher zur Seite gelegt hat – den Pressespiegel, einen Industrierundbrief – erwähnt sie, wie wichtig es für ihren Managementstil war, daß sie einen Persönlichkeitstest machte, den *Myers-Briggs-Type-Indicator.* »Daraus konnte ich, in krassem Schwarz-Weiß dargestellt, ersehen, wo meine Stärken und Schwächen liegen, und das war für mich von unschätzbarem Wert. So fand ich zum Beispiel heraus, daß ich, wie ich vorher erwähnt habe, nicht organisieren kann und mich deshalb mit Menschen umgeben muß, die diese Fähigkeit besitzen. Ich erkannte auch, daß ich Schwierigkeiten habe, Dinge zum Abschluß zu bringen – ich bin innerlich stark in das Geschehen, an dem ich gerade beteiligt bin, involviert und kann es dann nur schwer unterbrechen. Diese Schwächen zu erkennen, war für mich äußerst hilfreich. Anstatt mir vorzumachen, daß sie sich irgendwann bessern würden, ist mir nun bewußt, daß sie wesentliche Teile meiner Persönlichkeit sind. Ich muß ständig an ihnen arbeiten und mit ihnen rechnen. Diese Herangehensweise ist realistischer.«

Sie tätigt noch vier weitere Rückrufe, die alle jeweils einige Minuten dauern. Dann schaut noch einmal John Walker herein, um ihr zu sagen, daß er ihren Rat angenommen und sich einige Themen überlegt hat, die er bei der morgigen Zusammenkunft zur Sprache bringen will. »Großartig, John! Nun weiß ich, daß das Treffen vielleicht doch von Nutzen sein kann.«

Als er das Büro wieder verläßt, kommt Nancy Badore noch einmal auf den Myer-Briggs-Test zu sprechen. Ich frage sie, warum sie davon so begeistert ist.

»Das Ganze geschah vor einigen Jahren. Ich entwickelte gerade ein Programm und hatte große Schwierigkeiten bei der Zusammenarbeit mit einer anderen Frau, meiner ersten Mitarbeiterin. Wir kamen einfach nicht miteinander zurecht – wir verstanden nicht einmal, worüber die andere sprach. Obwohl wir also die Aufgabe hatten, den Leuten beizubringen, sich miteinander zu verständigen, waren wir selbst nicht dazu in der Lage. Dann stieß eine Beraterin zu unserer Arbeitsgruppe und erkannte sofort, daß diese Frau und ich nicht miteinander zurechtkamen. Sie schlug vor, daß wir beide diesen Test machen sollten. Und dabei kam heraus, daß wir beide in allen Bereichen unseres Persönlichkeitsprofils totale Gegensätze waren. Kein Wunder also, daß wir uns nicht verstanden! Nachdem wir aber nun auf diese Unterschiede hingewiesen worden waren, machten wir sie uns bei unserer Zusammenarbeit immer wieder bewußt. Ich versetzte mich in ihre Lage und versuchte, aufgrund der Informationen, die ich nun über ihre Persönlichkeit hatte, zu verstehen, wie sie auf bestimmte Dinge reagieren würde. Sie tat das gleiche, und bald kamen wir wunderbar miteinander zurecht.«

»Doch der Test hatte für mich eine noch größere Bedeutung. Durch Zufall fand ich dadurch meine eigene Stimme. Ich begriff auf einmal, warum ich hier niemals richtig hineingepaßt hatte. Ich arbeitete mit all diesen technischen, vernünftigen Leuten zusammen, während ich selbst intuitiv und extravertiert war und mir Ideen meist spontan und inspiriert durch den Kontakt mit anderen Menschen kamen. Außerdem hatte ich vorher die ganze Zeit an der Universität verbracht, dort viel geschrieben und meine Doktorarbeit verfaßt, und vor allem redete ich gern mit Menschen. Ich erkannte also allmählich, daß ich viel Zeit damit verschwendet hatte, mich anderen anzupassen, genauso wie sie zu werden – und daß man mich gelehrt hatte, daß ich mich mein ganzes Leben lang so zu verhalten hätte. Der Test jedoch bestätigte mich darin, daß ich über Qualitäten verfügte, die in einem Unternehmen wie diesem von Wert sein konnten. Ich konnte hier einen ganz besonderen Beitrag leisten, aber nur, wenn ich ich selbst sein durfte. So begann ich, meine Persönlichkeit zu genießen, anstatt sie zu unterdrücken. Und seither ist meine Arbeit hier nicht nur effizienter, sondern ich habe die Zeit bei Ford auch genossen. Ich leide nun nicht mehr unter dem Streß, der aus Unterdrückung resultiert.«

Es ist 18.00 Uhr. Nancy Badore steht auf und beginnt ihr Büro und ihren Schreibtisch für den morgigen Tag aufzuräumen. Sie erzählt, daß sie früher immer bis mindestens 19.00 Uhr gearbeitet hat; seit der Geburt ihrer Tochter aber verläßt sie die Firma um 18.00 Uhr. Als sie zu sich nach Hause, nach Dearborn, fährt, in »einem von diesen neuen Autos, die sie uns alle paar Monate zur Erprobung zur Verfügung stellen«, nutzt sie die Zeit zum Nachdenken. »Ich lasse ganz bewußt meine Gedanken frei umherschweifen, während ich fahre. Ich schalte weder das Radio an, noch beschäftige ich mich mit Aufgaben, die ich noch zu erledigen habe. Die Tage sind so mit Arbeit angefüllt, daß ich kaum Gelegenheit habe, einmal richtig abzuschalten. Das leiste ich mir dann, wenn ich im Auto sitze, und meistens habe ich meine kreativsten Augenblicke dann, wenn ich auf dem Highway fahre.« Was für eine Frau, die bei Ford Karriere gemacht hat, wohl auch nicht unpassend ist.

7.

Senden und Empfangen

Dorothy Brunson, Brunson Communications

Dorothy Brunson sieht sich selbst als »Sendestation«, die von überallher Informationen auffängt, entschlüsselt, neu ordnet und dann dorthin ausstrahlt, wo sie gebraucht werden. Sie vergleicht sich mit einem der großen Sendetürme ihrer Radiostation – und dieser Vergleich ist mehr als eine bloße Metapher. Er stellt auch eine angemessene Beschreibung für Dorothy Brunsons hochentwickelten und bewußten Führungsstil dar. Er resultiert aus dem Zwang, fortwährend neue Informationen zu sichten und zu verarbeiten, um in einer Branche mithalten zu können, in der das einzig Konstante der Wandel ist – »um zu überleben, muß man vorausahnen, in welche Richtung sich die Hörerschaft entwickelt.« Daher hat Dorothy Brunson gelernt, ihre energische und sehr direkte Persönlichkeit den Erfordernissen jeder Situation anzupassen: Sie schlüpft mit Leichtigkeit und Genuß von einer Rolle in die andere, wobei sie anderen immer so viele Informationen wie möglich entlockt und weitergibt.

Dorothy Brunson ist Eigentümerin und Präsidentin von Brunson Communications, einem Unternehmen, das drei Radiosender in Baltimore, Atlanta und Wilmington (North-Carolina) besitzt. Zusammen mit einer von der *Federal Communications Commission* erworbenen Lizenz für einen Fernsehsender in Philadelphia hat das Unternehmen einen Gesamtwert von etwa 15 Millionen Dollar.

Mit 56 Jahren gilt sie als eine der Rundfunkpionierinnen unserer Zeit, als eine »Revolutionärin des Radios«. In den siebziger Jahren war Dorothy Brunson Geschäftsführerin und anschließend Leitende Geschäftsführerin der

Innercity Broadcasting Corporation, damals die größte Sendergruppe im Besitz von Schwarzen. Sie entwickelte die heute allgegenwärtige *urban contemporary*-Programmstruktur, eine Mischung aus weißer und schwarzer Musik, die auf ein anspruchsvolles, ethnisch heterogenes Großstadtpublikum abzielt. Für AM-Radio schuf sie auch als erste die insbesondere von Schwarzen genutzte *call-in and talk*-Programmstruktur, die es den Hörern ermöglichte, spontan in Sendungen mitzuwirken.

Dorothy Brunson begann ihre Laufbahn in der Radiobranche im Jahre 1964 bei der Sonderling Broadcasting Corporation, als Controllerin bei dem WWRL-Sender in New York City. Schon bald wurde sie zur Chefcontrollerin, und später zur Stellvertretenden Geschäftsführerin befördert. 1973 wurde sie Geschäftsführerin von WLIB, einem Sender mit schwarzem Publikum, der damals in sehr schlechtem Zustand war. Nachdem sie den Erwerb des FM-Senders WBLS mitarrangiert und dessen Programmstruktur umgestaltet hatte, wurde FM zum sechstgrößten Werbesender in den USA und konnte fünf Jahre hintereinander die größten Hörerzahlen unter allen vergleichbaren Sendern verbuchen.

1979, als sie bereits eine Spitzenposition in ihrer Branche bekleidete, entschloß sie sich, ihre erfolgreiche Karriere aufzugeben und sich um den Kauf einer Radiostation zu bemühen, die zur Grundlage ihres eigenen Sendenetzes werden sollte. Aufgrund ihrer Erfahrung mit den finanziellen Aspekten der Branche – Planung, Rechnungswesen, Buchführung – sowie der Beziehungen, die sie während ihrer beruflichen Laufbahn zu mehreren Banken geknüpft hatte, gelang es ihr, 500 000 Dollar Risikokapital zu beschaffen und einen Kreditrahmen von 2 Millionen Dollar zu erhalten. Der Direktor einer Wagniskapitalfirma, die sie unterstützt hatte, erklärte, daß sein Unternehmen nicht deshalb in Dorothy Brunson »investierte, weil sie eine Frau oder eine Schwarze war«, sondern weil sie eine Ausnahmeerscheinung in der Rundfunkbranche darstelle und »etwas von Cashflow verstand«.

Ein Konkursrichter akzeptierte Dorothy Brunsons Gebot von 530 000 Dollar für die WEBB-Rundfunkstation in Baltimore, die dermaßen ruiniert war, daß Wasser und Telefon gesperrt worden und die Decken eingestürzt waren. Sogar die schwache Sendeantenne hatten die Gläubiger demontiert. Dorothy Brunson zog mit ihren beiden Söhnen von New York nach Baltimore (sie und ihr Mann hatten sich Mitte der siebziger Jahre scheiden lassen), stellte die Solidität des Senders wieder her und erwirtschaftete schließlich einen Jahresgewinn von zwei Millionen Dollar. Gleichzeitig erwarb sie noch zwei andere Rundfunkstationen, führte einen vier Jahre dauernden Kampf um eine Fernsehlizenz und gründete mit mehreren Partnern eine Essensservicefirma für Flughäfen, Aquarien, Kongreßzentren und große öffentliche Einrichtungen.

Dorothy Brunson leitet ihr Unternehmen von WEBB aus, ihrer Rundfunkstation in Baltimore, in der sie auch als Geschäftsführerin tätig ist. An einem Junimorgen kommt sie um 8.15 Uhr mit einem Becher 7-Eleven-Kaffee in der Hand zu dem Gebäude, in dem sich ihre Büroräume befinden. »Ich habe den Fehler gemacht, mir diesen Kaffee zu holen, denn immer, wenn ich auf dem Weg hierher irgendwo Halt mache, treffe ich jemanden und komme ins Erzählen.« In der ersten Etage des zweistöckigen roten Ziegelgebäudes kommt sie am Büro des Kongreßabgeordneten Kweisi Mfume vorbei und läuft dann weiter in den zweiten Stock, in dem sich ihre Büros befinden. Der helle, luftige Empfangsraum ist mit einer Mischung aus signierten Romare Bearden-Drucken und verschiedenen Fotos von Afrikanern geschmückt.

Dorothy Brunson ist eine stattliche, aber nicht dicke Frau mit leicht indianischen Gesichtszügen. In dem einfachen schwarzen Baumwollkleid, das sie heute trägt, und mit den Modeschmuckohrringen bietet sie eine schlichte Erscheinung. Am Empfang holt sie drei bereitliegende Mitteilungszettel und begrüßt die Rezeptionistin: »Guten Morgen, Frau Joyce!« In Dorothy Brunsons Firma wird niemand mit seinem Vornamen angeredet.

Sie erklärt, warum: »Dies ist ein schwarzes Unternehmen, deshalb haben die Menschen hier ein besonders ausgeprägtes Bedürfnis nach Selbstachtung. Dadurch kann sich leicht eine Hackordnung entwickeln. In dieser Branche entwickelt sich sowieso rasch eine Hackordnung – der Verkaufsleiter ist wichtiger als der Verkaufsvertreter und so weiter. Ich finde, wenn Sie alle entweder mit ›Herr‹ oder ›Frau‹ anreden, dann verringert das die Unterschiede, und die Gefahr einer Hackordnung wird geringer. So ist es schließlich möglich, daß der Leiter der Rechnungsabteilung Kaffee holen geht, oder der Hausmeister, und daß dies für keinen von beiden entwürdigend ist, weil sie alle das Gefühl haben, wichtig zu sein. Ich bin überzeugt, daß viele Unternehmen verkennen, wie wichtig das Selbstwertgefühl für Menschen bei der Arbeit ist – natürlich möchten sie auch Geld verdienen und glücklich sein, doch sie wollen auch das Gefühl haben, jemand zu sein. Wenn ein junger Kerl zum erstenmal in seinem Leben mit ›Herr‹ angeredet wird, dann fühlt er sich auch so und verhält sich dementsprechend. Außerdem muß ich dann nicht mehr so viele Titel vergeben und Beförderungen aussprechen, um das Selbstwertgefühl der Leute zu heben. Und dadurch spart meine Rundfunkstation Geld.«

Dorothy Brunson eilt durch den Korridor und begrüßt gut gelaunt ihre Mitarbeiter. Dem Controller ruft sie zu: »Guten Morgen, Herr Walls! Ich hoffe, Sie werden mir heute nicht so viel Arbeit machen.« In dem weiträumigen, zentralen Konferenzzimmer streift sie ihre Pumps ab und schlüpft in flache Schuhe. Dann betritt sie das kleinere ihrer beiden nebeneinanderliegenden Büros im hinteren Teil des Gebäudes. Sie stellt ihren Kaffee ab. »Hier spiele ich Geschäftsführerin«, sagt sie. »Wenn ich mich hier aufhalte, bin ich kein so hohes Tier. Ich erledige in diesem Raum nichts, was mit Spitzenmanagement zu tun hat – das paßt nicht hierher.«

Obwohl die aus dem darunterliegenden Studio gesen-

dete morgendliche Gospelsendung leise in alle Büros ein-
gespielt wird, schaltet Dorothy Brunson auch noch das
kleine Plastikkofferradio an, das auf der Fensterbank an
ihrem Schreibtisch steht. »Ich höre den ganzen Tag Radio,
schon morgens beim Aufstehen. Ich verfolge mit, was wir
hier produzieren, höre aber auch die Konkurrenz ab. Ich
habe da eine Strategie: Jeder, der hier arbeitet, muß zwei
Tage in der Woche andere Sender hören und mir dann
berichten, was dort geboten wird. Viele der großen Radiostationen setzen ausgeklügelte Abhörvorrichtungen ein.
Ich mache das alles durch Zuhören und Intuition.«

Bei laufendem Radio sieht sie kurz die Post durch, die
sich auf ihrem Schreibtisch angehäuft hat. Alles ist unge-
ordnet, weil ihre Sekretärin die ganze Woche in Urlaub
war. Dorothy Brunson hat aber keine Vertretung eingestellt, weil »ich ihr nicht sagen könnte, wo sie die Sachen
findet«. Statt dessen hat sie selbst die Post abends zu
Hause beantwortet.

»Meine Sekretärin sieht die Post sofort nach ihrem Ein-
treffen durch und sortiert all das aus, was ich als Mist be-
zeichne. Damit meine ich das wirklich unwichtige Zeug –
sie arbeitet schon lange mit mir zusammen, daher kann sie
das beurteilen. Normalerweise ist sie damit etwa gegen
zehn Uhr fertig und bringt mir dann alles zur Durchsicht.«

Wenn ein Brief beantwortet werden muß, kümmert sich
Dorothy Brunson sofort darum. »Ich habe eine ganze
Reihe von Formbriefen, die fast alle Eventualitäten ab-
decken, und so gebe ich die eingegangenen Briefe an
Brenda zurück, wobei ich vermerke, welchen der vorfor-
mulierten Antwortbriefe sie absenden soll. Aber ich füge
jedesmal noch ein oder zwei handschriftliche Zeilen
hinzu – ich schreibe das direkt an den Rand – damit die
Antwort einen etwas persönlicheren Charakter bekommt.
Doch den Großteil meiner Post delegiere ich weiter. Ich
entscheide, wem sie vorgelegt werden und was damit geschehen soll. Ich mache einen Vorschlag, schreibe ihn auf
den Brief, versehe ihn mit dem Tagesdatum und gebe ihn
weiter. In meinem Unternehmen gilt das ungeschriebene

Gesetz, daß die Antwort innerhalb von drei Tagen wieder hier bei mir vorliegen muß.«

Dorothy Brunson hält die Post für sehr wichtig – für so wichtig, daß sie bei Besuchen in ihren anderen Radiostationen die Geschäftsführer oft darum bittet, sich mit ihr zusammen hinzusetzen und ihr genau zu zeigen, wie er (oder sie) die eingehende Korrespondenz erledigt. »Ich sehe das als eine Art Schulung. Ich zeige ihnen, wie sie mehr aus ihrer Post machen können. Wenn ich zum Beispiel sehe, daß der Betreffende eine Mitteilung einer christlichen Gemeinde fortwerfen will, in der diese bekanntgibt, daß sie einen Flohmarkt veranstaltet oder eine kleine Prozession finanziell unterstützt, greife ich ein. Ich sehe immer einen Ansatzpunkt – vielleicht könnte man einen Kongreßabgeordneten dorthin schicken, der als Moderator auftritt, oder man könnte in irgendeiner Form dafür Werbung machen. Es gibt fast immer irgend etwas, was wir tun können. Ich bringe sie auf Ideen, rege ihre Fantasie an. Ich zeige ihnen, daß die Post nicht nur eine lästige Pflicht ist, derer man sich schnell entledigen muß, sondern die Verbindung zum aktuellen Geschehen schafft.«

Nun greift Dorothy Brunson zum Telefonhörer und wählt die Nummer eines Discjockeys, der für einen Konkurrenzsender arbeitet und mit dem sie gestern bereits kurz gesprochen hat.

»Michael? Oh, tut mir leid, daß ich dich aus der Dusche geholt habe. Ich dachte, du wärst vielleicht daran interessiert, über eine Chance zu sprechen.« Sie greift in ihre alte Handtasche, holt ein schmuddeliges Tagebuch mit Plastikeinband heraus, das voller Notizen, Visitenkarten und Zetteln steckt. Sie schlägt die Seite für den heutigen Tag auf, wirft einen kurzen Blick darauf. »Wie wäre es mit heute? Paßt das in deinen Terminplan? Gegen drei?«

Sie legt den Hörer auf und notiert sich die Verabredung. Es kommt häufig vor, daß Dorothy Brunson die erste halbe Stunde ihres Arbeitstages damit verbringt, neue Termine auszumachen, die zu den bereits geplanten hinzukommen. Sie macht das gern, und ihre Tage sind so strukturiert, daß noch genügend Raum für Änderungen bleibt. Auf diese Weise kann sie laufend neue Informationen sammeln.

Die erste Besprechung des heutigen Tages ist auf 9.00 Uhr angesetzt. Dorothy Brunson erwartet den lokalen Vertreter des Ministeriums für Wohnungsbau und Stadtentwicklung *(Department of Housing and Urban Development – HUD)*. HUD ist ein wichtiger Kunde von WEBB, denn das Ministerium wirbt über diesen Rundfunksender für Hunderte von Häusern, die es wieder in seinen Besitz übernimmt. Heute morgen hat Dorothy Brunson den Vertreter des HUD in ihr Büro eingeladen, um ihn mit der Leiterin einer örtlichen Klinik für Streßkranke bekannt zu machen. »Ich wirke hier als eine Art Ehevermittlerin – ich versuche, zwei Kunden zusammenzubringen, damit sie mich beide noch lieber mögen.«

Sie hat sich immer noch nicht hingesetzt. Im Stehen trinkt sie ihren Kaffee und telefoniert mit ihrem überregionalen Verkaufsvertreter in New York. In der Rundfunkbranche hat ein solcher die Aufgabe, Werbekunden für einen Sender zu gewinnen. Dorothy Brunson fragt den Vertreter gleich zu Anfang nach Sears, einer Firma, die schon seit langem über ihre Rundfunksender wirbt. Die neue Geschäftspolitik dieses Unternehmens, die den Slogan »Jeder Tag ist ein Verkaufstag« zum Motto hat, bedeutet eine beträchtliche Reduzierung ihrer Verkaufswerbung.

Während der Verkaufsvertreter spricht, zieht Dorothy Brunson einen Block aus der Schublade und beginnt, Zahlen aufzuschreiben. »Sie informieren mich überhaupt nicht«, beschwert sie sich. Sie teilt dem Vertreter mit, daß der überregionale Verkaufsleiter aus Atlanta nächste Woche nach New York kommen wird. »Er wird bei dieser Sache in allen Phasen dabeisein.« Der Vertreter protestiert. »Tut mir leid, wenn Ihnen das nicht gefällt, aber Sie haben uns seit Jahren keinen guten Vertrag mehr verschafft.« Sie lacht gutmütig, und bevor sie den Hörer auflegt, meint sie scherzhaft: »Senden Sie mir keine lieben Grüße, sondern lieber Geld!«

»Dem hab ich's gezeigt«, sagt sie und kramt in ihrer Handtasche nach ihrer Brille. Sie lächelt zufrieden. »Sie müssen bei jedem, mit dem Sie reden, eine etwas andere Taktik anwenden. Mit manchen sind Sie diplomatisch, manche necken Sie, mit anderen scherzen Sie. Der Trick dabei ist, das zu bekommen, was Sie wollen, aber dafür zu sorgen, daß die anderen ebenfalls zufrieden sind, damit sie weiterhin bereit sind, mit Ihnen Geschäfte zu machen.« Sie sagt, daß es ihr leicht fällt, Leute zufriedenzustellen, weil sie ihre Persönlichkeit studiert. »Das ist eines der wichtigsten Dinge im Geschäftsleben. Ich bin ständig dabei, Informationen über Menschen zu speichern. Ich sehe, wie sie sich bewegen, wie sie sich kleiden. Sind sie ordentlich oder schlampig gekleidet? Ich achte darauf, wie es in ihren Schreibtischschubladen aussieht. Sind sie immer in Geldnot? Wie sprechen sie am Telefon mit Sekretärinnen? Regen sie sich leicht auf? Je mehr Sie über jemanden wissen, desto besser sind Sie in der Lage, mit ihm umzugehen und ihn dazu zu bewegen, auf Ihre Wünsche einzugehen.«

Es ist jetzt kurz nach 9.00 Uhr. Über die Sprechanlage erfährt sie von der Empfangsdame, daß Herr Cross, der Mann vom HUD, noch nicht eingetroffen ist. Sie wählt sein Büro an. »Auf jeden Fall ist er nicht dort. Das ist schon mal ein gutes Zeichen.« Sie ruft aber dennoch die Klinikleiterin an, mit der sie ihn bekannt machen wollte, und bittet sie, erst dann zu kommen, wenn Herr Cross erschienen ist. »Bei ihm weiß man nie, woran man ist.« »Sehen Sie, das ist es, was ich meine. Dieser Mann kommt chronisch zu spät zu seinen Terminen. Da er mein Kunde und nicht mein Angestellter ist, steht es mir nicht zu, ein Urteil über ihn zu fällen. Aber es ist hilfreich, daß ich das über ihn weiß.«

Sie wendet sich noch einmal über die Sprechanlage an die junge Frau an der Rezeption und bittet sie, Vashti McKenzie hereinzuführen. Während sie auf Herrn Cross wartet, kann sie ebensogut ihre Besprechung mit Vashti McKenzie abhalten. Dazu begibt sich Dorothy Brunson in ihr zweites Büro, in dem ein gewaltiger Schreibtisch mit hohem Lederstuhl und eine breite Couch stehen. »In diesem Raum bin ich eine wichtige Persönlichkeit. Hier erledige ich alle Top-Management-Angelegenheiten.«

Die Empfangsdame geleitet eine großgewachsene Frau Mitte dreißig herein. Vashti McKenzie moderiert die zwischen 6.00 und 9.00 Uhr morgens ausgestrahlte Gospelsendung auf WEBB. Sie arbeitet seit vielen Jahren für den Sender und ist zu einer Art Markenzeichen für ihn geworden. Außerdem ist sie Pastorin der rasch wachsenden Gemeinde einer hundert Jahre alten Kirche am Ort, Doktorandin der Theologie und Mutter von drei kleinen Kindern. Vor zehn Tagen hat sie Dorothy Brunson in einem Brief um eine sechswöchige Pause gebeten – sie benötige mehr Zeit für ihr Amt als Pfarrerin. »Sie fragte mich das ganz nebenbei«, erzählt Dorothy Brunson. »Also fragte ich sie, was eventuell geändert werden sollte, damit sie bliebe. Dazu sagte sie nichts – sie wollte nicht verhandeln. Ihr Pastorenamt war ihr einfach wichtiger. Natürlich, so sollte es auch sein. Aber daraus ergibt sich für mich ein Problem, das ich lösen muß. Ich muß vor allem daran denken, was für den Sender gut ist.«

Dorothy Brunson bittet Vashti McKenzie, sich neben sie auf die Couch in ihrem Büro zu setzen. Sie stellt den Kaffeebehälter auf den Boden. »Vashti, wir haben ein Problem«, sagt sie und weicht damit von ihrer Gewohnheit ab, ihre Mitarbeiter mit »Herr« oder »Frau« anzureden. Später erklärt sie, warum: »Vashti ist Pastorin. Die Leute reden sie mit ›Reverend‹ an, und normalerweise tue ich das auch. Aber dieses Gespräch war äußerst heikel, es ging um ihre Zukunft bei unserem Sender. In dieser Situation konnte ich nicht mit ihr auf der Couch sitzen und sie ›Reverend‹ nennen.«

Sie fangen an, zu erörtern, wer Vashti vertreten könnte. Die anderen Discjockeys bei WEBB sind zumeist junge Männer, die die *urban contemporary*-Programme gestalten und moderieren, die Dorothy Brunson schon in New York als erste eingeführt hatte. »Wir können nicht einfach irgend jemanden eine Gospelsendung moderieren lassen«, sagt Dorothy Brunson. Sie spielt mit ihrer Brille, während sie spricht. »Er muß den Zuhörern glaubhaft erscheinen. Und unter den Leuten, die diesen Anspruch erfüllen, gibt es niemanden, der bereit wäre, diese Arbeit auf Provisionsbasis, und noch dazu für nur sechs Wochen, zu übernehmen. Wir brauchen hier ein Programm, das den Leuten etwas für den ganzen Tag mitgibt. Wenn wir das nicht bieten können, dann laufen wir Gefahr, bald in der Versenkung zu verschwinden.«

Dorothy Brunson erinnert Vashti an die Zeit, als sie sich wegen der Geburt ihres dritten Kindes einen Monat freigenommen hatte. »Natürlich war das unvermeidlich, aber die Kritiken, die das Morgenprogramm während Ihrer Abwesenheit erhalten hat, hätten uns beinahe ruiniert! Wir haben Jahre gebraucht, um wieder aufzuholen. Und heute ist die Situation für uns noch komplizierter, weil es diesen Sender mit dem 24stündigen Gospelprogramm gibt. Wir verlieren Hörer, die wir vielleicht niemals mehr zurückgewinnen.« Dorothy Brunson fragt sich, wie lange Vashti überhaupt noch in der Lage sein wird, die Sendung zu moderieren. »Ich habe mit einigen Leuten gesprochen, die Ihren neuen Bischof näher kennen. Er ist sehr kompetent, belesen – und ehrgeizig. Er wird Sie mehr und mehr mit Beschlag belegen. Ich glaube deshalb nicht, daß das Problem nur vorübergehend ist.« Sie erwähnt, daß Vashtis Gemeinde viele Mitglieder gewonnen hat, nachdem sie dort Pastorin geworden war. »Um ehrlich zu sein, ich frage mich, wie lange Sie diese Sendung noch an fünf Tagen in der Woche moderieren können.«

Vashtis Bitte muß daher in einem größeren Zusammenhang betrachtet werden: Vielleicht sollte sie diesmal die Morgensendung ganz abgeben. »Ich habe heute nachmittag ein Gespräch mit einem jungen Mann«, sagt Dorothy Brunson. »Ich weiß noch nicht, was ich tun werde. Ich wollte Sie nur wissen lassen, daß ich viele verschiedene Möglichkeiten ins Auge fasse.«

Sie sprechen ausführlich über Vashtis Kirche, über deren verschiedene Missionen, dann ganz allgemein über Rundfunk und darüber, wie sich das Gospelpublikum wandelt. In dieser Situation spielt Dorothy Brunson eher die Rolle einer Mentorin als die der Entscheidungsträgerin oder Chefin. Sie hört aufmerksam zu, als Vashti ihre Einschätzungen erläutert, nickt zustimmend, ermuntert sie. »Sie haben recht. Ich verstehe.« Sie lacht viel, und der für Georgia typische Akzent bricht durch – sie ist zwar in New York aufgewachsen, wurde aber in Georgia geboren und hat sich auch die Wesensart des Südens bewahrt. Die Atmosphäre im Raum, der unbeschwerte Umgang mit Gespräch und Zeit lassen an eine Veranda im ländlichen Süden denken.

Kurz nach 10.30 Uhr bringt Dorothy Brunson die Besprechung allmählich zu einem Ende, indem sie von allgemeinen Themen abschwenkt und auf die Probleme der unmittelbaren Zukunft zu sprechen kommt. »Ich stehe am Scheideweg. Ich weiß noch nicht, für welche Richtung ich mich entscheiden werde. Aber morgen nachmittag weiß ich es, und Sie werden die erste sein, der ich meine Entscheidung mitteilen werde.«

Vashti fragt: »Was möchten Sie wirklich?« »Ich weiß noch nicht.« »Lassen Sie uns dafür beten.« »Das ist bereits geschehen.«

Dorothy Brunson begleitet Vashti hinaus in das Konferenzzimmer mit den Glaswänden. Nachdem sie sich verabschiedet hat, erklärt sie: »Es entspricht der Wahrheit, wenn ich sage, daß ich noch nichts entschieden habe. Ich werde heute und morgen meine ganze Zeit dafür aufwenden, um so viele Informationen, so viele Daten wie möglich zu sammeln. Auf dieser Grundlage werde ich dann entscheiden. So gehe ich immer vor.«

Was für Daten? Was für Informationen? »Ich habe natürlich mit den Einschaltquoten angefangen. Ich verfolge sie ständig, um unsere aktuelle Lage einzuschätzen und längerfristige Trends zu erkennen. Bei Vashtis Sendung war aus den letzten drei Statistiken der Einschaltquoten ein Rückgang der Hörerzahlen abzulesen. Der Gospelsender nahm uns immer mehr Hörer weg, insbesondere die Kerngruppe, die aus Frauen zwischen 25 und 54 Jahren besteht. Ganz gleich, mit welcher Programmgestaltung wir dem auch entgegensteuerten, wir konnten die Erosion nicht aufhalten. Das machte mir Sorgen, und Vashti wußte das – ich bin sehr direkt. Sie kannte also die Situation, als sie mich um die sechswöchige Pause bat. Nun ist der Punkt gekommen, an dem ich handeln muß: Die beste Zeit für Veränderungen ist der Sommer, denn die wichtigsten Statistiken der Einschaltquoten werden im Herbst erstellt.

Das ist auf jeden Fall der Hintergrund des Ganzen. Ich habe Vashtis Sendung über Monate hinweg verfolgt. Im Rundfunk ist es üblich, alle Mitarbeiter ständig zu kontrollieren, sowohl während der Sendungen als auch sonst, weil sie ständig Hörer für die Station gewinnen müssen. Je mehr Menschen sie interessieren können, desto mehr Geld können wir mit ihrer Sendung verdienen und desto populärer werden sie. In jeder Branche müssen die Leute fähig sein, auf Veränderungen zu reagieren, und für den Rundfunk gilt das ganz besonders. Daher muß man seine Mitarbeiter ständig beobachten, muß herausfinden, ob sie den richtigen Rhythmus haben, ob sie gut mit ihren Kollegen zusammenarbeiten, ob sie engagiert sind, ob sie sich ein bißchen mehr Mühe geben als der Durchschnitt und neue Ideen hervorbringen.«

Dorothy Brunson entläßt immer wieder Leute; auch das ist für den Rundfunk typisch. »Aber wenn ich jemanden entlasse, dann auf konstruktive Art. Ich bin dann sehr direkt und nenne die genauen Gründe. Vielleicht hat sich nur der Markt gewandelt. Aber wenn es an ihm oder ihr liegt, dann sage ich das ganz offen. Und ich sage ihnen aufgrund meiner eingehenden Beobachtungen und meiner Erfahrung auch, wo ihre Stärken und Schwächen liegen. Bei meinen Mitarbeitern achte ich auf alle Details. Wartet jemand am Zahltag immer schon auf seinen Scheck? Dann ist das ein sicheres Zeichen, daß er nicht mit Geld umgehen kann. Vielleicht setze ich mich auch mit ihm zusammen hin und helfe ihm, eine seiner Schreibtischschubladen aufzuräumen – ich zeige ihm, inwiefern seine Schriftsachen nachlässig geführt sind oder daß er dazu neigt, Dinge zu horten, und erkläre ihm, inwiefern ihm das zum Schaden gereicht hat. Es ist schon geschehen, daß Leute Jahre später zu mir gekommen sind und sich dafür bedankt haben, daß ich sie entlassen habe. Sie sagen, daß sie aus dieser Erfahrung viel gelernt haben!«

Dorothy Brunson öffnet die Tür des Konferenzzimmers und sagt zu der Empfangsdame: »Joyce, würden Sie bitte das Büro von Mister Cross anrufen und seine Sekretärin informieren, daß er um neun Uhr hier mit mir verabredet war!«

Wieder in ihrem großen Büro zurück, setzt sie sich hin, um einen Anruf entgegenzunehmen. Ihre Stimme erinnert nun nicht mehr an eine Unterhaltung auf einer Veranda in Georgia, sondern an ein Hinterzimmer in Texas. Der Anrufer ist ein Bankier, bei dem sie einen Kredit von 1,5 Millionen Dollar aufnehmen möchte, um die Renovierung der Fernsehstation zu finanzieren, die sie in Philadelphia gekauft hat. »George! Wie geht es dir, du Grünschnabel? Kommen wir nun ins Geschäft oder nicht? Das glaub' ich nicht! Überzeuge mich. Der Cashflow im April? Jeder ist rentabel.« Aus dem Gedächtnis nennt sie eine längere Reihe von Zahlen, die Gewinne aus ihren verschiedenen Unternehmen. »Ich bin morgen hier, wenn du noch einmal mit mir darüber reden möchtest. Ich weiß, daß Samstag ist – glaubst du, wir arbeiten hier nur fünf Tage in der Woche?«

Als sie den Hörer auflegt, sagt sie: »Es gehört zu meiner Geschäftsstrategie, mir Geld zu leihen, bevor ich es brauche. Im Geschäftsleben sollten Sie genau wissen, woher Ihre Dollars kommen. Das kann in gewissen Momenten von entscheidender Bedeutung sein. Sie können eine Gelegenheit nicht beim Schopf packen, wenn Sie erst noch Geld auftreiben müssen.«

Es ist kurz vor 11.00 Uhr. Dorothy Brunson begibt sich zum Büro ihres örtlichen Verkaufsleiters, einem Mann im eleganten Anzug, der ein Verbindungsabzeichen am Revers trägt. »Herr Johnson! Ich hätte Sie gerne bei meiner Besprechung mit Herrn Mickens heute nachmittag dabei«, sagt sie und meint damit ihren überregionalen Verkaufsleiter, der auf dem Weg von Atlanta nach New York in Baltimore Station macht. »Wir müssen ein wenig über Strategie sprechen.«

»Das geht nicht, Frau Brunson. Ich habe Termine mit Kunden. Um ein Uhr, um drei Uhr, um vier Uhr...«

»Schon in Ordnung. Ziehen Sie los und verkaufen Sie. Ich bin bestimmt nicht diejenige, die Sie davon abhalten will, Geld zu verdienen.«

In ihrem kleineren Büro schaltet sie das Kofferradio aus und stellt fest, daß ihr Kaffee kalt geworden ist. Sie geht damit in das kleine Lunchzimmer, das dem Studio gegenüber liegt, und schneidet den oberen Rand des Styroporbechers ab, damit er in das Mikrowellengerät paßt. Den solchermaßen malträtierten Becher mit dem allerdings nun wieder heißen Kaffee trägt sie in ihr großes Büro zurück. Während der nächsten Stunde wird sie fünf Telefongespräche führen.

Zunächst ruft sie den Manager ihres Rundfunksenders in Atlanta an. Sie zieht einen weißen Schreibblock hervor und schreibt schnell die Verkaufszahlen mit, die er ihr nennt. Diese benötigt sie für ihre nachmittägliche Besprechung mit Herrn Mickens.

Dann erhält sie einen Anruf von ihrem Pastor. »Hallo, Doktor Strickland!« Sie sprechen darüber, daß die Kirche einen Musiker benötigt – vielleicht sollte man eine Anzeige über den Sender ausstrahlen –, und über eine Frau, ein Mitglied der Gemeinde, deren Sohn ein Stipendium für eine renommierte Universität gewonnen hat. Die Familie kann jedoch das Geld für Unterkunft und Verpflegung nicht aufbringen; deshalb ist die Kirche bemüht, die nötigen Gelder zu beschaffen.

»Mit solchen Dingen beschäftige ich mich auf mehreren

Ebenen«, erzählt Dorothy Brunson nach ihrem Gespräch mit dem Pastor. Sie erläutert ihre Vorstellung von sich selbst als einer Sendestation, die verschiedene Rollen übernimmt, um mehr Informationen aufzufangen: »Als Leiterin der Erwachsenenbildung leiste ich in meiner Gemeinde Basisarbeit. Ich bin aber auch Mitglied in sehr mächtigen Verwaltungsräten, so daß ich bestehenden Bedürfnissen auf beiden Ebenen entgegenkommen kann. Zum einen kann ich, wie in diesem Fall, feststellen, daß bei einem jungen Menschen das Bedürfnis nach Bildung besteht, und zum anderen kann ich dann nach Möglichkeiten suchen, dieses Bedürfnis zu erfüllen. Viele von den Leuten, die in Verwaltungsräten sitzen, haben keinen solchen Bezug zur Basis. Sie beschaffen zwar Gelder für wohltätige Zwecke, wissen aber nicht, was es heißt, eine Familie von 30 000 Dollar im Jahr zu ernähren. Man muß die Dinge von zwei Seiten angehen – dazu muß man fähig sein, auf allen Ebenen zu agieren, verschiedene Rollen zu spielen. Aber genau das gefällt mir.«

Herr Cross, der Mann vom HUD, meldet sich nun auf den Anruf hin, mit dem sie ihn an ihre Verabredung erinnern wollte. »Sagen Sie, wo waren Sie denn? Ich habe um neun Uhr hier auf Sie gewartet!« Er versucht, den Termin für ihre Zusammenkunft auf die nächste Woche zu verschieben. »Am Montag?« fragt Dorothy Brunson. »Warum nicht heute? Warum kommen Sie nicht einfach um vier Uhr hier vorbei?«

Durch die Sprechanlage bittet sie die Empfangsdame, Frau Pulliam anzurufen, jene Kundin, die sie mit Herrn Cross bekannt machen möchte. »Sagen Sie ihr, daß die Besprechung um vier Uhr stattfindet, daß sie aber nicht kommen soll, bevor nicht jemand anruft und ihr mitteilt, daß er definitiv hier sitzt!« Warum ist Dorothy Brunson nicht sehr viel mehr darüber verärgert, daß Herr Cross einen fest vereinbarten Termin nicht eingehalten hat? »Er ist ein Kunde von mir. Wie könnte ich ihn da rügen?«

Wieder klingelt das Telefon. »Reverend Wade! Guten Morgen, Sir. Wenn Sie nicht dagewesen wären, dann wäre ich gekommen, um nach Ihnen zu suchen. Nein, ich habe immer zwei Pistolen auf meinem Schreibtisch liegen.« Sie lacht, als ob sie gerade einen großartigen Scherz gemacht hätte, sie spielt eine Rolle, während sie so hinter ihrem großen Schreibtisch steht. »Ich weiß«, bestätigt sie, »daß Leute von hier bei Ihnen angerufen haben. Aber das war ganz allein Ihre Schuld, Sie haben mir ja mein Geld nicht gegeben! Natürlich wollte ich Sie nicht aus dem Programm hinauswerfen. Ich mache gern Geschäfte mit Ihnen. Aber Sie haben mir keine andere Wahl gelassen.«

Sie hört zu, nickt, lacht vor sich hin. »Genau richtig, ich habe meine Leibwächter mitgebracht, mir konnte nichts geschehen. Natürlich, ich bin immer noch bereit, Geschäfte mit Ihnen zu machen.«

»Jeder Mensch ist anders«, erläutert sie beim Auflegen. Dieser Pastor ist ein richtiger Gauner. Bei ihm komme ich nie mit rationalen Argumenten, sondern spiele den Desperado.« Der Pastor bittet über ihren Sender um Spenden. »Manche Leute haben mich schon gefragt, warum ich so jemanden wie ihn über meinen Sender werben lasse. Ich fälle aber keine religiösen Urteile über freie Gemeinden oder institutionalisierte Kirchen. Man weiß nie, aus welcher Richtung Gutes kommen kann. Wenn eine Kirche aber über meinen Sender wirbt, dann *zahlt* sie. Die Kirche, der *ich* angehöre, zahlt auch! Dieser Pastor kann nicht über Finanznot klagen, aber er will trotzdem nicht zahlen. Mein Buchhalter hat ihm immer wieder Rechnungen geschrieben, und schließlich hat ihn auch der Verkaufsleiter angerufen.

»Wenn gar nichts hilft, muß ich eingreifen und mit schwerem Geschütz auffahren. Dabei muß ich aber gleichzeitig diplomatisch vorgehen, darf den Kunden nicht kränken, weil er sonst nicht mehr zu mir zurückkommt.« In diesem speziellen Fall hatte der Pastor Dorothy Brunson aufgefordert, sich um Mitternacht mit ihm zu treffen, wenn sie ihr Geld haben wolle. »Dann erwähnte er, daß es gefährlich sei, spät nachts zu ihm hinauszufahren. Er versuchte mir Angst einzujagen. Daraufhin meinte ich zu ihm: ›Machen Sie sich da mal keine Gedanken. Ich werde da sein, aber ich nehme meine Leibwächter mit.‹ Und so erschien ich um Mitternacht mit meinen beiden großen Söhnen.«

Es ist 12.10 Uhr. Herr Walls, der Controller, kommt ins Büro. »Wenn Herr Walls erscheint, dann heißt das immer, ich muß Schecks unterschreiben.« Dorothy Brunson unterschreibt also einen ganzen Stapel Schecks und geht dann in das kleinere Büro. Der Gebietsverkaufsleiter schaut kurz herein und hat eine Frage: Am heutigen Abend wird von WEBB ein Konzert übertragen. Nun möchte er wissen, wie man sicherstellen könne, daß das jugendliche Publikum auch bemerkt, um welchen Sender es sich handelt.

»Vielleicht könnte die Sendung von *zwei* Discjockeys moderiert werden? Sie können ein bißchen Werbung für uns machen.« Der Verkaufsleiter nickt und kündigt an, daß er im Studio noch ein paar Werbespots aufnehmen wird. Als sie wieder allein ist, sieht Dorothy Brunson die sich auf ihrem Schreibtisch türmende Post durch. »Ich ertrinke in Papier, wenn meine Sekretärin nicht da ist.«

Es ist nun 12.30 Uhr. Sie streift die flachen Schuhe ab, die sie immer noch trägt, schlüpft in ihre Pumps und nimmt ihre Handtasche. Sie verläßt das Gebäude und geht zu dem in der Nähe geparkten Mazda ihres Sohnes. Einer ihrer Söhne, der am Morehouse College in Atlanta studiert, arbeitet während des Sommers in New York. Während dieser Zeit wohnt er in einem Haus in der Nähe des Riverside Drive, das sich im gemeinsamen Besitz von Dorothy Brunson und ihrem geschiedenen Mann befindet. »Ich fahre« zur Zeit das Auto meines Sohnes«, sagt sie, »denn schließlich habe ich meinen alten 1979er Buick doch ausrangieren müssen. Ich hatte das Auto ›Josephine‹ genannt.« Sie erzählt, daß sie vor kurzem von einem Reporter der Zeitschrift *Essence* interviewt worden sei, der einen Artikel über »Schwarze Millionärinnen« schrieb. »Mein Auto war bestimmt eine herbe Enttäuschung für ihn!« erinnert sie sich voller Entzücken. »Er erwartete einen Rolls Royce oder einen Jaguar oder ähnlichen Unsinn.« Sie streicht über ihr schwarzes Baumwollkleid. »Und auch Juwelen und Pelze. Auf so etwas lege ich aber nicht viel Wert.«

Im Mazda fährt sie an jenen realen Vermögenswerten vorbei, die *ihr* wichtig sind – drei riesigen Sendetürmen, die sich auf einem 7,7 Morgen großen Grundstück hinter dem Sendegebäude befinden. Beim Fahren dreht sie an ihrem Radio herum. »Ich höre immer mit, schalte mich immer dazu.« Obwohl sie Geschäftsführerin von WEBB ist, hat sie mit der tagtäglichen Arbeit nichts zu tun. »Doch mit den Kunden beschäftige ich mich bei jedem meiner drei Sender. Meine Rolle besteht darin, Kontakte zu knüpfen, meine Sender nach außen hin zu repräsentieren. Das ist aber eine sehr schlecht zu beschreibende Tätigkeit. Wenn ich Workshops abhalte, dann fragen mich die Jugendlichen immer: »Frau Brunson, was macht der Präsident eines Unternehmens nun *genau?*« Das ist eine schwierige Frage. In gewisser Weise machen wir nichts Bestimmtes. Was wir jedoch ganz sicher tun, ist, alles miteinander zu verknüpfen. Ob ich nun bei einem Dinner der NAACP* in Atlanta auf dem Podium sitze, an einer Vorstandssitzung des *Harlem Commonwealth Council* in New York teilnehme oder mit dem Präsidenten dieser oder jener Organisation in North Carolina zu Abend esse, all das bildet ein und dasselbe Ganze. Immer tritt Dorothy Brunson bei solchen Gelegenheiten als Präsidentin ihrer Firma auf, um deren Namen der Allgemeinheit und ihren Kunden in Erinnerung zu bringen. Draußen in der Welt präsent zu sein und das zu repräsentieren, was man aufgebaut hat – das ist eine Form der Firmenentwicklung, aber auf sehr subtile Weise.«

Nach einer halbstündigen Fahrt erreicht Dorothy Brunson das *Forum,* ein einstöckiges Feldsteingebäude auf einem bewaldeten Grundstück. Das *Forum* war früher ein alteingesessenes jüdisches Gastronomieunternehmen,

---

* *National Association for the Advancement of Colored People:* Nationale Vereinigung zur Förderung Farbiger Menschen. - Anm. d. Übers.

doch als sich die Bevölkerungszusammensetzung des Viertels änderte, begann es Kunden zu verlieren. Einer der jüdischen Teilhaber schlug einem ihm bekannten schwarzen Versicherungsagenten vor, sich an dem Unternehmen zu beteiligen und eine schwarz-jüdische Firma daraus zu machen. Dieser Versicherungsagent, Terry Addison, fragte Dorothy Brunson, ob sie 60 000 Dollar investieren wolle. Sie erklärte sich bereit, 20 000 Dollar beizusteuern, und schlug vor, den Rest von ihrem Anteil am Gewinn abzuzweigen. »Ich bin eine sehr aktive Teilhaberin. Ich habe schon zahlreiche Verträge ausgehandelt. Wir drei schwarzen Teilhaber waren die treibende Kraft für die Expansion. Das Unternehmen hat Verluste gemacht, und nun haben wir jährlich über drei Millionen Dollar Umsatz zu verzeichnen.« Das Serviceprofil des Unternehmens hat sich insofern gewandelt, als nun ebensoviel außer Haus geliefert wie an Ort und Stelle verkauft wird. 1987 hat das *Forum* zusammen mit Most International das Crabpot Restaurant im Flughafen von Baltimore eröffnet. Die Einrichtung von Restaurants auf fünfzehn weiteren Flughäfen in den USA ist geplant. Heute kommen die drei schwarzen Teilhaber zum Lunch zusammen, um mit der Marriott Corporation über ein Joint Venture zu verhandeln; es geht dabei um die Gaststättenkonzession für das Harborplace National Aquarium in Baltimore.

Dorothy Brunson betritt das Gebäude. In einem der großen Versammlungsräume findet gerade eine Pensionierungsfeier statt. In einem anderen Saal ist nur ein einziger Tisch gedeckt. Ein junger Mann füllt die Wassergläser. »Wie läuft es? Kommen Sie mit der Arbeit zurecht?« fragt sie. Er nickt. »Geben Sie acht, daß Sie heute nichts verpfuschen, sonst rufe ich die Morgan State University an und sage ihnen, sie sollen Sie bei ihren Hotelmanagement-Kursen durchfallen lassen.« Sie lächelt – jetzt spielt sie die strenge, aber liebevolle Mutter.

In den Büros des *Forum* trifft Dorothy Brunson die Vertreter der Marriott Corporation an – zwei Manager und eine Rechtsanwältin –, den Manager des *Forum,* einen stattlichen Schwarzen mit roten Hosenträgern. Außerdem Terry Addison, durch dessen Vermittlung sie Teilhaberin wurde. »Hallo, Herr Wortherly«, begrüßt Dorothy Brunson den Manager.

Er stellt sie den anderen Anwesenden vor. »Frau Brunson ist Teilhaberin bei uns. Sie ist Eigentümerin mehrerer Radiostationen und eines Fernsehsenders. Und sie war schon auf der Titelseite des *Wall Street Journal* und so weiter.« »Oh, vergessen Sie das alles lieber!«

Eine Sekretärin kommt herein. Frau Brunson wird von ihrem Controller am Telefon verlangt. »Sehen Sie, ich kann nirgendwohin gehen, ohne daß irgend jemand etwas von mir will.«

Eine andere Sekretärin bringt einen Expreßbrief herein und reicht ihn Dorothy Brunson. Während sie das Telefongespräch annimmt, öffnet sie den Umschlag. Er enthält Verträge, die von den Büros des *Forum* in Washington, D. C., geschickt wurden. Nachdem sie Herrn Walls' Frage zu einer Zahlung beantwortet hat, geht sie in den Raum, in dem der Lunch serviert wird.

Die Leute von Marriott sind äußerst höflich, wirken jedoch recht angespannt. Und als der junge Ober Eistee über das weiße Kleid der Rechtsanwältin von Marriott verschüttet, entsteht ein peinlicher Moment. Während er zerknirscht hinausgeht, um einen Mop zu holen, meint Dorothy Brunson: »Dieser arme junge Mann! Er nimmt seine Arbeit so ernst. Er wird sich den ganzen Tag elend fühlen.«

Die Atmosphäre entspannt sich, als Dorothy Brunsons und Terry Addisons Teilhaber eintrifft. Ray Haysbert ist Präsident der Parks Sausage Company, des ersten im Besitz einer ethnischen Minderheit befindlichen Unternehmens, das an der New Yorker Börse gehandelt wird. Durch seine Körpergröße, sein Alter (er ist über siebzig), seinen legendären Erfolg und seine zurückhaltende Art, die an einen Südstaaten-Gentleman erinnert, stellt er eine respektheischende Persönlichkeit dar. Dies scheint den Vertretern der Marriott Corporation Vertrauen einzuflößen.

Doch nicht Ray Haysbert führt die Verhandlung, sondern Dorothy Brunson.

Zunächst stellt sie sehr detaillierte Fragen, die eine gute halbe Stunde der Zusammenkunft beanspruchen. Sie möchte Informationen über die Unternehmensstruktur von Marriott, über die verschiedenen Abteilungen und darüber, welcher Abteilung der Gastronomieservice zugeordnet ist. Besonderes Interesse zeigt sie für die Konzessionen, die die Firma für den Imbiß- und Gastronomieservice an den Gebührenzahlstellen der Highways erworben hat. Hierbei äußert sie einige persönliche Beobachtungen über die Gastronomie in einigen Einkaufszentren, die sich an solchen Gebührenzahlstellen befinden. Dorothy Brunson scheint die Informationen über die Unternehmensführung bei Marriott gleichsam zu speichern, obwohl sie sich keinerlei Notizen macht. Sie möchte sich ein umfassendes Bild machen, aber auch über Details Bescheid wissen. So fragt sie unter anderem, wie die Mitarbeiter ausgebildet werden und wie das Konzessionssystem funktioniert.

Als man sich schließlich auch noch auf Meeresfrüchte als Hauptangebot der Restaurants geeinigt hat, verlangt der Vertreter der Marriott Corporation: »Und jetzt würden wir gerne etwas über Ihre Aktivitäten wissen.«

»Also ich bin die Verwaltungsratsvorsitzende, und Ray ist der Präsident«, erwidert Dorothy Brunson. »Lassen Sie also ihn über uns berichten.« »Mach ruhig weiter, Dorothy«, sagt daraufhin Ray Haysbert.

Sie beschreibt ihr Unternehmen, schildert, wie es entstand, und betont insbesondere den multiethnischen Charakter. »Wir legen keinen Wert darauf herauszukehren, daß unser Unternehmen von Angehörigen einer ethnischen Minderheit geleitet wird. Wir liefern *alles* – wir sind auch auf die Zubereitung von koscheren Gerichten oder anderen nationalen Speisen eingerichtet. Dies ist mit ein Grund für unseren Erfolg.« Sie weist darauf hin, daß die Teilhaber in einer gewissen »Zahl von Verwaltungsräten in dieser Stadt vertreten sind und daher in vielen Bereichen

Einfluß haben. Deshalb kennen die Leute uns, und wir bekommen viele Aufträge.« Ray Haysbert bekräftigt mit südlichem Understatement: »Wir kennen *wirklich* viele Leute in dieser Stadt.« Dann lacht er. Es gibt wohl kaum einen Geschäftsmann in Maryland, der bessere politische Verbindungen hat.

Es folgt eine lange Diskussion über eine Auseinandersetzung mit einem anderen Konzessionär, der die Konzession für den Betrieb des Restaurants im Baltimore Harborplace National Aquarium erwerben möchte. Es bestehen Zweifel darüber, ob er tatsächlich gesetzlich dazu berechtigt ist. »Wenn diese Frage geklärt ist«, sagt der Mann von Marriott, »und wir grünes Licht bekommen, sind wir definitiv an einem Joint Venture mit Ihnen interessiert.«

Dorothy Brunson erwähnt noch, daß das *Forum* an der Entwicklung von Programmen interessiert ist, mit denen junge Leute für die Arbeit in den verschiedenen Unternehmen ausgebildet werden sollen. »Wir denken hier nicht nur an das Aquarium, wir sehen auch viele andere Möglichkeiten.« Noch einmal kommt sie auf den Crabpot zu sprechen, die vom *Forum* gegründete neue Kette von Flughafenrestaurants. »Wir können von Ihnen lernen«, sagt sie. »In zwanzig Jahren wollen *wir* Marriott sein!«

Der Marriott-Repräsentant erklärt, daß sein eigenes Unternehmen bei Joint Ventures normalerweise zu 80 Prozent beteiligt ist, die Partnerfirma zu 20 Prozent. Terry Addison scheint um diese Zahlen feilschen zu wollen, doch Dorothy Brunson erklärt sich rasch damit einverstanden unter der Voraussetzung, daß günstigere Bedingungen ausgehandelt werden können, wenn das Forum selbständig neue, gewinnträchtige Verträge abschließt.

Am Ende der Besprechung kündigt Ray Haysbert an, daß er »zurück muß und ein paar Würste machen«. Dorothy Brunson flüstert: »Das ist typisch Ray. Dabei ist er an die zwanzig Millionen Dollar schwer.« Alle verlassen das Forum. Als Terry Addison in seinen Jaguar und Ray Haysbert in seinen schwarzen Cadillac steigen, muß sich Dorothy Brunson einigen Spott über ihren alten Mazda anhören. »Der Unterschied ist«, ruft sie Terry Addison zu, »daß meiner wirklich mir gehört, deiner jedoch der Bank.«

Um 15.15 Uhr ist Dorothy Brunson wieder im Sendegebäude von WEBB. Der Discjockey, mit dem sie heute morgen telefoniert hatte, wartet in dem Konferenzzimmer vor ihrem großen Büro. Sie bittet ihn, sich noch etwas zu gedulden, und geht in das kleinere Büro. Dort präsentiert ihr der Gebietsverkaufsleiter den Entwurf eines neuen Werbeplakats für ihre drei Radiosender, auf dem zu lesen steht: »Herzlichen Glückwunsch! Es werden Drillinge!« Dorothy Brunson bittet auch ihren überregionalen Verkaufsleiter aus Atlanta herein. »Herr Mickens, Sie haben auch damit zu tun. Nun, wie finden Sie das? Ich habe den Werbeleuten gesagt, sie sollten an Dinge denken, die zu dritt auftauchen.« »Doch, das gefällt mir, Frau Brunson.« »Gut, dann werden wir es in die engere Wahl nehmen.«

Sie eilt in das größere Büro und bittet Michael, den Discjockey, der eventuell Vashtis Sendung übernehmen soll, herein. »Ich habe mir Ihre Programme angehört. Sowohl die Gospel- als auch die Oldiesendung. Anscheinend haben Sie eine gespaltene Persönlichkeit.« Sie möchte wissen, was für Sendungen er sonst noch moderiert. Was davon macht er am liebsten? Michael erwähnt eine von ihm moderierte Sendung für Kinder. »Oh? Worum genau geht es da? Was machen Sie mit den Kindern?«

Sie unterhalten sich eine Weile darüber, auf welche Weise Kinder am besten zum Lernen zu motivieren seien. Dann sagt Dorothy Brunson: »Ich will ganz offen sagen, worum es hier geht.« Sie erzählt über Vashtis morgendliche Gospelsendung und darüber, daß sie kürzlich um eine mehrwöchige Pause gebeten hat. »Als sie mir den Brief mit ihrer Bitte gab, dachte ich an die Wochen während ihrer Schwangerschaft, als dieser Sender in der Zeit, in der ihre Gospelsendung gewöhnlich ausgestrahlt wurde, Hörer verlor. Deshalb versuche ich das Problem nun unter verschiedenen Blickwinkeln zu betrachten. Ich habe noch nicht entschieden – soll ich einen vorübergehenden Ersatz für Vashti finden oder jemand anderen fest einstellen oder vielleicht die Sendung ganz streichen? Oder statt Gospel etwas ganz Neues machen?« Sie erläutert, daß sie eine Persönlichkeit finden muß, die von den Gläubigen respektiert wird, falls sie ihr Gospelprogramm beibehalten will. »Das ist in einer Stadt wie Baltimore äußerst wichtig. Ist Ihnen bekannt, daß wir an jedem beliebigen Sonntag von allen Städten in dieser Region den höchsten Prozentsatz an Gottesdienstbesuchern haben?«

Sie fragt Michael, wie er sich sein zukünftiges Leben und seine weitere berufliche Laufbahn vorstellt. »Wonach ich suche, das ist jemand, der hier hinein paßt.« Dann führt sie ihn im Haus herum, zeigt ihm das Studio. Sie verabschiedet ihn am Eingang: »Ich sage es Ihnen ganz offen: Heute abend treffe ich meine Entscheidung. Ich bin jetzt noch dabei, möglichst viele Informationen zu sammeln. Ich möchte klar sehen, wenn ich eine Entscheidung treffe. Rufen Sie mich an, wenn Sie noch irgendwelche Fragen haben.«

Dann fragt Dorothy Brunson beim Empfang: »Ist Herr Cross schon erschienen?« Der Mann vom HUD hat jedoch nichts von sich hören lassen, obwohl es bereits 16.00 Uhr ist.

Während sie in ihr Büro zurückgeht, erläutert sie, von welchen Grundsätzen sie sich bei der Einstellung von Mitarbeitern leiten läßt: »Mehr noch als auf Zeugnisse achte ich darauf, ob jemand über gesunden Menschenverstand verfügt. Ich finde das heraus, wenn ich mit den Leuten rede. Ich versuche, möglichst viel über ihr Leben, ihre Ziele zu erfahren; frage sie, wie sie ihre Freizeit verbringen, was sie über gesellschaftliche Probleme denken, ob sie in der Kirche engagiert sind.«

Für Dorothy Brunson sind Angestellte nicht etwa Menschen, denen man einen Teil ihrer Zeit abkauft und ihnen dann sagt, was sie während dieser Zeit machen sollen. »Arbeit sollte Engagement bedeuten und nicht nur, daß man an einem Ort erscheint und dort Geld verdient. Wenn jemand so denkt, dann paßt er hier nicht hinein. Die Arbeit, die Gemeinschaft, das eigene Leben – all das muß miteinander verknüpft sein. Wenn Sie sich nicht mit ihrer ganzen Person mit einem Problem auseinandersetzen, dann werden Sie kaum etwas zu seiner Lösung beitragen, weil Sie einfach nicht Ihr Bestes geben. Außerdem brauche ich Leute, die *denken* können! Der Radiomarkt wandelt sich ständig, deshalb müssen Sie sich ständig über die Zukunft Gedanken machen, sonst sind Sie verloren. Und wenn jemand nicht engagiert bei der Sache ist, dann rechnet er immer nach, wieviele Stunden er gearbeitet hat. Ich suche aber nach Leuten, die so lange arbeiten, bis eine Aufgabe erledigt ist.«

Im Konferenzraum nimmt sie den überregionalen Verkaufsleiter mit – »Okay, es ist vier Uhr. Lassen Sie uns miteinander reden.« Herr Mickens folgt ihr in das große Büro. Beide setzen sich neben dem Schreibtisch auf Stühle. Das ist nicht so bequem wie die Couch, auf der Dorothy Brunson heute morgen mit Vashti gesprochen hatte, aber auch nicht so formell, als wenn sie hinter ihrem Schreibtisch säße. »Nun, Herr Mickens«, beginnt sie, »sie haben mir nichts von Ihrer Reise nach Kalifornien mitgebracht!«

Er reicht ihr einen großen Wust Papier. Sie studiert die Zahlen, überfliegt dann eine Liste mit Agenturen und Kunden. »Was sind das für Leute? Womit machen sie Geschäfte?« Angewidert vom Marketing-Jargon fragt sie dann: »Haben Sie davon vielleicht auch eine Version in englischer Sprache?«

Sie kommt auch auf Herrn Mickens' kürzliche Reise nach Dallas zu sprechen. »Ich möchte wissen, was Sie dort unten erreicht haben.« Er händigt ihr eine Liste mit Agenturen aus Texas aus. »Diese 7-Eleven-Sache sieht vielversprechend aus«, meint sie, nachdem sie rasch die Zahlen überschlagen hat. Sie diskutieren über die möglichen Gewinne. Dann erwähnt Dorothy Brunson noch, daß ihre drei Sender bessere Verbindungen zum Filmgeschäft in Los Angeles bräuchten.

Die Empfangsdame meldet sich über die Sprechanlage. Der Mann vom HUD ist nun endlich doch eingetroffen. »Gut, führen Sie ihn ins Konferenzzimmer.« Sie ruft nach

Herrn Walls, dem Controller, den sie gerade durch die Glaswand erblickt. »Bitte *machen* Sie irgend etwas mit Herrn Cross. Nehmen Sie ihn mit ins Studio, lassen Sie ihn einen neuen Werbespot schneiden. Anders gesagt, beschäftigen Sie ihn ein wenig!«

Sie wendet sich wieder dem Verkaufsleiter zu. »Wir brauchen eine Packung für diese 7-Eleven-Sache. Rufen Sie die Leute in Dallas an, sagen Sie ihnen, daß wir nächste Woche etwas für sie haben. Ich werde es selbst zusammenstellen.« Sie macht sich eine Notiz in ihr Tagebuch. »Wollen Sie mir jetzt etwas davon zeigen?« fragt Herr Mickens. »Wenn meine Sekretärin nicht da ist, finde ich leider nie etwas! Wir müßten außerdem auch noch über New York sprechen.«

Sie warnt ihn vor dem überregionalen Verkaufsvertreter. »Sehen Sie zu, daß er Ihnen nicht einige von diesen Minderheitenfirmen andreht. Diese Leute kenne ich alle schon. Ich zahle doch einem Verkaufsvertreter kein Geld, damit er mir Kunden vermittelt, mit denen ich selbst schon bekannt bin!«

Während sie eine Liste überfliegt, auf der New Yorker Agenturen aufgeführt sind, erwähnt Mr. Mickens, daß er seiner Assistentin in Atlanta gerne eine Gehaltszulage gewähren würde. »Überzeugen Sie mich«, sagt Dorothy Brunson, die sichtlich Freude am Verhandeln hat. »Ich bin für alles offen, aber ich möchte überzeugt werden.« »Sie gibt wirklich ihr Bestes. Ich glaube, sie wird ihre Zielvorgaben übertreffen.« Nach einigem Feilschen über die Höhe der Zulage einigen sie sich schließlich auf eine Summe. »Herr Mickens, Sie geben *wirklich* gern Geld aus!«

Dann klingelt das Telefon. Es geht darum, daß es am nächsten Tag während einer Werbeveranstaltung für ein Einrichtungsgeschäft möglicherweise regnen könnte. »Mach das Ganze für die Leute noch ein bißchen attraktiver. Sag ihnen, daß sie zwei Alben statt einem bekommen, wenn sie sich in den Regen hinauswagen«, schlägt Dorothy Brunson vor.

Die Empfangsdame meldet sich noch einmal. »Ach

194

herrje, für das hier muß ich mich wappnen!« stöhnt Dorothy Brunson, während sie sich hinter ihren Schreibtisch
begibt. Im Stehen nimmt sie den Hörer ab. Es meldet sich
die Leiterin einer christlichen Gemeinde in North Carolina, die über den dortigen Sender von Dorothy Brunson
für ihre Gemeinde wirbt.

»Hallo, Frau Moore! So, Sie haben ein Problem. Und ich
habe auch ein kleines Problem. Es geht nicht, daß Sie auf
meinem Sender über einen anderen Sender sprechen. Das
ist einfach unmoralisch, wissen Sie!«

Dann kommt das Gespräch auf eine Gebührenerhöhung,
die Dorothy Brunsons Sender dieser Frau kürzlich geschickt hat. »Ich verstehe, aber wie lange bezahlen Sie
schon dieselben Gebühren? Seit *drei* Jahren? Sagen Sie,
schämen Sie sich da nicht ein bißchen? Während der letzten Amtsperiode Ronald Reagans haben wir eine Rezession erlebt, und trotzdem verlange ich von Ihnen immer
noch dieselben Gebühren!«

Sie hört zu, holt ihren weißen Schreibblock heraus und
fängt an zu schreiben. »Wie kann ich das bekommen, was
ich brauche, und Sie trotzdem zufriedenstellen? Wie wäre
es, wenn wir uns auf eine 25prozentige Gebührenerhöhung einigen könnten und ich Ihnen dafür noch einen
Monat Zeit lasse? Dann können *Sie* mir sagen, ob Sie weiter mit mir im Geschäft bleiben wollen. Natürlich lasse ich
Ihnen gern etwas Zeit, um das Geld aufzutreiben. Aber
ich muß auf jeden Fall etwas mehr verlangen. Bitte vergessen Sie nicht, daß die Eigentümerin dieses Senders auch
leben muß.«

Während sie so verhandelt, wird ihr für Georgia typi-
scher Akzent hörbar. Wieder wird offensichtlich, daß sie
das Feilschen genießt. Immer geht es vor allem um die
Frage: Was hat jede von uns zu bieten? Schließlich haben
sich beide geeinigt. »Okay, ich lasse Ihnen noch bis Oktober Zeit. Dann schicke ich Ihnen eine Mitteilung. Wir können dafür beten. Aber ich bin sicher, daß wir eine Lösung
finden werden. An dem, was ich sage, werden Sie wohl
merken, daß ich Sie als Kundin nicht verlieren möchte.

Wir kämpfen, aber wir versöhnen uns auch immer wieder.« Sie legt auf. »Herrgott! Erst spricht sie auf meinem Sender über andere Radiostationen, und dann erwartet sie noch, daß *ich* sie unterstütze!«

Ein anderer Anruf folgt: Es ist Herr Johnson, der Gebietsverkaufsleiter des Senders. Dorothy Brunson teilt ihm mit, daß um 19.30 Uhr eine Besprechung stattfindet. »Ja, ich weiß, daß heute Freitag ist. Hatten Sie sich etwas Wichtiges vorgenommen?« Sie hört zu, lacht. »Ob es dabei um Leben und Tod geht? Das kommt darauf an, wieviel Ihnen Ihr Leben wert ist!«

Herr Cross, der Mann vom HUD, hat seinen neuen Werbespot geschnitten und wartet nun in dem großen Konferenzraum. Frau Pulliam, die Leiterin der Streßklinik, ist gerade eingetroffen. Dorothy Brunson stellt die beiden einander vor, erläutert ihnen jeweils den politischen Hintergrund des anderen.

Beides sind ältere Leute mit westindischem Akzent. Ihre Unterhaltung erinnert ein wenig an das Geplauder von Honoratioren in einem Provinznest. Herr Mickens, der smarte junge Aufsteiger aus Atlanta, hört mit einem Anflug von Ungeduld zu und unterbricht dann das Gespräch. »Frau Brunson, könnten wir das hier vielleicht unter Dach und Fach bringen?«

»Herr Mickens, ich glaube, Ihnen ist nicht bewußt, wer diese Leute sind«, sagt Dorothy Brunson spitz. »Sie sind *Kunden.*« Sie wendet sich an Herrn Cross und Frau Pulliam. »Ich bin so glücklich, daß ich Sie beide nun doch habe miteinander bekannt machen können. Herr Mickens hier möchte jedoch noch eine geschäftliche Angelegenheit regeln. Wie wäre es also, wenn Sie sich einen Moment allein unterhalten? Ich komme dann gleich wieder zu Ihnen zurück.«

Es ist nun schon nach 17.00 Uhr. Herr Johnson ist von seinen Kundenbesprechungen zurückgekehrt. Dorothy Brunson bittet ihn, für sie einige Flaschen Fruchtsaft zu besorgen. »Das Tempo hier macht Durst!« Nachdem sie Herrn Mickens genau instruiert hat, was er in New York für sie erreichen soll, begibt sie sich wieder zu ihren Kunden in den Konferenzraum. Die nächste Dreiviertelstunde sitzen sie entspannt beisammen und sprechen über das »Danke-schön«-Frühstück, das Bürgermeister Kurt Smolke kürzlich für seinen Finanzbeschaffungsausschuß, dem auch Dorothy Brunson angehörte, gegeben hat. Außerdem ist die Rede von den verschiedenen Skandalen, in die das HUD verwickelt ist – jene Behörde also, deren örtlicher Leiter in Baltimore Herr Cross ist.

Um 18.00 Uhr verabschieden sich die Gäste, und Dorothy Brunson geht wieder in das größere der beiden Büros. Dort steht Herr Mickens hinter ihrem Schreibtisch. »Herr Mickens, Sie werden sich doch wohl nicht auf diesen Stuhl setzen wollen! Ich weiß, Sie glauben, daß dieser Stuhl Geld, Reichtum und Ansehen bedeutet. In Wirklichkeit bedeutet er Schmerzen, Angst und einen Reizmagen!« Herr Mickens lacht und verläßt das Zimmer. Dorothy Brunson setzt sich hin. »So, jetzt werde ich mich endlich mal *entspannen!*« Als sie jedoch aufblickt, steht Herr Wortherly, der Manager des *Forum,* in der Tür.

»Hätten Sie drei Minuten Zeit für mich, Frau Brunson? Ich weiß nicht, wann ich sonst hätte kommen sollen.« Er öffnet seine Aktentasche und nimmt einen Stapel Papier heraus. »Hier sind die Zahlen für diesen Monat.«

Sie sucht nach ihrer Brille, kann sie zunächst nicht finden. »Ich bin blind!« Schließlich entdeckt sie sie im Konferenzzimmer und sieht sich die Zahlen an. »Das ist großartig! Wunderbar! Das ganze Geld, das da drinsteckt. Vielleicht sollte ich einen Antrag einbringen, daß die Direktoren ein Provision bekommen.« Sie lacht. »Wie steht es mit der Washingtoner Niederlassung?« »Wir sind immer noch am Aufbauen.«

Sie sprechen über eine Schule in Washington, D. C., mit der man möglicherweise ins Geschäft kommen könnte. Sie fragt Herrn Wortherly, was er über die heutige Lunchbesprechung mit den Vertretern von Marriott denkt. »Ich glaube, das war ein Erfolg«, sagt er. Sie lächelt. »Ich wußte, daß Sie so denken. Ich habe bemerkt, daß Sie nicht protestiert haben, als er von einer 20prozentigen Beteiligung sprach. Damit können wir durchaus leben. Wichtig ist vor allem, daß das Joint Venture, das *langfristige* Geschäft, überhaupt zustandegekommen ist. Ich hätte mich auch mit 10 Prozent einverstanden erklärt, wenn er mir das angeboten hätte!«

Nun bringt Herr Wortherly das Thema zur Sprache, dessentwegen er offensichtlich eigentlich gekommen ist: Er möchte eine Gehaltserhöhung. »Ist das in Ihrem Vertrag vorgesehen?« »Nein, aber da die Geschäfte so gut laufen...« »Sie meinen also, das in Ihrem Vertrag festgelegte Gehalt ist nicht angemessen.« Herr Wortherly weist noch einmal auf die hohen Gewinne des Unternehmens hin.

»Und ich dachte, daß wir in dieser Hinsicht fair zu Ihnen gewesen sind, aber offensichtlich habe ich mich getäuscht. Wir waren schäbig, geizig und kleinlich.« Einmal mehr genießt Dorothy Brunson das Hin und Her beim Verhandeln. Ihr Wunsch nach Entspannung scheint vergessen, als sie sich so mit ihrem Gegenüber mißt.

Sie fordert ihn auf, eine Summe zu nennen, die er für fair hält, woraufhin er meint, daß sie das entscheiden sollte. »Dann tut es mir leid, Herr Wortherly. Ich kann nichts für Sie tun, wenn Sie mir keine genaue Zahl nennen. Und zwar schriftlich.« »Kann ich Ihnen das nicht einfach so sagen?« »Nein, ich möchte es schriftlich, Herr Wortherly Dann habe ich nämlich eine Verhandlungsgrundlage. Ich möchte fair zu Ihnen sein. Ich bin zwar schäbig, aber ich bin auch fair.«

Als Herr Wortherly gegangen ist, erläutert sie ihr Vorgehen. »Wenn Mitarbeiter eine Gehaltserhöhung verlangen, dann lasse ich mir das von ihnen immer schriftlich geben. Ich erwarte von ihnen, daß sie mir erklären, warum sie ihre Forderung für gerechtfertigt halten. Sie müssen mir konkrete Informationen liefern – wir hatten dieses Jahr ein erhebliches Gewinnplus zu verzeichnen, und dazu habe ich auf diese Weise beigetragen. Indem ich von meinen Mitarbeitern klare Argumente verlange, bringe ich sie zum Nachdenken. Sie sehen ihre Gehälter dann nicht mehr nur unter dem Aspekt dessen, was sie brauchen oder wollen, sondern auch unter wirtschaftlichen Gesichtspunkten – sie fragen sich dann nämlich, was sie zu den Gewinnen des Unternehmens beigetragen haben. Dadurch werden sie sich bewußt, was sie eigentlich für das Unternehmen leisten sollten, *und* sie gewinnen auch einen Blick für die größeren Zusammenhänge.«

Der Controller und Herr Mickens erscheinen nun wieder in Dorothy Brunsons Büro. Sie unterhalten sich gerade darüber, wo sie heute abend essen gehen sollen. Dorothy Brunson ermahnt Herrn Walls – »einen braven Familienvater« –, er solle Herrn Mickens, einen zweiunddreißigjährigen Hochschulabsolventen, im Auge behalten. »Ich möchte nicht, daß die Mädchen in dieser Stadt herausfinden, daß er wieder hier ist. Sonst bekommen wir Schwierigkeiten!«

Die halbe Stunde zwischen 19.00 Uhr und 19.30 Uhr vergeht mit Lachen und Scherzen, und die Atmosphäre erinnert wieder an eine Veranda in den Südstaaten. Vince Mickens – zum erstenmal am heutigen Tag nennt sie ihn Vince – zeigt Fotografien von der jungen Frau, mit der er sich in New York treffen wird. Dorothy Brunson erinnert ihn an seine früheren Freundinnen. Sie vergleicht sie miteinander, fragt ihn, was aus dieser oder jener geworden ist, schilt ihn in scherzhaft-mütterlicher Weise.

Um 19.30 Uhr geht sie in den Lunchraum, wo sie ihre Mitarbeiterbesprechung abhält. Herr Johnson, der Gebietsverkaufsleiter, ist bereits da, sieht aber so aus, als würde er sich schnellstens fortwünschen. Die jungen Discjockeys, die für den Sender arbeiten, treffen nach und nach ein. Sie tragen mit Slogans bedruckte T-Shirts, falsch herum aufgesetzte Baseballmützen und knöchelhohe Turnschuhe. Ein junger Mann Anfang zwanzig trägt Bermudashorts. »Herr Bird! Würden Sie uns das nächstemal den Gefallen tun und richtige Hosen anziehen?«

Viele der Discjockeys tragen auch große Lederabzeichen, die die Form des afrikanischen Kontinents haben. Dorothy Brunson geht zunächst im Zimmer herum und fragt jeden, was die auf den Abzeichen abgebildeten Symbole bedeuten; alle enthalten eine Anti-Apartheid-Botschaft. Herr Johnson, der Ende Dreißig ist, zeigt auf sein Verbindungsabzeichen. Damit und mit seinem elegant geschnittenen Anzug scheint er auf den Unterschied zwischen seiner Generation und der der Discjockeys hinweisen zu wollen.

Dorothy Brunson teilt den Discjockeys mit, daß sie ihre verschiedenen Sender überwachen wird; bei der nächsten Mitarbeiterbesprechung wird sie die dabei gesammelten Eindrücke erläutern. Als einige Notizbücher hervorholen, sagt sie: »Sie müssen sich keine Notizen machen. Sie sind nicht hier um zu schreiben, sondern um zu *denken*.« Sie fordert die Discjockeys auf, bei ihren Sendungen ein breiteres musikalisches Spektrum abzudecken. »Übergehen Sie die Frauen nicht. Beschränken Sie sich nicht nur auf den harten Sound. Chris, ich habe kürzlich einmal in Ihre Sendung hineingehört. Ich fand, daß Ihre Musikzusammenstellung mehr auf Erwachsene abgestimmt war – genau aufs Geld.«

Dann erläutert sie den Anlaß für die Besprechung: Alle sollen wissen, daß sich bei Vashtis Sendung etwas ändert. »Ich lege gern alles offen, damit die Leute nicht herumspekulieren müssen.« Sie erklärt, daß Vashtis Weggang, sei er nun vorübergehend oder endgültig, ihr die Gelegenheit verschaffe, die gesamte Programmstruktur des Senders zu überdenken. Sie bittet die Mitarbeiter um Vorschläge. Soll etwas verändert werden? »Wir haben viele verschiedene Möglichkeiten. Wie wäre es mit einem ganztägigen Gospelprogramm?«

Dieser Vorschlag ruft jedoch Protest hervor, was nicht erstaunlich ist: Nur wenige der Discjockeys wären für ein Gospelpublikum glaubhaft. Dorothy Brunson schreitet um den Tisch herum: »Das gefällt Ihnen nicht? Sagen Sie mir, warum.« Die Antworten fallen sehr verschwommen aus, mit Ausnahme der Stellungnahme von Mr. Johnson. Er gibt den möglichen Effekt einer solchen Änderung auf die verschiedenen Werbekunden zu bedenken und belegt diese Auffassung mit Zahlenmaterial. Sie wendet sich an die Discjockeys: »Haben Sie gehört, was er gesagt hat? Konkrete Antworten, das möchte ich. Denken Sie einmal darüber nach. Was wären *Ihrer* Meinung nach die Auswirkungen auf unsere Märkte?« Nun kommen genauere Stellungnahmen. Dorothy Brunson leitet die jungen Leute in sokratischer Manier an, nimmt sich Zeit, bleibt geduldig, hinterfragt jede Stellungnahme bis zur letzten Konsequenz: »Und was würde das bedeuten?« Ihr Vorschlag, den Sender zu einem Gospelkanal umzugestalten, scheint nur als Denkanstoß gedacht. Da in der Region von Baltimore bereits ein Gospelsender existiert, ist es unwahrscheinlich, daß WEBB sich in eine ähnliche Richtung entwickeln könnte. Doch indem Dorothy Brunson diese Idee weiterverfolgt, bringt sie ihre sehr jungen und unschlüssigen Mitarbeiter dazu, sich eingehendere Gedanken über die zukünftige Entwicklung des Senders zu machen.

Ein anderer Punkt, der ihr Sorge bereite, sei die Tatsache, daß zwei andere schwarze Radiostationen in der Region ihr Programm auf einen sehr erwachsenen, anspruchsvollen Sound umgestellt hätten, der die *buppies,* das heißt »schwarze Yuppies«, ansprechen soll. »Das ist eine Mischung aus klassischem Jazz, klassischem Soul und etwas aktuellem Pop. Das ist eine Richtung, die uns zu denken geben muß. Wenn der Eindruck entsteht, daß unser Sender nur die junge, unproduktive Seite des Marktes erreichen will, während die anderen auf die aufstrebenden Gruppen abzielen, dann werden wir Schwierigkeiten mit unseren Werbekunden bekommen.«

Zum Abschluß der Besprechung erklärt Dorothy Brunson, daß sie ihre Entscheidung über einen Ersatz für Vashti am darauffolgenden Tag treffen würde – eine Entscheidung, die das zukünftige Profil des Senders bestimmen werde. »Ich werde morgen den ganzen Tag im Haus sein und eine Reihe von Gesprächen führen. Wenn also noch jemandem etwas Neues zu diesem Thema einfällt, kann er vorbeikommen und mit mir reden.«

Erst nach 20.30 Uhr ist die Besprechung beendet. Die Discjockeys beeilen sich fortzukommen. Auf dem Weg nach draußen überprüft Dorothy Brunson, ob das Telefon gegen Ferngespräche gesichert ist. Da das nicht der Fall ist, holt sie den Schlüssel und schließt es selbst ab. Dann sucht sie rasch die Unterlagen zusammen, die sie heute abend noch lesen will, um sich auf die am nächsten Tag anstehende Entscheidung vorzubereiten.

Dorothy Brunson traf ihre Entscheidung am darauffolgenden Tag, und Vashti war, wie versprochen, die erste, die davon erfuhr: Eine vorübergehende Pause würde bedeuten, daß die junge Pastorin ihre Sendung aufgeben müßte. Das wiedererwachende Interesse an Gospelmusik, die Notwendigkeit, ihren Sender gegen eine Radiostation abzugrenzen, die ausschließlich traditionellen Gospel sendet, und der Wunsch, ein junges, aufstrebendes Publikum anzusprechen, waren schließlich ausschlaggebend für Dorothy Brunsons Entschluß: Sie plante eine ganze Sendung, in der nur »aktueller« Gospel gespielt werden sollte – von jüngeren Künstlern interpretierte Crossover-Music im Popsound, mehr Al Green als Staple Singers; eine ganz neue Art von Radioprogramm, »etwas, das bisher noch nie ausprobiert worden ist«.

Nachdem sie ihre Entscheidung getroffen hatte, ging Dorothy Brunson zu Bett. »Ich habe keine Schwierigkeiten, etwas auch einmal ruhen zu lassen. In diesem Geschäft hängt Ihr Überleben von Ihrem Verstand ab, und ich bin entschlossen, mich von diesem Job nicht umbringen zu lassen. So verbiete ich mir, mir die Dinge zu sehr zu Herzen zu nehmen oder Angst zu haben, wenn ich einmal eine Entscheidung getroffen habe. Ich verhalte mich ganz bewußt so und mußte mich wirklich darauf trainieren, manchmal alles einfach laufen zu lassen. Das ist jedoch unbedingt erforderlich, wenn Sie eine gute Chefin sein wollen. Sie dürfen nicht in einen hysterischen Ton verfallen, weil sonst jeder in der Firma den Kopf verliert und als Folge eine Menge überhasteter Entscheidungen getroffen werden. Ich führe schon sehr lange Menschen, deshalb habe ich gelernt, in jeder Situation Ruhe und Heiterkeit zu vermitteln.«

Teil III

Führung
in der Zukunft

8.

Vision und Stimme

> *Frauen gehen ihr Erwachsenenleben gewöhnlich in dem Verständnis an, daß die Pflege und die Unterstützung anderer im Mittelpunkt ihrer Lebensarbeit stehen wird. Durch Zuhören und Reagieren entwickeln sie die Stimmen und den Verstand derer, die sie großziehen. In diesem Prozeß kommt es oft dazu, daß sie ihre eigene Stimme und ihren eigenen Verstand ebenfalls hören, schätzen und stärken.*
>
> BELENKY, CLINCHY, GOLDBERGER UND TARULE,
> *Das andere Denken*

Wenn heute über Führung gesprochen wird, ist auch meist davon die Rede, daß eine Führungspersönlichkeit Visionen haben muß. »Vision« ist zu einem Schlagwort des Jahrzehnts geworden. Damit können, in etwas hochtrabender Weise, verschiedene Dinge bezeichnet werden: ein langfristiger Plan, ein bestimmtes Ziel oder einfach nur die Erfindung eines neuen Firmenmottos. Als in dem Unternehmen, in dessen Texterabteilung ich arbeitete, die widersprüchliche Politik der Unternehmensleitung zu Gerüchten und Mißtrauen unter den Mitarbeitern führte, erhielten wir den Auftrag, *vision cards* aus Plastik drucken zu lassen, die allen versichern sollten, daß das Management zu fantasievoller Führung befähigt sei.

Die Autorinnen von *Das andere Denken* setzen dem Bild der »Vision« ausdrücklich das der »Stimme« entgegen. Auf der Grundlage ausführlicher Interviews gelangen sie zu der Feststellung, daß bei Frauen der Wissenserwerb und die Meinungsbildung meist durch Zuhören und Sprechen erfolgt. »Wir entdeckten, daß Frauen wiederholt die Metapher der Stimme benutzten, um ihre intellektuelle und ethische Entwicklung zu schildern, und daß die Entwicklung des Bewußtseins von Stimme, Verstand und Selbstwert auf eine komplizierte Weise ineinander verschlungen war« (Belenky u. a. 1989: 31). Die Autorinnen bemerken, daß diese Betonung der Stimme einen Gegensatz zu den meist visuellen Metaphern bildet, die in der Kultur des Okzidents zur Beschreibung intellektueller und ethischer Entwicklung verwendet wurden und die Wissen mit Erleuchtung und Wahrheit mit Licht gleichsetzen.

Die Physikerin Evelyn Fox Keller, die mehrere Werke über weibliches Vorgehen in den Wissenschaften verfaßt hat, vertritt die Auffassung, daß visuelle Metaphern den traditionellen westlichen Wissenschaftsbegriff auf spezifisch männliche Weise reflektieren. Keller bemerkt, daß die Verwendung visueller Metaphern zur Beschreibung wissenschaftlicher Erkenntnis voraussetzt, daß der Wissenschaftler unbeteiligt ist, daß er ein außerhalb seiner selbst existierendes Phänomen vollkommen objektiv betrachtet (Belenky u. a. 1989: 31 f.). Er »nimmt Abstand«, um die Realität »klar zu sehen«, registriert dann die Wahrheit leidenschaftslos »wie eine Kamera«; und um in seiner Sicht unbeeinflußt zu bleiben, führt er seine Versuche »doppelt blind« durch. Keller vergleicht diese objektive visuelle Betrachtung wissenschaftlicher Phänomene mit dem subjektiveren Herangehen von Wissenschaftlerinnen, die alles Lebendige als miteinander zusammenhängend betrachten und den Wissenden immer als Teil des Gewußten sehen. Keller schließt daraus, daß visuelle Metaphern zur Beschreibung dieser umfassenderen weiblichen Herangehensweise ungeeignet sind; es werden statt dessen Begriffe benötigt, die Verbundenheit implizieren.

Carol Gilligan geht in ihrer Beschreibung weiblicher Werte weit über den Rahmen der Wissenschaften hinaus. Wie Keller argumentiert sie, daß Männer die Wahrheit meist als abstrakt und objektiv betrachten, während Frauen sie kontextuell wahrnehmen: als Ergebnis der Umstände der menschlichen Existenz und von dieser beeinflußt. Metaphern des Hörens und Sprechens sind Ausdruck dieser kontextuellen Sicht, denn das *Gehörte* hat Auswirkungen auf das *Gesagte*. Gilligans Konzept einer »anderen Stimme« beschreibt die weibliche Entwicklung und schließt den von Frauen so geschätzten Wert der Verbundenheit mit ein.

Die Autorinnen von *Das andere Denken* weisen darauf hin, daß das Ohr – anders als das Auge – subtile Veränderungen wahrnimmt. Im Gegensatz zum Sehen, das ein einseitiger Vorgang ist, legen Sprechen und Hören Dialog und Interaktion nahe (Belenky u. a. 1989: 31 f.). Ein Bild kann für sich allein existieren, im Geist eines einzelnen menschlichen Wesens – es bleibt auch dann noch ein Bild, wenn es niemandem übermittelt wird. Eine Stimme aber ist nur dann eine Stimme, wenn sie von jemandem gehört wird; sie erhält ihre Gestalt durch den Interaktionsprozeß. Die Stimme kann daher nicht nur als Sprechinstrument, sondern auch als Mittel zur Weitergabe von Informationen und, subtiler noch, von Empfindungen definiert werden.

Aus all dem ergibt sich, daß die Stimme für den weiblichen Führungsstil bedeutender als die Vision ist. Die Stimme ist für die weibliche Führungspersönlichkeit ein Mittel, sich selbst und ihr Wissen über die Welt darzustellen und auch anderen eine Antwort zu entlocken. Ihre Vision von ihrem Unternehmen mag dessen Ziele bestimmen, doch das Mittel, um diese Ziele anderen verständlich zu machen, ist ihre Stimme. Und in diesem Vorgehen, in dem sich ein gleiches Maß an Interesse sowohl für die Mittel als auch für die Ziele offenbart, gedeiht die Vorstellung, daß Verbundenheit mit anderen in sich ein Wert ist.

Jede der in den Terminkalenderstudien vorgestellten Frauen hat ihre eigene, charakteristische Stimme. Frances Hesselbein spricht ruhig und besonnen; sie vermittelt jederzeit den Eindruck, ihre Worte bewußt auszuwählen, und moduliert und kontrolliert ihren Tonfall. Dorothy Brunson paßt ihre Stimme der jeweiligen Situation an –

scherzhaft, versöhnlich, kämpferisch, provozierend, fragend, schmeichelnd, anfeuernd; immer voller Enthusiasmus, Direktheit und Humor. Barbara Grogans Stimme strahlt Wärme, Kraft und Fröhlichkeit aus, häufig schwingt freudige und dankbare Überraschung über die kleinen Ereignisse eines Tages darin mit. Nancy Badores Stimme ist emotional, provozierend, tendiert zum Übertreiben; sie drückt Selbstvertrauen aus, kennt keine Furcht vor Lächerlichkeit.

Die Stimme jeder Frau ist ein einzigartiger Ausdruck ihrer Persönlichkeit und ein Instrument, um anderen ihre Vision von Unternehmensführung zu vermitteln. Frances Hesselbeins Besonnenheit, Dorothy Brunsons einfallsreiche Direktheit, Barbara Grogans Begabung für strukturierte Spontaneität, Nancy Badores Bemühen, Veränderungen anzuregen: der Führungsstil jeder Frau findet Ausdruck in ihrer Stimme. Und indem sie ihren Tonfall ihren Worten anpassen und umgekehrt, sind sie fähig, ihre Werte beispielhaft zu repräsentieren und andere zu instruieren, zu beeinflussen und sie von diesen Werten zu überzeugen.

Diese Vorbildfunktion und Überzeugungskraft ist in einer Organisation, in der Autorität nicht in hierarchischer Weise von oben nach unten ausgeübt wird, besonders wichtig. In einer Netzstruktur, in der Talente eher gepflegt und gefördert als befehligt werden und in der eine Vielzahl von Verbindungen existiert, treten Einflußnahme und Überzeugungskraft an die Stelle von Befehlen. Die Wege, auf denen Autorität ausgeübt wird, sind weniger starr festgelegt und mehr von einem moralischen Zentrum abhängig. Mitgefühl, Inspiration und Anleitung – alles Aspekte des Nährenden und Pflegenden – sind verbindende Werte, die sich besser durch Stimme und Tonfall vermitteln lassen als durch Visionen.

Die besondere Aufmerksamkeit, die die Frauen aus den Terminkalenderstudien ihrer schriftlichen Korrespondenz widmen, fügt sich wie selbstverständlich in diesen Rahmen, denn Briefe sind das Abbild der Stimme. Auch wenn

Frances Hesselbein mit Überlegung und Bedacht in ihr Diktiergerät spricht und Barbara Grogan ihre Briefe handschriftlich vorformuliert, so sind sich doch beide bewußt, daß sowohl bei schriftlicher als auch bei verbaler Interaktion der gleiche Tonfall beibehalten werden sollte. Frances Hesselbein und Dorothy Brunson legten Wert darauf, daß die an ihre Organisation gerichtete Korrespondenz innerhalb von drei Tagen beantwortet wurde – für ihre »Stimme« typisch war also auch eine rasche »Antwort«.

Wie bereits bemerkt, ähnelt die in einer Netzstruktur ausgeübte Autorität der eines Lehrers. Und eine Führungspersönlichkeit, die durch ihre Stimme anderen Vorbild ist und sie überzeugt, wiederholt die doppelte Kommunikation zwischen einer Lehrerin und ihren Schülern. Eine Lehrerin benutzt ihre Stimme einerseits, um »andere zu erziehen«, andererseits, um »ihnen zu helfen, ihre Stimme zu finden«, wie die Autorinnen von *Das andere Denken* beobachten. Wenn die Stimme als Führungsinstrument verwendet wird, bedeutet das implizit, daß die Sorge um andere und die Weitervermittlung von Fähigkeiten zu den Aufgaben einer Führungskraft gehören.

Jede der Frauen aus den Terminkalenderstudien kann man sich leicht als Lehrerin vorstellen. Jede von ihnen ist gewissenhaft darauf bedacht, ihre Mitarbeiter zu unterrichten. Frances Hesselbein bat einmal eine junge Frau aus der Abteilung für Öffentlichkeitsarbeit in ihr Büro, damit sie ein Telefoninterview Frances Hesselbeins mit einem Reporter mitverfolgen konnte. Die junge Frau sollte einfach nur mithören, damit sie eine Vorstellung davon gewinnen konnte, wie eine solche Aufgabe zu erledigen sei. Frances Hesselbein schaltete den Telefonlautsprecher ein, so daß die Mitarbeiterin alles verstehen und sich Notizen machen konnte. Das Ganze hatte also Unterrichtscharakter.

Auch Dorothy Brunsons Gewohnheit, sich hin und wieder mit einem ihrer Angestellten zusammenzusetzen, während dieser seine Schreibtischschublade aufräumte, wurde zu einer Lektion. Ihre Forderung, daß Angestellte, die eine Gehaltserhöhung wollten, alle Gründe hierfür niederschreiben und ihr vorlegen sollten, stellte eine Art Übung dar: Sie sollten lernen, nachzudenken, zu argumentieren und ihre finanziellen Ansprüche in Relation zu den Bedürfnissen der Firma zu sehen. Auch veranstaltete Dorothy Brunson spontan kleine Quizspiele, wenn sie sich mit ihren Mitarbeitern unterhielt: »Ich stelle ihnen Fragen und zeige ihnen, was sie wissen sollten.«

Nancy Badore, die Jahre an der Universität verbracht hatte, um ihren Doktortitel zu erwerben, leitete ihre dreistündige Mitarbeiterbesprechung wie einen sokratischen Dialog. Sie drängte die Mitglieder ihres Teams, alles immer wieder neu zu hinterfragen, etwas weiter zu blicken. Das diente nicht dazu, sie anzutreiben, damit sie noch mehr arbeiteten, sondern um sie anzuregen, gründlicher nachzudenken und sich in umfassenderer Weise die Implikationen des Gedachten bewußt zu machen; auf diese Weise sollte ihre Vorstellungskraft angeregt werden.

Als Barbara Grogan die Sitzung des Beirats für Mittelständische Unternehmen leitete, bewies sie den einer guten Lehrerin eigenen Sinn für Humor, indem sie lachend »ihre Klasse zur Ordnung rief«. Wie Nancy Badore stellte sie den Menschen Fragen, die diese zum Weiterdenken anregten, wobei sie die Diskussion immer wieder unterbrach, um die Aufmerksamkeit auf bestimmte Punkte zu lenken: »Das hier müssen wir unbedingt näher betrachten. Es könnte wichtig sein!«

Bei einem solchen Führungsstil haben die Weitervermittlung von Fähigkeiten und die menschliche Entwicklung Vorrang vor der Unterordnung unter die Autoritätshierarchie. Dadurch wird ermöglicht, was Jean Baker Miller als »Bindungsorientierung« (Miller 1977: 124 f.) bezeichnet: Verantwortung und Verbundenheit mit anderen werden höher bewertet als das Streben nach Autorität und Autonomie. Wie Carol Gilligan stellt Miller fest, daß diese Haltung charakteristisch für Frauen ist.

Nancy Badore erwähnte, daß sie »gern redet«. Dasselbe ließe sich über alle in den Terminkalenderstudien vorgestellten Frauen sagen. Nachdem sie den von ihnen geschätzten Werten sprachlich Ausdruck verliehen hatten, konnten sie sich entspannen, Sitzungen und öffentliche Anlässe genießen und ihre Persönlichkeit voll entfalten. Dorothy Brunsons Freude an freundschaftlichen Wortgefechten ist ebenso wie der »Fluß«, den Barbara Grogan und Frances Hesselbein in ihre Gespräche zu bringen versuchten, Beweis für die Leichtigkeit und Natürlichkeit ihrer Stimmen. Der Elan, mit dem die Frauen sich in die täglichen verbalen Herausforderungen warfen, erinnerte mich an Musiker, die im Schwung der Improvisation spontan eigenwillige Akkorde finden, die dennoch zu dem, was der Rest der Band spielt, passen. Wenn das alles zusammenkommt, fühlt es sich richtig an, ist voller Leichtigkeit, zeugt von einem Sinn für Rhythmus und Humor.

Um die eigene Stimme mit solch spontaner, expressiver Freude benutzen zu können, muß man sie erst einmal finden. Nancy Badore »hat ihre Stimme gefunden«, als sie ihre eigenen Stärken und Schwächen erkannt hatte. Dadurch wurde ihr bewußt, daß sie »im Unternehmen einen ganz besonderen Beitrag leisten konnte« und daß sie über einzigartige Qualitäten verfügte, die, obwohl unerwartet und außergewöhnlich, für ihre Aufgabe besonders hilfreich sein konnten. In der Entwicklung umwälzender struktureller Neuerungen und ihrer Umsetzung in die Praxis entdeckte sie ein Betätigungsfeld, auf dem sie Führungstalente unter Beweis stellen konnte, deren Existenz ihr vorher nicht bewußt gewesen war.

Barbara Grogan fand ihre eigene Stimme während der für sie äußerst anregenden ersten Jahre nach der Gründung ihres Unternehmens, als sie frisch geschieden war und sich gezwungen sah, ihre persönlichen Lebensmaßstäbe zu finden. Die Entdeckung, daß »ich etwas auf die Beine stellen konnte, obwohl ich das Gefühl hatte, mein Leben sei zerstört«, verlieh ihr das nötige Selbstvertrauen, um »in meinem Führungsstil meinen *eigenen* Werten Ausdruck zu verleihen, statt mich nach den Vorstellungen eines Mannes zu richten.« Dieses Bedürfnis, den eigenen Werten entsprechend zu handeln, ist ein wesentlicher Schritt zur Entwicklung der eigenen Stimme.

Nancy Badore half jüngeren bei Ford beschäftigten Frauen und gelangte dabei zu der Überzeugung, daß die »meisten Frauen erst fünf bis zehn Jahre später als Männer erkennen, daß sie in ihrem Beruf etwas leisten«. Dies könnte die Ursache dafür sein, daß – wie die Autorinnen von *Frau und Karriere* bemerken – in den Stimmen von Frauen im mittleren Management etwas Zögerliches, Rigides spürbar werde, daß ihr Tonfall mehr an eine Aufsichtsperson als an eine Führungskraft erinnere (Hennig und Jardim 1978: 47 f.).

Die Strukturen, in denen Frauen arbeiten, wurden nicht von ihnen ersonnen und reflektieren daher nicht ihre Werte. Die meisten Unternehmen sind »ohne die Ideen, den Verstand und die kreative Intuition von Frauen« gestaltet, schreibt Betty Harragan. Das ist der Grund dafür, daß Frauen im Geschäftsleben nicht so schnell Selbstvertrauen entwickeln wie Männer: Sie können ihre eigene Stimme erst entdecken, wenn sie erkannt haben, daß ihre spezifischen Fähigkeiten wertvoll für ihre Arbeit sind.

Die Entdeckung der eigenen Stimme setzt große Energien frei. Die Frauen aus den Terminkalenderstudien fühlten sich befreit und fähig, sich zu entspannen; sie konnten mit dem Strom schwimmen. Frances Hesselbein betrachtete diese Befreiung der eigenen Persönlichkeit als Quell ihrer bemerkenswerten Energie und Ruhe: »Was erschöpft, ist nicht die harte Arbeit, sondern die Unterdrückung der wahren Persönlichkeit. Ich habe für mich eine Arbeitsweise gefunden, die das nicht erfordert.« Dorothy Brunson erklärte, daß sie nicht unter dem Streß stünde, unter dem viele in ihrer Branche litten, weil sie gelernt hätte, »meinen Überzeugungen absolut treu zu bleiben. Daher verhalte ich mich sehr direkt. Ich glaube, daß die Menschen ihre besten Energien darauf verwenden, Dinge zu verbergen – vor sich selbst und auch vor anderen.« Nancy Badore und Barbara Grogan versicherten, mehr Zeit für ihre Arbeit zu haben, weil, wie Barbara Grogan es formulierte, »ich keine Energie darauf verschwenden muß, etwas anderes zu sein als ich bin«.

Sich selbst treu zu bleiben ist die wesentliche Voraussetzung, um die eigene Stimme zu finden. Die Stimme bekundet die innere Wahrheit. Das wesentliche aber ist das »Bekunden«, das »Ausdrücken«, nicht die Wahrheit selbst, nicht die »Vision«. Eine »Vision« findet man nicht, man hat sie. Die Vorstellung des Findens, die eigentlich Selbstfindung meint, verdeutlicht, wie eng die Stimme mit dem Prozeß der persönlichen Entwicklung verknüpft ist. Mit der Stimme Menschen zu führen ist nur dann möglich, wenn man einen gewissen Grad persönlicher Reife erreicht hat; andernfalls klingt die Stimme nicht glaubhaft.

9.

Effizienz und Menschlichkeit

In ihrem Klassiker *Die Stärke weiblicher Schwäche* stellt
Jean Baker Miller fest, daß weibliche Werte wie Verantwortungsgefühl, Verbundenheit und Integration in unserer
Kultur gering eingeschätzt werden, der einsame Held, das
robuste Individuum dagegen verherrlicht wird. Insbesondere Psychologen haben bisher ein stark entwickeltes Bewußtsein für die gegenseitige Abhängigkeit der Menschen
immer mit dem Fehlen eines starken und reifen Selbst
gleichgesetzt. Sie hielten den Wunsch, anderen nützlich
zu sein, für neurotisch, für etwas, das »durchgearbeitet«
werden müsse (Miller 1977: 44). Miller stellt jedoch auch
fest, daß dieses Vorurteil in jüngerer Zeit zu schwinden
beginnt, weil Entfremdung, Einsamkeit, die Instabilität der
Familien und die aus Drogenkonsum und ausufernder Kri-
minalität resultierenden Probleme unausweichlich zu
der Erkenntnis geführt haben, daß menschliches Gemein-
schaftsgefühl in unserer modernen Kultur dringend benötigt wird. Außerdem hat die Entwicklung des Umwelt-
bewußtseins sogar die verstocktesten Individualisten zu
dem Eingeständnis bewegt, daß das Handeln jedes einzelnen auf alle anderen Auswirkungen hat (Miller 1977:
66 ff.).

Infolgedessen findet die weibliche Auffassung, daß
man selbst stärker wird, wenn man andere stärkt, brei-
tere Akzeptanz. Weibliche Werte wie Integration und
Verbundenheit erscheinen nun als wertvolle Führungsqualitäten. Und genau dieser Führungsstil ist, wie Miller
bemerkt, erforderlich, um der Entfremdung zu begegnen, die heute das öffentliche Leben – Wirtschaft, Politik,
Medizin und Rechtsprechung – kennzeichnet. Ein Groß-

teil der aktuellen Literatur, Philosophie und soziologischen Forschung beschäftigt sich mit den fehlenden menschlichen Beziehungen in diesen Institutionen, eine Situation, die weithin Sorge hervorgerufen hat, da sie die Unfähigkeit unserer Kultur verdeutlicht, die Früchte der technischen Entwicklung zum Nutzen der Menschen einzusetzen. Miller hält dies für das »vielleicht zentrale Problem unserer von Männern beherrschten Kultur« (Miller 1977: 44), denn dies führt schließlich auf Kosten der menschlichen Werte zu übermäßiger Betonung der Effizienz.

Was daher gebraucht wird, sind Führungspersönlichkeiten, die der in unseren Institutionen herrschenden Entfremdung entgegenarbeiten, indem sie die Kluft zwischen den Erfordernissen der Effizienz und den Bedürfnissen des menschlichen Geistes überbrücken. Eine Versöhnung dieser Werte ist in unserem heutigen wettbewerbsorientierten Wirtschaftssystem ganz besonders wichtig, weil die Intelligenz, das Engagement und die Begeisterung der Mitarbeiter für den Erfolg eines Unternehmens wichtiger sind als früher. Es gibt heute nicht mehr eine einzige »richtige Art«, eine Arbeit zu erledigen. Das galt für das Industriezeitalter, als die Beschäftigten eine gewisse Anzahl von Aufgaben oder eine vorhersehbare Routine beherrschen mußten, die sie dann, mit so wenig Fehlern wie möglich, ständig reproduzieren mußten. Das Wesen der Informations-Wirtschaft und der Teamarbeit erfordert Arbeitskräfte, die denken, mitgestalten und ihre Meinung deutlich äußern können, die die Initiative ergreifen und neue Ideen haben.

Aber nicht nur die Arbeit verändert sich, sondern auch die arbeitenden Menschen. Heute finden sich Beschäftigte nicht so leicht mit einem Arbeitsplatz ab, der der Effizienz auf Kosten der menschlichen Bedürfnisse Vorrang einräumt. Nach einem Bericht im *Wall Street Journal* achten Menschen, die eine Stelle antreten, heute sehr viel mehr auf ideelle Werte wie Zufriedenheit, eine angenehme Arbeitsatmosphäre und auf die Möglichkeit zur persönlichen

Weiterentwicklung als früher.* Eine Umfrage unter Collegestudenten ergab, daß in der Rangfolge der den Arbeitsplatz betreffenden Wünsche das Gehalt erst an sechster Stelle stand, weit hinter immateriellen Werten wie Zufriedenheit und Erfüllung, und daß die Menschen heute trotz der Stellenknappheit auf dem Arbeitsmarkt dazu bereit sind, die Stelle zu wechseln, wenn sie zwar gut bezahlt werden, aber ihre Arbeitsbedingungen als inhuman oder einengend empfinden.*

Aufgrund der Veränderungen, die sowohl die Arbeit als auch die arbeitenden Menschen erfahren haben, müssen Führungspersönlichkeiten die Beschäftigten motivieren können, mit Begeisterung und Schwung zu arbeiten. Sie müssen eine Atmosphäre schaffen, die Ausdruck menschlicher Werte ist, und organisatorische Strukturen entwerfen, die die menschliche Entwicklung fördern. Unter »Atmosphäre« ist hier im weitesten Sinne eine Sprache zu verstehen, die eine einheitliche Vision des Existenzgrundes einer Organisation ausdrückt, und ein Führungsstil, der diese Vision zu vermitteln weiß.

Atmosphäre schaffen

Die Räumlichkeiten, in denen eine Organisation arbeitet, sind ein deutlicher Ausdruck ihrer Werte und erlauben Rückschlüsse darauf, wie gut Effizienz und Menschlichkeit miteinander in Einklang gebracht werden. Die räumlichen Strukturen, die die in den Terminkalenderstudien dargestellten Frauen mitgeschaffen haben, sind äußeres Zeichen ihrer individuellen Führungsstile und fördern auf jeweils sehr verschiedene Weise die Kreativität und das Engagement der Beschäftigten.

Dorothy Brunson achtete bewußt auf die Inneneinrichtung ihrer Büros in der WEBB-Radiostation, dem Flaggschiff unter ihren Sendern. So sagt sie: »Zu Hause sammle

---

* *The Wall Street Journal,* 26. Oktober 1988, S. 1

ich Antiquitäten und Gemälde, aber hier im Büro würde ich mich niemals mit solchen Dingen umgeben. Ich glaube, daß an einem Ort, an dem Menschen arbeiten, eine wache, lichte Atmosphäre herrschen sollte. Die meisten Büros von Topmanagern finde ich deprimierend. Wenn ich all die schweren, teuren Möbel, das dunkle Holz und die dicken Teppiche sehe, dann frage ich mich, was der Betreffende eigentlich damit beweisen will. Warum versucht er, sich auf diese Weise von seiner Umgebung zu distanzieren und sein privates Oz zu schaffen?* Für einen zupackenden Manager, der am Geschehen in seiner Firma teilnehmen will, ist das sicher nicht angemessen. Ich möchte, daß die Ausstattung meiner Büros zeigt, daß ich *nicht* versuche, mich zu distanzieren. Ich möchte, daß meine Mitarbeiter sich an allen Vorgängen in meinem Unternehmen beteiligt fühlen. Wenn Sie sich mit vielen Luxusgegenständen umgeben, dann isolieren Sie sich, weil Sie Ihren Status betonen.«

Um den fortwährenden Austausch zu erleichtern, der ihrer Überzeugung nach Arbeitselan und neue Einfälle fördert, hat Dorothy Brunson alle Büros in ihrem Sender um ein großes, zentrales Konferenzzimmer mit Glaswänden gruppiert. Dieser Raum wird für größere Zusammenkünfte genutzt, dient aber auch als eine Art Lichtung, wo sich die Leute treffen und zwanglose Kontakte miteinander pflegen können. Dorothy Brunsons eigene Büros sowie die einiger anderer Mitarbeiter haben Fenster, die den Blick auf diesen zentralen Raum freigeben. Nirgends gibt es Vorhänge oder Rouleaus an den Außenfenstern. »Ich möchte nicht, daß die Leute durch irgend etwas abgeschottet werden – weder von mir, noch voneinander, noch von der Außenwelt. Unsere Branche lebt von Informationen, von ständigem Kontakt, und das versuche ich in den Räumlichkeiten meines Senders spürbar werden zu lassen.«

Den Haupttrakt von Nancy Badores *Executive Develop-*

---

* In Anspielung auf das Kindermärchen »The Wizard of Oz«; »Oz« bezeichnet ein Zauberkönigreich. - *Anm. d. Übers.*

ment Center bildet ein Netz von Büros rund um einen großen zentralen, offenen Raum. Dieser kreisförmige Begegnungsraum, in dem sich die Schulungsteilnehmer mit den Mitarbeitern des Zentrums während der Pausenzeiten (die Nancy Badore für so wichtig hält) treffen, stellt das Herz der Abteilung dar. Imbiß, Kaffee und alkoholfreie Getränke stehen für die Teilnehmer auf Buffettischen bereit und laden zum Verweilen ein. Sowohl die Anordnung der Räumlichkeiten als auch die Art und Weise ihrer Nutzung erinnern an die zentralen Piazzas in italienischen Städten, die als Kontaktpunkte für die Bevölkerung fungieren. »Es ist uns gerade recht, daß an diesem Ort Lärm und Durcheinander herrschen, denn wir wollen, daß sich die Leute wohlfühlen. Wir holen deshalb auch Stühle hier herein und so weiter«, sagt Nancy Badore. Sie sorgt auch dafür, daß überall in der Abteilung Teller mit Obst bereitgestellt werden, womit sowohl gesunde Ernährungsgewohnheiten als auch zwanglose Kommunikation gefördert werden sollen. Sie hält es für wichtig, solche Gelegenheiten zu schaffen, denn »manchmal finden die bedeutsamsten Gespräche in solch unvorbereiteten Momenten statt, wenn die Menschen in einem Unternehmen sich einmal wirklich miteinander unterhalten können.«

Das Bestreben dieser Frauen, Kontakte zu ermöglichen, und die Abneigung, ihren eigenen Status zu betonen, bestimmen die Atmosphäre. Diese Beweggründe sind charakteristisch für die Netzstrategie: Autorität erwächst aus dem Bemühen der »Autoritätsperson«, die Bindungen zwischen den Menschen zu stärken und sie nahe ans Zentrum heranzuziehen. Die daraus resultierende Macht läßt Statusattribute, welche immer Distanz signalisieren und verstärken, überflüssig werden. Da Barbara Grogans Autorität auf den von ihr geschaffenen Verbindungen beruht, muß sie ihre Position als Chefin nicht durch ein eigenes Büro oder durch großen räumlichen Abstand zu ihren Mitarbeitern betonen. Statt dessen befindet sich ihr Arbeitsplatz hinter niedrigen Raumteilern, so daß »meine Leute rufen können, wenn sie mich brauchen«.

Ein ähnliches Anliegen wird bei Frances Hesselbein sichtbar, wenn man einmal betrachtet, wie sie die Büroräumlichkeiten in dem vierzehnstöckigen Girl Scouts-Gebäude in Manhattan aufgeteilt hat. So entschied sie sich dagegen, alle Mitglieder ihres Managementteams (also jene Mitarbeiter, die den »ersten Kreis« ihres Systems bilden) zusammen in einem der oberen Stockwerke unterzubringen, wie es in vielen Unternehmen vergleichbarer Größe üblich ist. »Wir wollten die Mitglieder des Managementteams in der Nähe ihrer Mitarbeiter plazieren, wollten aus der Aufteilung der Büroräume keinen Indikator dafür machen, wer an der Spitze steht – wer im höchsten Stockwerk oder der Präsidentin am nächsten residiert. Diese Art von Statuszuweisung hat hier keine Bedeutung. Die Mitglieder der Managementteams haben ihre Büros auf demselben Stockwerk wie ihre Mitarbeiter, so daß sie sich mitten im Geschehen befinden.«

Die Arbeitsumgebung aller Frauen fördert geistige Beweglichkeit und erleichtert wirksam Interaktion und Informationsfluß. Damit bildet sie einen Kontrast zur Ineffizienz räumlicher Strukturen, die Ausdruck bürokratischer Abgrenzungen und hierarchischer Ränge sind. Diese bewirken als sichtbares, materielles Paradigma eingeschränkter und starrer Kommunikationswege geistige Lähmung. Solche Raumstrukturen verdeutlichen, daß eine Betonung der Effizienz auf Kosten humaner Werte – die nach Jean Baker Miller das öffentliche Leben und die Wirtschaftsunternehmen charakterisiert – in Wahrheit eine falsche Dichotomie schafft: Verbindungen zu erleichtern und die Kommunikation zu fördern ist effizient und human.

Es bedarf jedoch unkonventionellen Denkens, um zu erkennen, daß diese beiden Prinzipien miteinander zu vereinbaren sind; hierzu muß aber eine prosaische und begrenzte Vorstellung von Effizienz überwunden werden. So war ich besonders von Nancy Badores fantasievoller Strategie beeindruckt, überall Teller mit Obst bereitstellen zu lassen, um damit einerseits eine gesundheitsbewußte Ernährungsweise zu fördern, aber auch um andererseits

Möglichkeiten zu spontaner Interaktion zu schaffen. Dieses Vorgehen stand in krassem Gegensatz zu gewissen Maßnahmen jener Firma, in deren Texterabteilung ich die Aufgabe hatte, die Mitarbeiter zu mehr Initiative, Kreativität und zu einem umfassenderen, über die Grenzen ihres Arbeitsbereiches hinausgehenden Denken anzuregen. Im Verlauf dieser Kampagne, während wir den Leuten versicherten, daß sie dem Unternehmen nicht gleichgültig seien, ließ der Chef unserer Abteilung plötzlich alle Thermosbehälter mit eisgekühltem Wasser entfernen. Erstens hatte er entschieden, daß die Bereitstellung von frischem, gesundem Wasser für die Angestellten eine Verschwendung der Firmengewinne darstelle (obwohl anderweitige Sondervergünstigungen für Führungskräfte nicht gestrichen wurden). Und zweitens glaubte er, wenn man auf jedem Stockwerk einen Ort schuf, um den herum die Leute sich zwanglos begegnen konnten, würden die Mitarbeiter dazu verleitet, ihre Zeit mit Plaudern zu vergeuden, anstatt sich an ihren Schreibtischen ihrer Arbeit zu widmen. Es war jedoch für jeden, der sich ein wenig auf dem Stockwerk umsah, offensichtlich, daß viele Mitarbeiter bei solch informellen Gesprächen, bei zwanglosen Unterhaltungen über die Geschäftspolitik und die Bedürfnisse des Unternehmens, auf ihre besten Ideen kamen. Die Entfernung der Thermosbehälter, eine kleine, unbedeutende Geste, wurde damit zum Symbol für die in diesem Unternehmen geltenden Werte: Der menschliche Geist wurde hier um eines sehr eingeschränkten Effizienzbegriffs willen geopfert, der sich letztlich doch als ineffizient erwies.

Doch vielleicht ist nur ein Außenstehender in der Lage, solche scheinbaren Widersprüche zu hinterfragen und zu erkennen, inwiefern Thermosbehälter (oder Schalen mit Obst) effizient sind. Und hier findet sich ein perfektes Beispiel dafür, daß die traditionelle Außenseiterrolle der Frauen in den Unternehmen für sie in Zeiten raschen Wandels ein Vorteil sein kann. Viele der in den Unternehmen üblichen Rituale haben nicht nur eine geistige Abstumpfung zur Folge, sondern erfüllen auch keine produktive Funktion. Sie dienen lediglich der Festigung eines erworbenen Status in der Firmenhierarchie und haben nichts mit der Ausführung der Arbeit zu tun. Vielmehr haben sie den Zweck – wie Alfred Sloan, der ehemalige Präsident von General Motors es ausdrückte –, den »Professionalismus« eines Firmenangehörigen zu veranschaulichen, das heißt jene Autonomie und Distanz, die sich schließlich verselbständigt. Solche Rituale werden nur selten in Frage gestellt, so lange Insider, die ähnliche und etablierte Werte vertreten, die meisten Führungspositionen besetzen.

Ein Beispiel hierfür liefert eine Begebenheit, die Marlene Sanders, ehemalige Managerin einer Fernsehgesellschaft und Fernsehreporterin, auf einer Pressekonferenz in Washington, D. C., berichtete*. Anläßlich ihrer Ernennung zur Vizepräsidentin der Gesellschaft wurde sie darauf hingewiesen, daß sie pokern lernen müßte, weil die Beherrschung dieses Spiels von den Mitgliedern des Spitzenmanagements als äußerst wichtig angesehen würde. Marlene Sanders erlernte also die Pokerregeln, in der Überzeugung, das Spiel müsse wohl wichtig sein und vielleicht auch ein Modell für die Unternehmensstrategie liefern. Einige Wochen später, als sie mit den anderen New Yorker Vizepräsidenten der Gesellschaft (ausnahmslos Männer) nach Los Angeles flog, verbrachte sie den ganzen Flug damit, die Männer um ihr Geld zu erleichtern.

»Sie waren alle *dermaßen* beeindruckt. Ich hatte bewiesen, daß ich mit den Jungs am großen Tisch mithalten konnte. Ich hatte das Aufnahmeritual bestanden, hatte gezeigt, daß ich ebenso männlich sein konnte wie sie. Dann erkannte ich jedoch sehr schnell, daß dies der einzige Zweck des Spiels war – es ging dabei nur darum, zu beweisen, daß man ein vollwertiges Mitglied im Club war. Doch dieser Wert hatte überhaupt nichts damit zu tun, wie man seine Arbeit erledigte! Außerdem bot das Spiel einen

---

* Beitrag auf der Konferenz *Women and Men in the Media,* The National Press Club, Washington, D. C., 10. April 1989

Vorwand, nicht über die wirklich wichtigen Dinge zu sprechen. Wir konnten uns nicht auf die bevorstehende Zusammenkunft vorbereiten und einander auch nicht besser kennenlernen. Durch das Spiel wurde nur Distanz geschaffen und eine wirkliche Kommunikation verhindert. Als unser Flugzeug in Los Angeles landete, hatte ich nur das Gefühl, daß wir fünf kostbare Stunden vergeudet hatten. Und eines wußte ich ganz sicher: Eine Gruppe von Frauen hätte ihre Zeit niemals mit einem so kindischen Spiel verschwendet!«

Durch das Pokerspiel konnten die Männer in der Gruppe ihr Bedürfnis nach Status befriedigen, konnten klar definieren, wer Gewinner und wer Verlierer war. In solchen Wettbewerbssituationen kommunizieren die Teilnehmer eher durch Posen als durch Sprechen oder Zuhören. Dadurch erhalten Beziehungen einen rein symbolischen Charakter. Ebenso wie das Büro des *Chief Executive Officer* mit seinen einschüchternd riesigen Möbeln und seinen dicken Teppichen behindern Spiele, die einzig den Zweck haben, zu beweisen, daß man zu den Gewinnern gehört, letztlich nur den Kommunikationsfluß.

Zuhören

Kommunikation ist charakteristisch für einen Führungsstil, der Effizienz und menschliche Werte zu vereinbaren weiß. Zur Kommunikation gehören die Stimme, die als Instrument anderen die eigene »Vision« vermittelt, und das Zuhören, das in diesem Zusammenhang eine äußerst wichtige Rolle spielt. In einer hierarchischen Pyramide allerdings gehört kompetentes Zuhören nicht zu den Führungsaufgaben, da die Information auf dem Weg nach oben gefiltert wird und die Entscheidungen immer nur von oben nach unten weitergegeben werden.

Die Frauen aus den Porträtstudien sind alle kompetente Zuhörerinnen; dies machte einen wesentlichen Aspekt ihres Führungsstils aus. Zuhören diente dazu, Informationen zu sammeln, die für Managemententscheidungen von Bedeutung waren, und den Menschen in ihren Organisationen zu vermitteln, daß ihre Ideen und Überzeugungen wertvoll waren. Für Frances Hesselbein war Zuhören ein zentrales Element ihres Führungsstils. In ihren Augen war eine Führungskraft dann befähigt, wenn sie genau wußte, »wie man das beste in den Menschen ans Tageslicht bringt«, und dazu sei nur jemand in der Lage, der wirklich zuhören könne. Ihr Grundsatz, immer ein offenes Ohr für die Vorschläge aller ihrer Mitarbeiter zu haben – und die Tatsache, daß sie niemals auf die Uhr blickte, wenn sie mit jemandem sprach –, sind Beweis dafür, welchen Wert sie aufmerksamem und geduldigem Zuhören beimaß.

Für Dorothy Brunson war Zuhören eine Methode, um Anhaltspunkte dafür zu gewinnen, wie sie am besten mit einem Menschen umgehen sollte. Durch Zuhören fand sie heraus, welche Rolle sie in einer bestimmten Situation am besten annehmen, welchen Aspekt ihrer Persönlichkeit sie hervorkehren sollte. In Nancy Badores *Executive Development Center* wurde nicht nur gelehrt, »mit den Oberen zu reden«, sondern auch den Untergebenen zuzuhören. Der veränderte Führungsstil bei Ford, für den Nancy Badore mit verantwortlich zeichnet, ist ein Beispiel dafür, welche Bedeutung der Fähigkeit zum Zuhören in den reorganisierten Unternehmen zukommt. Der entscheidende Aspekt dieser »Revolution« bei Ford lag darin, Führungskräfte, die vorher daran gewöhnt waren, ausschließlich selbst zu sprechen, dazu zu bewegen, zuzuhören, was ihre Mitarbeiter zu sagen hatten.

Zuhören ist wohl *die* prototypische weibliche Fähigkeit. Studien über geschlechtsspezifische Unterschiede im Sprechverhalten zeigen, daß Männer im allgemeinen sehr viel mehr reden als Frauen, während Frauen eher zuhören. Außerdem hören Frauen anders zu als Männer – intensiver, gedankenvoller, aufmerksamer (Belenky et al. 1989: 52 f.). In dieser Hinsicht sind die Unterschiede zwischen den Geschlechtern beträchtlich und nach wie vor unverändert. Sie gelten sowohl für den Arbeitsplatz als auch für die häusliche Sphäre, trotz der hartnäckigen Überzeugung vieler Männer, daß Frauen »Klatschbasen« und sie selbst starke, schweigsame Typen seien (Belenky et al. 1989: 53 f.). Doch kann es im Grunde kaum überraschen, daß Frauen über eine besser ausgebildete Fähigkeit zum Zuhören verfügen, denn Zuhören ist eine charakteristische Eigenschaft der Beherrschten, die nur dadurch überleben können, daß sie die Gefühle der Herrschenden erspüren, ihre Wünsche erkennen und ihre Bedürfnisse voraussehen.

Aus den Terminkalenderstudien geht jedoch hervor, daß Frauen sich diese Fähigkeit auch dann bewahren, wenn sie sich längst nicht mehr in der Position von Beherrschten befinden, wenn sie ihre eigene Stimme entdecken und selbstbewußt als Führungspersönlichkeiten auftreten. Zuhören ist also nicht nur für einen untergeordneten Status typisch, sondern wird von den Frauen als ein Wert an sich betrachtet. Die Achtung vor anderen, die Frauen mit ihrer Fähigkeit und Bereitschaft zum Zuhören an den Tag legen, »wurzelt nicht nur in ihrer gesellschaftlichen Unterordnung, sondern *im Wesenskern ihrer Moralbegriffe*« (Gilligan 1984: 27). Zuhören ist eine Fähigkeit, die ihrer Wertschätzung von Verantwortung, Verbundenheit mit anderen und Integration entspringt, und nicht einfach eine Konsequenz ihrer Situation als »das andere Geschlecht«. Für Frauen ist das Zuhören eine Möglichkeit, zu erreichen, daß andere sich wohl, entspannt und ernstgenommen fühlen; es ist ein Mittel, sie zu ermutigen, ihre eigene Stimme zu finden und sich persönlich weiterzuentwikkeln. In ihrem Buch *Maternal Thinking* bezeichnet Sara Ruddick das Zuhören als einen Teil der »Fürsorgearbeit« (Ruddick 1989: 82 ff.), die charakteristisch für die Art und Weise ist, wie Mütter die Entwicklung ihrer Kinder fördern. Daher besteht die Bereitschaft zum Zuhören auch dann noch fort, wenn Frauen Führungspositionen erreichen; es ist ein wesentlicher Aspekt der weiblichen Begabung, »andere hochzuziehen und voranzubringen«. Diese Fähigkeit ist sowohl Ausdruck der von Frauen vertretenen menschlichen Werte als auch ein effizientes Mittel zur Förderung des Informationsflusses.

Eine der Frauen, die ich im Zuge der Vorbereitungen zu diesem Buch interviewte, erzählte mir, daß »analytisches Zuhören« ein wesentliches Element ihres Führungsstils sei. Nancy Singer ist Präsidentin und *Chief Executive Officer* von Premier Banks, einer Abteilung der First of America Corporation, einer Holdinggesellschaft im Mittleren Westen. Trotz ihrer Verantwortung für 340 Mitarbeiter hält sie sich regelmäßig jede Woche zu Beginn des Arbeitstages einige Termine frei, zu denen die Leute einfach in ihr Büro kommen können, um sich mit ihr zu unterhalten.

Nancy Singer ist überzeugt davon, daß die meisten Manager glauben, ein und derselbe Führungsstil sei auf alle Menschen anwendbar. »Das ist völlig falsch. Jeder muß etwas anders angefaßt werden, aber das finden Sie jeweils nur heraus, wenn Sie sich die Zeit nehmen, ihre Mitarbeiter kennenzulernen. Und damit meine ich nicht nur das grobe Bild einer Person. Sie müssen auch die Details kennen, die feineren Züge ihrer Persönlichkeit. Und das bedeutet, daß Sie zuhören müssen, was sie Ihnen erzählen – über sich selbst, über ihre Arbeit, über ihre Zukunftsvorstellungen.«*

Während des Zuhörens analysiert Nancy Singer: »Ich frage mich, wodurch wird diese Person nun genau motiviert? Sucht sie die Herausforderung? Ist Arbeit für sie ein Weg zur Selbstverwirklichung oder nur ein Mittel zum Geldverdienen? Braucht dieser Mensch die Anerkennung der Gruppe? Wie ehrgeizig ist er? Was sind seine Ziele? Sind Familie und Privatleben für ihn vorrangig oder konzentriert er sich hauptsächlich auf seine Karriere? Wenn ich solche Informationen gesammelt habe, kann ich mich entscheiden, wie ich vorgehe – wer Zuspruch, wer mehr Freiheit und wer mehr beratende Unterstützung braucht. Durch Zuhören finde ich heraus, wann ich jemanden

---

* Interview mit der Verfasserin am 27. April 1989

unterstützen, wann ermuntern, wann fordern und wann verwarnen sollte. Ich kann so dazu beitragen, daß Mensch und Arbeit zusammenpassen. Die Erwartungen der Menschen zu managen – das ist das Wichtige! Es ist jedoch nur möglich, wenn man detaillierte Informationen sammelt, und das setzt voraus, daß man den Leuten einfühlsam zuhört.«

Nancy Singer beschreibt diesen Vorgang als eine Synthese von intellektueller Macht und emotionaler Reaktion. »Im Grunde geht es darum, meine Fähigkeit zur logischen Analyse im Dienste der menschlichen Verständigung einzusetzen.« Analytisches Zuhören ist also eine Fertigkeit, die den scheinbaren Widerspruch zwischen hochgesteckten Zielen und Sorge um menschliche Belange, zwischen Zweck und Mittel, zwischen Effizienz und Humanität überbrückt.

Kooperatives Verhandeln

Als ich Dorothy Brunson und Barbara Grogan fragte, was sie als ihre größte Stärke ansähen, meinten beide, daß sie gut verhandeln könnten. Dorothy Brunsons Freude am Feilschen war offensichtlich: »Lassen Sie uns darüber verhandeln!« war ihre erste Reaktion, wenn jemand sie um etwas bat. Doch ging es für sie dabei viel weniger ums Gewinnen, als darum, Beziehungen zu anderen aufzubauen. Sie bemühte sich um ein Ergebnis, das sowohl die Interessen ihres Unternehmens als auch die ihres Verhandlungspartners berücksichtigte, damit dieser »wieder zu ihr zurückkam«. Da sie also auf den längerfristigen Erhalt der Beziehung bedacht war, nutzte sie die Verhandlungen, um die Kluft zwischen Effizienz und Humanität zu überwinden.

Für Leonard Greenhalgh, Professor an der Amos Tuck School of Business Administration an der Universität von Dartmouth, ist eine kooperative und auf langfristige Beziehungen hin angelegte Verhandlungsweise charakteristisch für Frauen. Greenhalgh führte umfassende Untersuchungen durch, um herauszufinden, welche Eigenschaften einen effizienten Verhandlungsführer auszeichnen und inwiefern geschlechtsspezifische Unterschiede im Verhandlungsstil existieren. Er kam zu dem Schluß, daß Frauen aufgrund von ihnen geschätzter Werte wie Interdependenz und Gegenseitigkeit den Verhandlungsvorgang immer im Kontext längerfristiger Beziehungen sehen, die Kontakt, Interaktion und Übereinstimmung erfordern. Männer hingegen, die viel stärker auf Unabhängigkeit, Konkurrenz und Autonomie fixiert sind, sehen im Verhandeln eher eine Möglichkeit, zu gewinnen oder einen Gegner zu schlagen, statt einer Chance zur Kooperation oder zum Aufbau einer Beziehung (Greenhalgh 1985).

Greenhalgh erläutert, daß aus dem Bereich des Sports stammende Metaphern wie Gewinnen, Verlieren und Punktesammeln auch in bedeutendem Umfang zur Beschreibung von Verhandlungen in Wirtschaft, Politik etc. Anwendung finden, weil diese Bereiche von Männern beherrscht werden. Er führt dies darauf zurück, daß Sport in der männlichen Entwicklung eine große Rolle spielt und daß Jungen eine Vorliebe für konkurrenzorientierte Spiele haben, während Mädchen beziehungsorientierte Spiele vorziehen. Er bemerkt, daß bei den typischen Mädchenspielen eingeübt wird, Beziehungen zu erhalten und zu verbessern – ein längerfristiges Ziel –, während Jungen durch ihre Spiele lernen, ihr eigenes Selbstwertgefühl auf Kosten von Beziehungen zu anderen zu festigen und zu steigern – ein konkurrenzbetontes, kurzfristigen Bedürfnissen dienendes Streben (Greenhalgh 1987: 167 ff.). Im Gegensatz zu Betty Harragan und den Autorinnen von *Frau und Karriere* betrachtet Greenhalgh Mädchenspiele aber nicht als Zeitverschwendung, sondern als sinnvolles Training zur Pflege menschlicher Beziehungen.

Männer neigen auch dazu, sich ausschließlich auf vorgegebene Regeln zu stützen, um Übereinkünfte zu erzielen: Man muß, wie auch im Sport, »die Spielregeln einhalten«. Dieses Vorgehen ist hinderlich und fördert eine legalistische Denkweise, die das Vertrauen als Wert untergräbt und den Verhandelnden leicht dazu verleitet, auf juristische Mittel zurückzugreifen. Auch erlauben sportliche Normen nicht, ein gegnerisches Team bei einer Begegnung gewinnen zu lassen, sofern es bereit ist, sich dafür in der darauffolgenden Woche zurückzuhalten, da »die Geschichte und die Zukunft der längerfristigen Beziehungen zwischen Gegnern im Sport nicht von Bedeutung ist« (Greenhalgh 1987: 171).

Greenhalgh hält es für wünschenswert, daß weibliche Führungspersönlichkeiten mit ihrem Talent zu kooperativer Einigung und ihrem Bemühen um die Schaffung dauerhafter Beziehungen sich aktiver an Verhandlungsvorgängen beteiligen, zum Beispiel bei der Aushandlung von internationalen Verträgen. Seiner Auffassung nach resultieren viele weltpolitische Probleme und auch ein Teil der wirtschaftlichen Schwierigkeiten der USA aus dem männlichen Bedürfnis zu gewinnen und der für Männer typischen Bereitschaft, zu legalistischen Lösungen zu greifen.

Weibliche Führungsqualitäten spielen eine immer bedeutendere Rolle im öffentlichen Leben. Die besonderen Fähigkeiten der Frauen – eine weitsichtige Verhandlungsstrategie, analytisches Zuhören und die Schaffung einer Arbeitsatmosphäre, die Engagement und Kreativität anregt – werden dazu beitragen, die Kluft zwischen den Idealen der Effizienz und der Humanität zu überbrücken. Diese Integration weiblicher Werte hat bereits einen stärker kooperativ orientierten Führungsstil hervorgebracht und einen Wandel des traditionellen Ideals starker Führung bewirkt. Der alte Typus des einsamen Helden wird zunehmend als Hemmschuh für Kreativität und Effizienz erkannt. So kam die Ford Motor Company bei der Suche nach einem Slogan, der das Wesen der Revolution im Managementbereich verdeutlichen sollte, auf das Motto: »Keine Helden mehr!« Die Wertvorstellungen, Fähigkeiten und Erfahrungen von Frauen – ihr ausgeprägter »Sinn für die Freuden der Berührung mit körperlichem, geistigem und emotionalem Wachstum« (Miller 1977: 66) –, die so lange auf die private, häusliche Sphäre beschränkt waren, gewinnen im öffentlichen Bereich zunehmend an Bedeutung. Die so veränderten Bedingungen kommen den Bedürfnissen der heute arbeitenden Menschen entgegen.

10.

Das Ende der Krieger

Alle Bereiche des öffentlichen Lebens – Wirtschaft, Politik, Medizin, Rechtsprechung, Technik, Städteplanung – sind von den Idealen, den Metaphern, den Werten und der Sprache des Kriegers geprägt. Der Krieger ist der traditionelle männliche Held, der in den Kampf zieht, um zu siegen und die Herrschaft über andere zu erlangen. Daraus bezieht er seine Identität und seine Stärke. Er strebt nicht nur nach Herrschaft, sondern auch nach Autonomie, die, wie Carol Gilligan erläutert, das wichtigste Ziel der männlichen Persönlichkeitsentwicklung ist (Gilligan 1984: 16). Folglich wurden Autonomie, Konkurrenz und Kontrolle zu wesentlichen Strukturelementen jener Organisationen, die das öffentliche Leben in unserer Kultur bestimmten.

So lange die Wertvorstellungen des Kriegers für den öffentlichen Bereich bestimmend waren, bestand die Rolle der Frauen darin, als »Trägersubstanzen« für all die Eigenschaften zu dienen, die zu »weich« und damit für den Kampf untauglich waren (Baker-Miller 1977: 125). Mitleid, die Sorge für andere, die Förderung ihrer Entwicklung und die Pflege menschlicher Beziehungen – all das waren Fähigkeiten, die der Krieger nicht dulden und auch selbst nicht entwickeln durfte, weil sie seine Entschlossenheit, mit anderen in Wettbewerb zu treten, geschwächt hätten. So wurde die private, häusliche Sphäre, in der die Frau herrschte, zum Hort von Werten, die Humanität und Fürsorge betonten, während die Welt der Arbeit und der Politik nach den Prinzipien der rücksichtslosen Konkurrenz funktionierte. Die Frau des Kriegers schuf eine Oase, in der er sich physisch und geistig erholte, um sich der Mühsal des Kampfes erneut auszusetzen. Diese dualistische Verteilung der Werte auf die beiden Geschlechter und auf den öffentlichen und den privaten Bereich beraubte beide Geschlechter und beide Bereiche der vollen Spannweite menschlicher Möglichkeiten. Sie verarmten und verkümmerten dadurch, waren unvollständig.

Nachdem Werte wie menschliche Verbundenheit und wechselseitige Abhängigkeit aus dem öffentlichen Bereich in die private, der Frau zugeordnete Sphäre verbannt worden waren, wurde die öffentliche Sphäre zu einer feindseligen, vom Konkurrenzgeist beherrschten Welt. Dieser Konkurrenzgeist hat sich im Zuge des ständig wachsenden technischen Potentials als zunehmend gefährlich erwiesen. Die Unfähigkeit unserer Kultur, »die Technik im Dienste des Menschen einzusetzen«, hat, wie Jean Baker Miller bemerkte, dazu geführt, daß wir einerseits mit der Bedrohung der nuklearen Apokalypse und andererseits mit der Realität der Umweltzerstörung leben müssen. Die alten Kriegertugenden – Furchtlosigkeit, Kampfeslust, einseitige Orientierung an einem Ideal, Aggressivität, die Fähigkeit, den anderen als Feind wahrzunehmen, das glühende Verlangen, sich selbst in Auseinandersetzungen zu beweisen – dienten einmal im Zuge der Evolution dem Ziel, daß die stärksten männlichen Erwachsenen die anderen Stammesmitglieder beschützten. Durch den technischen Fortschritt wurden diese Tugenden zu Schwächen; heute bedrohen aggressive Helden das Überleben des größten Stammes: der menschlichen Rasse insgesamt.

Die Psychologin Carol Pearson schreibt in ihrem Buch *Der Held in uns,* daß die Unzulänglichkeiten des Kriegersystems schon seit langem in der modernen Literatur problematisiert werden, deren Hauptthemen Entfremdung und Verzweiflung sind (Pearson 1986: 1 ff.). Seit über fünfundsiebzig Jahren taucht in der Literatur immer wieder das Bild des »Ödlands« als Metapher für die Situation des Menschen im 20. Jahrhundert auf. Seit dem Zweiten Weltkrieg haben populäre und hochliterarische Werke über die Gefühle von Sinnlosigkeit, Entfremdung und Unfruchtbarkeit von Mensch und Natur im modernen Leben berichtet. Der Antiheld ist nun zur zentralen Figur unserer Literatur geworden, weil der Mythos des Helden in einer Welt, die die menschlichen Kosten der Werte der Krieger kennt, überholt erscheint.

Der Einzug weiblicher Werte in das öffentliche Leben gibt Anlaß zu der Hoffnung, daß diese Situation verändert werden kann – daß die Sorge und Förderung anderer den Konkurrenzkampf mildern, in dem es nur darum geht, das höchste Gebäude zu errichten oder einen völlig abstrakten Rüstungswettlauf zu »gewinnen«. Die verstärkte Präsenz von Frauen im öffentlichen Bereich kann daher nicht nur als das Resultat aktueller ökonomischer Zwänge, der hohen Scheidungsrate oder der Frauenbewegung angesehen werden. Vielmehr handelt es sich hier um eine grundlegende Antwort der Evolution auf eine um sich greifende Kulturkrise. Die weiblichen Prinzipien gewinnen an Boden, weil wir es uns nicht mehr leisten können, sie auf die private, häusliche Sphäre zu beschränken. Wenn wir überleben wollen, können wir nicht zulassen, daß eine von den Werten des Kriegers beherrschte öffentliche Kultur das Schicksal der Menschen bestimmt.

Gestützt auf die Symbollehre von C. G. Jung, weist Carol Pearson darauf hin, daß in dem alten dichotomen System die archetypische weibliche Gestalt der Märtyrer war. Die zentralen Aufgaben des Märtyrers sind Sorge und Aufopferung für andere und die eigene Erlösung durch Leiden; seine zentrale Erkenntnis lautet: »Ich bin nicht der einzige Mensch auf der Welt.« Auf diese Weise wird der Märtyrer zur Gegenfigur des Kriegers, dessen Aufgaben Individuation, Leistung und Handeln sind und dessen wesentliche Erkenntnis das Bewußtsein der eigenen Bedeutung und seiner Einzigartigkeit in der Welt ist. Pearson leugnet nicht den Wert dieser Archetypen, legt aber nahe, daß unsere Kultur beide weiterentwickeln sollte, um zu einem neuen Typus von Held zu gelangen, der die Qualitäten beider in sich vereinigt: dem Zauberer (Pearson 1986: 116 ff.).

Der Zauberer ist bestrebt, für andere zu sorgen und ihnen zu dienen, aber auch durch Disziplin, Kampf und Willenskraft auf seine Umgebung Einfluß zu nehmen. Der Zauberer opfert sich auf und kümmert sich um andere, ohne seine Identität zu verlieren; er unternimmt große Anstrengungen, um etwas zu erreichen, ohne sich in einen unaufhörlichen Konkurrenzkampf zu verstricken. In der Person des Zauberers lösen sich die Dualitäten auf. Zauberer sehen über die vordergründigen Gegensätze von männlich und weiblich, Zielen und Mitteln, Effizienz und Humanität, Überlegenheit und Hilfsbereitschaft, Logik und Intuition hinaus. Sie nehmen die Zusammenhänge wahr, die alle menschlichen Wesen und alle Ereignisse miteinander verbinden. Sie denken langfristig, weil sie die Beziehung zwischen Gegenwart und Zukunft erkennen (Pearson 1986: 6).

Dieses Bewußtsein der Zusammenhänge befähigt den Zauberer, »sich mit der Energie des Universums zu bewegen und das Notwendige durch das Gesetz des Synchronismus anzuziehen. Die Leichtigkeit im Umgang mit dem Universum erscheint als Zauberei« (Pearson 1985: 5). »Synchronismus« ist ein Jungscher Begriff, der »bedeutsame Koinzidenzen« oder nichtkausale Zusammenhänge bezeichnet – zum Beispiel, wenn jemand in eine Buchhandlung geht und ihm dann genau das Buch, das er gerade braucht, von dessen Existenz er aber nichts wußte, in die Hände fällt. Etwas Ähnliches geschieht, wie Joseph Campbell beschreibt, wenn ein Mensch den wahren, eigenen Weg findet: Er hat das Gefühl, als werde ihm von »verborgenen Händen« geholfen, als öffneten sich von selbst Türen vor ihm, als müsse er sich nur »auf einen Weg begeben, der die ganze Zeit auf ihn gewartet hätte; und als sei das Leben, das er leben sollte, genau das, das er gerade lebt« (Campbell 1988: 20). Diese Art und Weise, den eigenen Weg zu finden, erinnert daran, wie die Frauen aus den Terminkalenderstudien ihre eigene Stimme gefunden haben – durch die Erkenntnis, daß sie aufgrund der eigenen Talente und Erfahrungen in einzigartiger Weise geeignet sind, jene Aufgabe im Leben zu erfüllen, die sie sich gewählt haben.

Carol Pearson erwähnt auch, daß Zauberer in allen Kulturen mit Kreisen in Verbindung gebracht werden: Sie ziehen magische Kreise, plazieren sich in deren Mitte und strukturieren die Welt um sich herum als Netz. Von dieser Position aus »ziehen sie wie Magneten positive Energie an und aktivieren sie für einen Wandel, indem sie Orte aufspüren, an denen sich einzelne Menschen, Institutionen und gesellschaftliche Gruppen weiterentwickeln können, und indem sie dann diese Entwicklung fördern« (Pearson 1986: 119). Ihre Stärke ruht auf der Stärke derer, die sie fördern und miteinander in Verbindung bringen, nicht auf Konkurrenz. Sie erkennen, um es in Barbara Grogans Worten auszudrücken, daß »alle Schiffe angehoben werden, wenn die Flut steigt«. Sie setzen ihre Macht ein, um die Flut steigen zu lassen.

»Das große Talent des Zauberers besteht darin, Energiequellen außerhalb seiner selbst aufzuspüren und daraus Stärke zu ziehen«, schreibt Pearson. Dies entspricht Dorothy Brunsons Arbeitsweise, die sich selbst gern als Sendestation sieht, die »Signale von überallher auffängt und sie dann dorthin ausstrahlt, wo sie gebraucht werden«.

Mit ihrem hochentwickelten Sinn für Verantwortung und menschliche Bindungen, ihrer ökologischen Sichtweise, ihrem langfristigen Denken und ihrem Talent, selbst an Stärke zu gewinnen, indem sie andere fördern, bieten die Frauen aus den Terminkalenderstudien Beispiele für die Vorgehensweise des Zauberers. Jede der Frauen verfügt über kriegerische Fähigkeiten wie Disziplin, Willen und Kampfgeist, die für den Erfolg im öffentlichen Bereich notwendig sind. In ihrem Führungsstil ordnen sie diese Fähigkeiten weiblichen Werten unter und werden so zu Vorbildern einer Führung, die auf weiblichen Grundsätzen beruht.

Dank

Für ihre Hilfe danken möchte ich meinen Freundinnen Elizabeth Bailey, Marjory Bassett, Kathleen Cox und meinem Freund Stanley Crouch. Auch und insbesondere Dank schulde ich meiner Lektorin Harriet Rubin für ihren Weitblick und dafür, daß sie mir Anregungen und Ideen lieferte und allzeit mit Ermutigung und Anleitung zur Seite stand. Nancy Evans danke ich für ihr Vertrauen und dafür, daß sie mich mit Harriet bekannt gemacht hat.

Literatur

Belenky, M. F., Clinchy, B. M., Goldberger, N. R., Tarule, J. M.: *Women's Ways of Knowing.* New York 1986 (dt.: *Das andere Denken.* Übersetzt von N. Löw-Beer. Frankfurt/M. 1989)

Benard, Cheryl, Schlaffer, Edit: *Grenzenlos weiblich.* Kiepenheuer & Witsch, 1990

Bennis, Warren : *Führen lernen.* Frankfurt/New York 1989

Campbell, J. und Moyers, B.: *The Power of Myth.* New York 1988

Doody, A. F. und Bingaman, R.: *Reinventing the Wheels: Ford's Spectacular Comeback.* Cambridge 1988

Gilligan, C.: *In a Different Voice.* Cambridge 1982 (dt.: *Die andere Stimme.* Übersetzt von B. Stein. München 1984)

Greenhalgh, L.: *Effects of Sex-Role Differences on Approach to Interpersonal and Interorganization Negotiations.* Unv. Manuskript. 1985

Greenhalgh, L.: »The Case Against Winning in Negotiations«, *Negotiation Journal.* April 1987, S. 167-73

Halper, J.: *Quiet Desperation: The Truth About Successful Men.* New York 1988 (dt.: *Stille Verzweiflung: die andere Seite des erfolgreichen Mannes.* Übersetzt von D. Roth. München – Landsberg a. L. 1989)

Harragan, B. L.: *Games Mother Never Taught You.* New York 1977

Hennig, M. und Jardim, A.: *The Managerial Woman.* New York 1976 (dt.: *Frau und Karriere.* Übersetzt von J. Abel. Reinbek 1978)

Kotthoff, Helga (Hrsg.): *Die Geschlechter im Gespräch. Kommunikation an Institutionen.* Fischer, 1994

Krell, Gertraude, Osterloh, Margit: *Personalpolitik aus der Sicht von Frauen - Frauen aus der Sicht der Personalpolitik.* Hampp, 1993

Lauterbach, Stefan: *Berufsverläufe von Frauen.* Campus, 1994

Lipsyte, R.: *SportsWorld.* New York 1975

Miller, J. Baker: *Toward a New Psychology of Women.* Boston 1976 (dt.: *Die Stärke weiblicher Schwäche.* Übersetzt von R. Fleissner. Frankfurt/M. 1977)

Mintzberg, H.: *The Nature of Managerial Work.* New York 1973

Naisbitt, J. und Aburdene, P.: *Reinventing the Corporation.* New York 1986 (dt.: *Megatrends des Arbeitsplatzes.* Übersetzt von M. Schulte. Bayreuth 1986)

Pearson, C.: *The Hero Within: Six Archetypes We Live By.* San Francisco 1986 (dt.: *Der Held in uns.* Übersetzt von R. Höner. München 1990)

Ruddick, S.: *Maternal Thinking: Toward a Politics of Peace.* Boston 1989

The Conference Board: *Women in the Corporation: The Value Added.* Mai 1988. Erster Teil: Tatsachen über berufstätige Frauen. Angaben aus Regierungsquellen

White, E. B.: *Charlotte's Web.* New York 1952 (dt.: *Wilbur und Charlotte.* Übersetzt von A. v. Cramer-Klett. Zürich 1976)

Frauen im Beruf

Neue Strategien und eigene Wege
zu einer erfolgreichen Karriere!

Sally Helgesen
Frauen führen anders
Vorteile eines neuen Führungsstils

»Männer,
die ihren Arbeitsplatz
behalten wollen,
sollten aufpassen.«
Tom Peters

Heyne · Campus

22/2004

Wilhelm Heyne Verlag
München

Praxiswissen Personal

Wichtige Bücher für alle, die Personalverantwortung tragen.

»Kleine Personalpraxis«

WERNER FRÖHLICH

Personal-führung

Führungsstil
Mitarbeiterbeurteilung
Motivation – Sozialleistungen
Vorschlagswesen
Organisation

Kompaktwissen

22/250

Weitere Titel zum Thema:

Raimund Berger
Stellenbeschreibungen
*Mitarbeiter motivieren, betriebliche
Transparenz verbessern, effizienter
organisieren*
22/231

Wilhelm Heyne Verlag
München